中国家居领袖传奇 30 年风云录

第一卷

(1985-2015)

编著 | 冷秋 姚芬芳

谨以此书献给改革开放以来为中国家居产业做出卓越贡献的企业家们！

中国国际广播出版社

辑古撮今，谋势者动。传播薪火，祖述前思。惠及今世，范式早成。今借九畴之规，点石成金，泽被广众，以企之力以济"微笑"，告白天下。问君谁敢千古一问？致力于中国环保家居服务的人们等你明天回答。

——编者的话

中国林业产业诚信联盟主席团成员合影留念

左5：全国政协人口资源环境委员会主任、国家林业局原局长、中国林业产业联合会会长贾治邦。左6：国家林业局局长张建龙。右3：中国林业产业联合会秘书长、中国林产工业协会执行会长王满。

2012年6月16日，30家林企代表于井冈山进行"诚信宣誓"

三林·生活家集团 CEO：刘硕真

南星家居董事长：徐伟

圣象集团总裁：翁少斌

大自然家居控股有限公司董事局主席：佘学彬

书香门地美学地板董事长：卜立新

三林·生活家集团总经理：林德英

南洋木业董事长：庄中南

美丽岛地板总裁：曾志文

大国地板董事长：肖大启

北美枫情木家居总经理：周清华

大庄竹地板董事长：林海

久盛地板董事长：张恩玖（右）

力恒木业集团董事长：何伟锋

梦天木门董事长：余静渊

奇致品牌总经理：闫学军

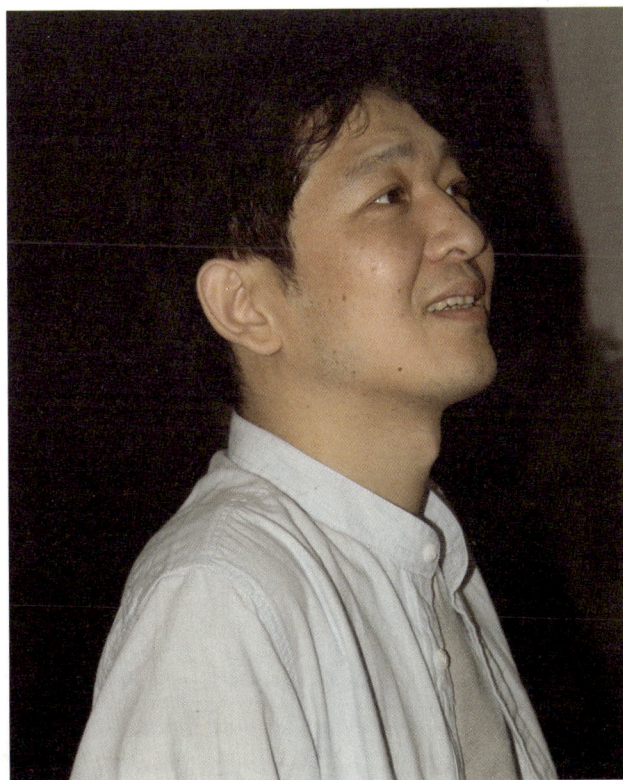

TATA 木门董事长：吴晨曦

新标家居董事长：黄东江

王力集团董事长：王跃斌

展志天华总裁：刘富鑫

吉林森工金桥地板集团有限公司董事长：陈志

豪利集团董事长：杜延金

北京林业大学教授：高志华

世友地板董事长：倪方荣

中国林产工业协会原会长、顾问：张森林

目　录

诚信，能给中国林业产业带来什么？ / 3

刘硕真：人文关怀与细节革命 / 13

徐伟：一场飘停在南浔最美的梦 / 29

翁少斌：圣象 20 年坚韧不拔一路前行 / 37

走近圣象，走近翁少斌 / 47

佘学彬：与大自然道义一起生长 / 65

大自然，大道自然 / 81

卜立新："书香门地"的美学境界 / 99

林德英：和善与严苛 AB 面 / 109

庄中南：做产品就是做良心 / 119

曾志文：木业世家，传承经典 / 125

徐升：像蒲公英一样充满朝气正己利人 / 131

肖大启：大国沉淀出对木的尊崇 / 137

周清华：自我恪守造就非凡品质 / 143

林海：原来竹子能做出这么好的产品 / 151

久盛：两代人共同努力撑起地板蓝天 / 155

何伟锋：力恒木业的三个转变 / 171

余静渊：梦天 25 年来专注一件事——做好门 / 179

闫学军：互联网思维的品牌实践 / 191

吴晨曦：做木匠活的艺术大师 / 199

黄东江：抢滩集成定制市场 / 215

王跃斌：开启幸福之门 / 221

刘富鑫：展做木门之志，添木门界之华 / 229

陈志：携绿色之梦，筑世界金桥 / 237

杜延金：打造原生态的绿色环保家居珍品 / 245

高志华：中国地板行业发展史上之"最" / 253

倪方荣：人为本、质立世、诚汇友 / 265

张森林：以凤凰涅槃的决心，尽快适应新常态 / 273

适应新常态　迎接新挑战　抓住新机遇 / 281

放眼世界，超越自我 / 295

中国环保地板报告与诉求表达途径 / 310

中国环保家居 30 年综述（1985~2015）/ 343

诚信是一种美德，诚信是一种态度；民无信不立、业无信不兴、国无信不安。党的十八大把诚信建设摆在突出位置，守信光荣、失信可耻正成为一种广泛存在的正能量。林业作为国民经济的基础产业和社会公益事业，健全中国林业诚信体系建设，营造良好的林业经济信用市场环境，也迫在眉睫……

诚信，能给中国林业产业带来什么？

随着人们消费层次不断提升，可再生、可降解、绿色健康的林产品越来越受到消费者的青睐，市场需求持续迅速增长，林产品展现出广阔的发展前景。2013年，我国包括木浆造纸、木本粮油、种苗花卉、生物能源、木竹产品加工、林下经济等在内的林业产业，总产值突破4.73万亿元，约占当年国内生产总值的6.5%，并且连续十年增长率在20%以上。但是，由于林业产业行业准入门槛低、缺乏有效的市场监管机制，在鲜花和掌声背后，被贴上不诚信标签、侵害消费者利益的案件仍时有发生。

纵观这些事件，我们不仅要认识到个别缺乏诚信经营的企业给整个林业行业带来的负面影响，还应该清楚地看到在整个林业行业里还缺乏有效的监管机制以及相关政策、法律法规的不健全及缺失。为确保林业产业健康持续发展，尽快确立中国林业产业诚信体系、提升林业企业信用水平已到了时不我待的时候。

失信是中国林业产业发展的绊脚石

预计到2020年全国林业产业总产值将在现基础上再翻一番，达到10万亿元。中国林业产业的快速发展，为农民增收和经济社会发展做出了重要贡献。但是，检视现实社会生活，由于相关法律规章制度不完善，加上林业行业准入门槛低，缺乏有效的市场监管机制，大量存在着有关部门诚信缺失、企业诚信缺失和个人诚信缺失等不诚信现象，尤其是近年来一些林业企业为经济利益所驱使，在产品信用、商业信用、金融信用上，出现了制假售假、虚假宣传、商业欺诈、逃债骗贷等一系列事件，由于这些失信企业没有及时得到惩罚，在社会上造成了恶劣影响，极大地影响了林业企业的生产、经营活动。诚信缺失已成为我国林业产业发展中突出的"软肋"，给我国林业产业健康发展造成极大的负面影响。

不可否认，中国林业行业发展正在面临诚信缺失带来的前所未有的冲击和考验。林产品以其绿色健康等特点越来越受到消费者喜爱，但个别林业企业制造了一系列"猫腻茶油""毒地板""名不副实红木家具"等诚信缺失事件，导致消费者对林产品失望，甚至引发整个社会的信任危机。诚信缺失的代价是巨大的，它像毒瘤一样侵蚀着林业行业的发展，严重时还会出现失信者取代守信者的逆淘汰现象，败坏已成型的良好商业风气和市场环境，将严重影响整个林业行业健康发展。

诚信缺失的"示范效应"扭曲了正常的社会经济秩序。诚信缺失会造成交易主体不被对方信任，限制交易主体自身发展，为防范交易风险被迫增加交易成本。诚信缺失的"示范效应"主要表现是：失信行为最初只是表现在很少一部分市场参与者身上，但如果失信行为没有得到及时的惩罚，那些守信者就会对自己的行为做出调整，从而出现失信行为。若越来越多的市场参与者认同了这一现象，诚信缺失就会成为一种普遍的现象，整个林业产业市场经济秩序就会扭曲，诚信链条就会发生中断和损害，市场机制和市场经济规则就会受到破坏。

失信事件为何屡禁不止

　　诚信缺失事件频频出现，不仅加大社会的运行成本，还易引发整个社会的信任危机，扰乱正常的社会经济秩序，严重时甚至危害社会的安定。

　　到底什么是造成诚信缺失的原因呢？

　　追求利益最大化是企业诚信缺失的最大动因。当下，一些不法企业，为了追求利益，宁愿冒着坐牢、被杀头的风险也要追逐资本。马克思在评论资本家时曾一针见血地指出："一旦有适当的利润，资本就胆大起来。如果有百分之十的利润，它就保证被到处使用；有百分之二十的利润，它就活跃起来；有百分之五十的利润，它就铤而走险；为了百分之一百的利润，它就敢践踏一切人间法律；有百分之三百的利润，它就敢犯任何罪行，甚至冒绞首的危险。"由此可见，贝尔地板以"木制建材下乡"为名的变相促销、达芬奇天价家具涉嫌商业欺诈，以及安信"毒地板"等事件的发生，也就不足为奇了。

　　缺乏相应的监管和法律法规是诚信缺失的直接原因。党的十一届三中全会以后，我国把工作重心转入到"以经济建设为中心"上来。但不可否认，我国现行的一系列法规及一系列政策还有待完善。这个"有待完善"就形成了经济政策与法规缺位的灰色地带。目前，我国的经济政策及其法律法规，包括林业政策、法规大多都是依据和参照其他经济发达国家的有关法律法规来制定的。由此而制定、颁布的中国法律法规及相关政策，打破了中国"父债子还"的传统经济理念，导致一批企业通过"恶意贷款"，实现了"一夜暴富"的现实，误导人们冒着风险去尝试"人不得外财不富，马不吃夜草不肥"的诚信缺失的邪恶理念。众所周知，法律制度是通过界定人们的利益、权限和责任及事后仲裁和惩罚机制的设立，来实现社会诚信的供给。在契约社会，尽管经济生活中存在信息不对称，但信用制度使外部性、风险性和交易成本所引起收入的潜在增加内在化，人们失信的动机大大降低，守信用的动机得到激励。一旦缺乏监管，机会主义者就会占据上风，违约的行为就在所难免，毕竟在法律不健全的情况下，违约受到法律制裁的可能性相对较小，相比之下违约的收益更大。

工商管理职能缺失引发了"蝴蝶效应"。当下，由于工商管理部门在对企业行使注册登记管理职能的过程中，只管注册，不管其他，且缺乏对企业真实经营状况的有效管控，导致少数"赊欠"别人款物的诚信缺失企业，暗中转移资产，另立"门户"，剩下一个空壳，只等待工商管理部门将其注销了事。部门职能管理的缺失容易导致诚信经营的企业面对这种不诚信企业运作行为，会在自觉与不自觉中向他们学习，从而形成了一个诚信缺失的"蝴蝶效应"。

除了现实原因，也有历史根源，落后的传统文化的消极影响扭曲了诚信意识。细读《论语》，可从中得到 23 处有关"信"的论述。然而 20 世纪中期发生的那场"文化大革命"和当下一些全盘否定中华传统文化的不当言行，都不同程度地对中国传统文化诚信体系带来了颠覆与毁灭性打击。不破不立，他们破了，却没有找到立的方略。自然，民族文化诚信缺失也就成了社会诚信缺失的重要根源。

全方位构筑中国林业产业诚信体系

诚信虽然不能给企业带来直接的市场和利润，但它是一种隐形资源，是产业经济发展的一种无形的推动力，对中国林业产业的长远发展有巨大的促进作用。因此，中国林业产业诚信建设刻不容缓。但建立中国林业诚信体系绝非一朝一夕的事，必须依靠全社会长期不懈地努力，把与诚信建设有关的政策、文化、制度等资源有机整合起来，才能达到预期目的。

目前，我国还没有关于林业产业诚信的法律法规，因此需要尽快弥补这一空白，建立和完善诚信法律法规，使林业产业诚信信息征集、查询、应用、互联互通、诚信信息安全和主体权益保护等有法可依，通过制度化手段为诚信体系建设保驾护航；同时，还应建立相应的林业产业诚信信息分类管理制度，按照林业产业诚信信息的属性，结合保护个人隐私和商业秘密，依法推进林业产业诚信信息在采集、共享、使用、公开等环节的分类管理，可有效减少贩卖个人隐私和商业秘密行为。在社会上广泛推广使用林业产业统一社会诚信代码，通过建立自然人、法人和其他组织统一社会诚信代码制度，形成整个社会对林业企业诚信经营的全方位监督，利于林业企业自觉规范经营。除此之外，为了保障林业产业诚信体系各系统协调运行，有必要建立完善林业产业诚信体系运行机制。通过健全守信激励和失信惩戒机制，构建林业产业行业黑名单制度和市场退出机制，完善林业产业社会舆论监督机制，建立失信行为有奖举报制度，以实现林业企业诚信经营的规范化、制度化，确保失信者受到惩戒，守信者得到表彰。

培育和规范中国林业产业诚信服务市场和中国林业诚信体系的建设是互相促进、相辅相成的。只有诚信服务市场发育完善了，中国林业诚信体系才能充分发挥其应有的作用。推进诚信服务市场发展，一是要抓好林业产业诚信评级工作，培育与发展好我国林业产业评级机构，规范发展林业产业诚信评级市场，鼓励我国林业产业评级机构积极参与国际竞争和制定国际标准，加强与其他国家诚信评级机构的协调和合作，增强我国林业产业评级机构的国际影响力。二是要拓展林业产业诚信服务产品应用范围，加大林业产业诚信服务产品在社会治理和市场交易中的应用。鼓励林业产业诚信服务产品开发和创新，推动诚信保险、诚信担保、商业保理、履约担保、诚信管理咨询及培训等诚信服务业务发展。三是要明确林业产业政务诚信信息的开放分类和基本目录，有序扩大林业产业政务诚信信息对社会的开放，优化林业产业诚信调查、诚信评级和诚信管理等行业的发展环境。四是要根据林业产业诚信服务市场、机构业务的不同特点，依法实施分类监管，完善监管制度，明确监管职责，切实维护市场秩序。推动建立林业产业诚信服务机构准入与退出机制，实现从业资格认定的公开透明，进一步完善诚信服务业务规范，促进诚信服务业健康发展。五是要推动林业产业诚信服务机构完善法人治理，强化林业产业诚信服务机构内部控制，完善约束机制，提升林业产业诚信服务质量。六是要确立林业产业诚信服务机构行为准则，加强规范管理，提高服务质量，坚持公正性和独立性，提升公信力，同时鼓励各类林业产业诚信服务机构设立首席诚信监督官，加强自身诚信管理。

诚信文化有利于促进林业企业诚信自律。在中国，传统诚信观已难以适应今天飞速发展的时代，要发挥社会信用体系的强大功能和现代诚信观的舆论作用，就必须要从思想上廓清人们的认识误区，确立义利并重的现代诚信价值理念。林业产业的诚信建设需要正确的舆论引导，要通过各种形式的宣传、教育，在全社会进行诚实守信的思想道德教育，提高全社会对诚信重要性的认识；同时，还要从政府、企业、社会、消费者等多方位进行立体式的诚信文化建设，营造"守信光荣，失信可耻"的良好氛围，使诚信真正地渗透到每个人的各个层面，促使社会中的每个人都能以"勿以恶小而为之，勿以善小而不为"为其行动理念，实现林业产业诚信的自律化。

"信息化"必将助推诚信企业发展壮大

2012年以来，中国林业认真贯彻党中央、国务院和习近平总书记、李克强总理有关加快诚信体系建设指示精神，在林业产业界有条不紊地推进诚信工作。2012年6月，中国林业产业联合会秘书处发起并组织成立了中国林业产业诚信联盟。目前共有 240 多家涵盖一、二、三产业的林业企业加入了诚信联盟；组织福建永安、福建金森、生活家、圣象、大自然家居、康欣新材料、大卫等企业，在北京、上海、郑州、三明等地开展"诚信中国行"推广活动；发起、组织起草了《中国林业产业诚信体系》《中国林业产业行业诚信标准》《中国林业产业 5A 级诚信企业评定规程》《中国林业产业诚信企业品牌评定、品牌标识使用规程》等行业诚信体系、标准和规程，使林业产业诚信工作走入规范化、标准化。

未来，中国林业产业诚信联盟将利用信息化系统的支撑和管理，建设中国林业产业诚信企业征信体系平台、信息大数据平台、品牌管理推广平台、交流合作平台，把政策和行业标准等体系指标固化成可以操作的流程，使林业产业逐步形成一套完善而又统一的品牌管理、信用管理和产品管理机制。四个林业产业信息平台建成投入使用后，可向全社会提供跨部门、跨区域的信用信息服务，也将会使诚信守法、信用良好的企业脱颖而出，而有各种不良记录的企业将得到曝光。平台的建设与使用不仅是企业对企业之间的"择优"和"汰劣"过程，还有助于推动整个林业行业诚信度的提高。

其中，中国林业产业诚信企业征信体系平台可以降低企业融资成本，使企业获取更大的授信额度、更优质的银行金融服务。该平台还可以及时掌握行业动态以及政策信息，择优选择企业进行重点扶持，提高企业自身的竞争力，同时加大业内的公信程度，吸引更多优质企业。

中国林业产业诚信企业信息大数据平台，能够打通林业产业诚信企业数据孤岛，实现企业数据互通互联、资源共享，实现数据统一管理，能够全面了解掌握诚信企业统计分析结果。对所有入库的诚信企业进行规模分区、区域分布、智能检索、数据分析、动态监测跟踪，并且还可以进行征信分析，对诚信企业设定征信指标，反应企业的信用指数、信用评级，为金融机构提供参考；同时，还能集合林业体系内企业共同需求，整合行业普遍采用的生产运行系统及财务金融系统数据，共建林业产业信用平台。按照"循序渐进，急用先行"的原则，优先构建征信系统、授信系统、大数据分析系统、银行对接系统等，帮助林业产业"用数据，换资金"，积极开展产业链融资，吸引金融机构关注力，推进全行业产融结合。

中国林业产业诚信企业品牌管理推广平台，主要帮助企业进行品牌管理和推广。该平台参考个人护照管理模式，借助 RFID 技术，将向林业产业诚信体系认证的企业发放品牌认证标签，作为防伪及溯源的唯一标准；借助一次性使用的 RFID 标签技术，将林业企业诚信体系认证与认证企业产品紧密联系在一起。该平台还可将诚信企业作为典范，以国际标准或国内标准为准则，经国际或国内林业相关标准认证贴标的产品作为主体，打造林业产业品牌，宣传诚信企业，推广诚信企业认证产品。同时，利用报纸、杂志、电视、自建网络等平台为林业诚信体系建设提供宣传推广保障，通过发布在互联网、微博、微信等社交媒体上的林业产业认证和防伪溯源系统接口，使得社会消费者可以随时掌握认证企业的品牌发展和产品信息，并得到持续的诚信保障。

中国林业产业诚信企业信息交流合作平台，主要功能是信息发布和电子商务。通过林业产业指数发布、林业诚信工作白皮书、林业诚信企业风采录、诚信企业表彰等途径，建立健全诚信信息发布机制，加强中国林业产业诚信区域信息交流与合作；同时引入电子商务技术，打造林业产业诚信产品 B2C 电子交易推广平台，进行诚信企业品牌产品的推广及交易，实现诚信企业需求及信息的及时发布，满足供需两个市场的需求。不仅如此，该平台还可以成为行业内高端产品的展厅和主要卖场，结合跨境电子商务的应用，推荐精品产业产品走向世界。

中国林业产业联合会课题组：王满　李志伟　邵岚　李广龙／文
原载《中国绿色时报》

从事企业活动，无外乎两个逻辑：一是生命逻辑，二是商业逻辑。人们在从事企业活动中，往往重视后者——商业逻辑，研究企业如何赚钱兴旺；但忽视了前者——最为重要的生命逻辑，研究企业生死存亡。因此，"百年老店"，成了人们永远向往和追求的终极目标。而生活家的人文关怀与细节革命恰恰是生命逻辑与商业逻辑的统一组织形式，两者相得益彰，互为补充。这是笔者通过多年对生活家的观察，并与三林·生活家集团 CEO 刘硕真灵魂深处的平等对话中，产生的一种强烈感触。

刘硕真：人文关怀与细节革命

从事企业活动，无外乎两个逻辑：一是生命逻辑，二是商业逻辑。人们在从事企业活动中，往往重视后者——商业逻辑，研究企业如何赚钱兴旺；但忽视了前者——最为重要的生命逻辑，研究企业生死存亡。因此，"百年老店"，成了人们永远向往和追求的终极目标。而生活家的人文关怀与细节革命恰恰是生命逻辑与商业逻辑的统一组织形式，两者相得益彰，互为补充。这是笔者通过多年对生活家的观察，并与三林·生活家集团 CEO 刘硕真灵魂深处的平等对话中，产生的一种强烈感触。

面对生命逻辑，营销达人乔布斯从禅宗中得到顿悟："死亡就是生命中最好的发明，它将旧的清除，给新的让路。"宁静的心，质朴无瑕，回归本真，这即是参透人生，便是禅。禅要求人们放弃已有的知识和逻辑，用源自内心的感悟去解决问题。乔布斯通过内心的明悟，找到了一条终极的产品之道。这是禅给他带来的启示。因此，这也是为什么苹果公司的生命像冬青一样蓬勃的理由。生活家的生命逻辑就是要求人们放弃已有的知识和逻辑，用源自内心的感悟去解决问题。

至于商业逻辑，现在大家的理财意识越来越强，许多人认为"不要把所有鸡蛋放在同一个篮子里"，这样即使某项资产发生较大风险，也不会全军覆没。但巴菲特却认为，投资者应该像马克·吐温建议的那样，把所有鸡蛋放在同一个篮子里，然后小心地看好它。其实生活家刘硕真的成功虽然比不上巴菲特幸运，但他正是以超人的勇气拿出了心中的一柄浩然之剑，在经过命运多舛之后，最后多方筹借 10 万元人民币与康达合作作最后一搏，最终赢得了美国最大的木地板企业阿姆斯壮合作的成功。在当时来说，赢得阿姆斯壮就能赢得整个美国市场。

人文关怀实际上就是生命逻辑，也是人文精神，是一种主张以人为本，重视人的价值，尊重人的尊严和权利，关怀人的现实生活，追求人的自由、平等和解放的思想和行为。细节革命其实就是商业逻辑，细节这个名词是指细小的环节或情节，细节革命是通过被大家忽视的东西或不曾留意的某一情节，经过彻底革故之后决定事物的全部内容本质。巴菲特的鸡蛋篮子说就是细节革命的一种外在向内转换的形式。生活家将这两个逻辑演绎得非常完美，于是产生了生活家地板、生活家·巴洛克地板、生活家·曼宁顿地板、生活家·CASA地板等成功的品牌，在国内代理销售欧洲 LUXFLOOR 地板产品，经营范围包括木地板、LVT 地板、木门及相关辅料等，并在广东、天津、江苏、四川等地设立多个研发、生产基地，成功地迈向林产工业行列中的佼佼者之一。

下面让我们一起踏上探寻生活家刘硕真的人文关怀与他的细节革命之旅吧。

人欲横流的商潮澎湃中，一切向钱看所导致的精神饥荒、价值失范、道德沦丧，需要培植的正是价值观的正确取向。

人文关怀散记之一

人的一生总有许多动人的故事在不经意间发生。这些故事，在时间和空间的交叉处，闪现出许多神奇的命运点。那些命运点在冥冥之中改变着灵魂的色彩，重新构造生命。或使生命质量下降，或使生命质量提高。

故事发生在 2008 年的冬天，那是生活家在南京举行的 5 周年全国经销商年会上，我与生活家董事长刘硕真初次见面。年会上，刘硕真用佛教故事讲述了生活家是如何以承担社会责任为己任，开创地板行业新目标的。当时的场景让我们林科院一行的采访者萌生了进一步了解的渴望，整个过程用一个个生动感人的故事再现了生活家在一年的发展中为每一位员工所表现出的人文关怀，让在场的参与者流下了动人的泪水。这也成为多年来生活家秉承"天下一家"经营哲学，一直紧密关切社会发展，积极参与社会公益活动，以己之力以济天下的崇高情怀。

午餐后，我与刘硕真相邻而坐，言语上有了一些交流，虽囿于时间所限未能深入交换意见，但令我念念不忘的是，当时充盈在他眉宇间并扩散至脸庞的笑容，一如秋日雨后阳光，清澈干净几乎不见一丝瑕疵。因为这是我在多年的采访中，看到一位企业家面对生命少有的从容。记得他曾对我说，"其实我手机里存有一部书，名叫《心经》，是我经常读的佛教经典之一。"

我当时对《心经》只是崇尚，回家查阅一下，知道《心经》全称是《般若波罗蜜多心经》，是佛教经文中文字最为简练，而内容又极为丰富的一部典籍。它和《金刚经》一样，在社会上广泛流传，影响极大。

用现在的话说，《心经》是佛教的纲领性文件，是用来指导佛门子弟修炼的。刘硕真把《心经》演绎为人文关怀与信仰，带领新生活家人用"人文关怀"、"信仰消费"，缔造了地板业"生活家"的艺术人生。

我曾在一篇评论中，评述过生活家："优秀的企业如此，优秀的企业家也是如此。当社会和平安定，物质生活发达之后，精神上超越解脱的社会需求也会随之加强。在西风美雨频来的商潮澎湃中，人欲横流，一切向钱看所导致的精神饥荒、价值失范、道德沦丧，需要培植的正是价值观的正确取向。因此，新生活家的文化情感、人文关怀，决定了它与地板行业精英'联合创业'走向了成功，'巴洛克'地板也就成功地在生活家这块土壤中实现了完美对接，这也是生活家人创造品牌并走向成功的奥秘。"

真正的王者，总是以超常规的表现，不断前行。

人文关怀散记之二

刘硕真信奉洛克菲勒的一句话："如果你想把一个企业经营好，最容易的办法就是让你的员工成为老板。"在生活家，员工工作到一定年限就会成为公司的投资员工，按刘硕真的话说"有钱大家赚"。

生活家要求每个人都是学习型员工，公司每年投资百万元以上在经销商、员工身上，一场南京年会就投入几百万元，其主题就是感动经销商，我们称之为人文关怀，以客为尊。刘硕真说："生活家让经销商感到备受尊重，我们每一场年会都当成奥斯卡金像奖来办，注重每一个细节，经过反复彩排。2008年引用影片《集结号》，让大家明白生意就是一生的战争；2009年制作宣传片《英雄》，告诉大家在金融危机下不能退缩，退缩就是洗净脖子让人宰，要为自己而战。骨干们上台讲述一年打拼的故事，有人上去没讲几句，眼泪就稀里哗啦流下来了。所有人都感动得热血沸腾，其实每个人都是英雄，我抽出了他们心中的那柄剑。生活家一直想传达的理念是：我们跟经销商不是对立的，而是双赢的，我们一起来面对这个市场和事业。"而2011年及2012年的主题是"天下一家"，从真正意义上更加明确了人文关怀的核心主题。以凝集力量、传播希望、传递生活的信心与坚韧为中心，年会用雄劲刚健的旋律，坚定有力的节奏，铸就了超乎寻常想象的速度和厚德载物的品性。真正的王者，总是以超常规的表现，不断前行。

> 当一个公司形成了一种由悲悯心滋生的公司文化时，这个公司也就成了一个不可分裂的整体，才会有无穷的竞争力，并借此建立长青基业。

人文关怀散记之三

我的一位作者朋友，著名管理专家王育琨提出：未来的行业只有两种公司不会被淘汰，一种是具有科学心的公司，另一种是具有悲悯心的公司。而能够创立长青基业的公司，则必须具有真正的悲悯心。当一个公司形成了一种由悲悯心滋生的公司文化时，这个公司也就成了一个不可分裂的整体，才会有无穷的竞争力，并借此建立长青基业。以"生活家"地板为品牌的生活家集团有限公司，就是在地板行业一直保持良好的发展态势并具有悲悯心的行业引领者之一。这种悲悯心就是人文关怀。

走进生活家中山总部大楼内，"今天你微笑了吗"的大字显示在电子屏上，立即让我想起了禅宗精神为什么那样地深入人心。读者肯定会想，不就是一句平常的话，你今天微笑了吗，至于在文章中整得这么神叨叨的吗？不是吗，今天的微笑不正是禅宗思想的核心精神？禅的核心精神"拈花微笑"，其实强调现时的心境和今天所有的快乐状态，它决定并辐射至一切事物。今天不微笑的人，"明天"是痛苦的，是没有善果的。后来我在采访中也提到了此事，刘硕真回答得也很坦然："这是我和行政部要求的（注意：他用一个'和'字强调的是联合词组，而不是偏正词组），其实从 2008 年金融危机开始时，我说大家愁眉苦脸解决不了问题，你必须去面对现实，一定要活得更积极、更精彩。"

刘硕真很欣赏美国陆军四星上将乔治·巴顿将军的三句话。他解释巴顿的意思说："一个炸弹同时炸在一个弹坑的两次机会是零。意思是你跌倒一次了，就应该站起来前行。敌人的子弹不会因为你而停止，或者你往后退而子弹的速度就会减慢。最后一句话，进攻是最好的防守。"刘硕真真是悟到了人生的真谛，"今天你微笑了吗"，是他多年来修行得道的正果，是从"坐禅"走向"行禅"的至高境界。通俗一点讲，它是人文关怀的"公平交易"，是以人心换人心的人类最柔软的情感。

其实两年前我在采访刘硕真时，他就强调了这一点。他说，公平交易并不是表面看起来那么简单，这个价值观背后是什么呢？他接着说："要想做好企业产品，如果你的员工吃住条件都很差，他们自己的生活都那么糟糕，如何能要求他们做出有品位、高质量的产品呢？企业要有责任感，产品要做好，首先要让你的员工像个人样。"当时参观时，生活家的员工每个宿舍都有空调，餐厅有电子仪表板，每天的菜名和价格都写得清清楚楚，老板和员工就餐完全一样。据说，刘硕真和总经理林德英两人共同出资 100 万元成立了公司的阳光基金，专门用来帮助困难职工。刘硕真说："我们认真对待兄弟，他们认真对待自己，他们知道只要付出了就会有回报，因为老板不会出卖他们。我一直希望公司的人要活得开心，不开心就不会精彩。"

"两只蚂蚁在地上亲密行走，在生活家人眼里能推知公母"，
你信吗？

细节革命散记之一

"两只蚂蚁在地上亲密行走，在生活家人眼里能推知公母"，你信吗？

我在生活家采访时，生活家员工与我聊天说起此事。他详细地说，蚂蚁是一种有社会性生活习性的昆虫，属于膜翅目，蚂蚁的触角明显地膝状弯曲，腹部有一二节呈结节状，一般都没有翅膀，只有雄蚁和没有生育的雌蚁在交配时有翅膀，雌蚁交配后翅膀即脱落，于是公、母就有了结果。

听完叙事，我为之惊诧。他说明了生活家人的细心程度非同一般。

前不久，我又一次在中山拜访生活家董事长刘硕真。去生活家之前，给他发了一条短信，他回信说现居南京次日返中山，并就我去中山一事交代了属下，安排好时间。一般而言，一位置身于商海之中的企业家，对采访者少有悉心安排。人们一般认为身居高位不管"碎事"，其实这都是错误的。真正的企业家或真正的领导，他们都怀有一颗敬畏他人之心。值得一提的是，几十年来我走访了无数地方，采访过很多官员政要及众多企业家，也收到过很多纪念品。但这一次去生活家，收到的纪念品却非同寻常。那是当我离开生活家时，他们送了我一个成批订制的茶缸。这个茶缸在我打开时，一股暖流不禁在我心中不可遏制地油然而生，因为这个茶缸上标有属羊的图案。我是属羊的，他们怎么知道的呢？我不得其解。但我还是给细心的生活家人发了条短信，表示感谢。

生活家产品的特点，诠释"巴洛克"的本意，也诠释了用心生活的生活家的人们。

细节革命散记之二

生活家因巴洛克而成功，巴洛克也因生活家在我国重现魅力。随着生活家的异军突起，很多人知道了"巴洛克"这个名字，其中一些人只觉得神秘，而知道巴洛克文化艺术的更是甚少。其实"巴洛克"一词在西班牙字典中的原意为"大而不规则的珍珠"。正如想象是无限大的，产品是不规则变化的，珍珠是珍贵而稀少的，生活家的产品一直尽量避免走直线，恰似人生过程的起起伏伏。生活家产品的特点，诠释"巴洛克"的本意，也诠释了用心生活的生活家的人们。

刘硕真谈起了巴洛克地板的由来："最初，我只专注于国外市场的研发，想着一定要走一条和别人不一样的路，1996年我和好兄弟李源海去捷克首都布拉格旅游时获得了灵感。在布拉格一个有着巴洛克艺术气息的古老小酒馆里，我们发现木地板很出位，脚踩上去微微感到凹凸不平，真正踩在木头上的感觉出来了，细看种种斑驳痕迹充满了岁月沧桑的质感和高贵气息。原来木地板也能带来生活的审美享受。后来我一直在琢磨它。2001年时我决定做出这种古朴、自然而又高贵的仿古地板来，这种感觉不是用机器做出来的，只能手工一块块地修凿、打磨，这样才是活的、有灵魂的。试制产品很快出来了，它秉承了欧洲十七至十八世纪的巴洛克艺术风格，我直接给它命名'巴洛克'。"

的确，对地板行业来说，"生活家·巴洛克地板"开启了一个新奢侈主义时代。当地板还是一张变化不大的"平板"时，是"生活家·巴洛克地板"用纯手工赋予了地板"生命"。我三年前在车间参观时，看到巴洛克与其他传统地板的生产工艺并不一样，"生活家·巴洛克地板"采用手工雕刻，手工搓色、手工打磨等，单是刀法就有100多种，其中尤以跳刀、钝刀的巧妙结合，并根据树木纹理质地的不同，采用雕、刻、磨、烫、染等工艺完成，使巴洛克"不规则"效果表现得淋漓尽致。更令人惊叹的是，"生活家·巴洛克"每一块地板背面都印有创造这件工艺品的雕刻师工号，这是雕刻师经过精雕细琢与艺术创作的体现和见证，同时也是对每片地板负责的态度。

从思想艺术走向产品艺术，从心灵环保走向产品环保。

细节革命散记之三

刘硕真是位优秀的企业家，但他同时非常关心政治。采访时，中共十八大正在召开，他说十八大多次提到变革，令人备受鼓舞，这也将预示十八大后的中国，挑战与变革成为我们今后一个时期的重要任务。刘硕真结合他的企业分析说："没有变革事实上是不可能的、不现实的，变革一定要务实求真。现在我们谈环保地板，那环境与生活是干什么的？环境跟生活其实都是人创造出来的，所以生活家人今年有一个比较大的成本，那是年初的时候我们几乎把公司的中高管全部脱产送入'魔鬼训练营'集训，使大家从灵魂深处真正体验平常认为无法超越的极限挑战，可以彻底地把思想的痼疾变为新生。"写到这里，我的采访目的有了一个新的突破，中国环保地板，首先应该是我们心灵的环保，才会有产品的环保。这也是多年来，众多的消费者认可生活家地板的客观原因所在：从思想艺术走向产品艺术，从心灵环保走向产品环保。

在文章的最后，让我们一起来梳理一下刘硕真带领生活家人一起的努力成果：

镜头一：美丽生活家

生活家一直倡导环保生活，健康人生。在原材料使用上，积极推进对环境资源的合理利用；在工艺技术创新上，保证消费者家居装修用品的使用安全。生活家自成立以来，便以全球市场为发展目标，并通过优质的产品与服务，迅速打开国际市场通路。

同时，以全球化的视野，生活家在原材料供应、技术研发、产品加工、销售渠道、服务体系等多个方面提升国际性竞争能力。

在未来，生活家致力于"成长为全球居家木制品领域的领袖品牌"。

镜头二：原材料供应

生活家母公司马来西亚三林环球有限公司在全球拥有超过 400 万公顷的林地资源，具有 140 万立方米木板加工能力。同时，生活家自身亦建立起全球木材采购系统，在南美、非洲、东南亚等木材产地建立网络，保证木材供给的持续性与优质化。

镜头三：技术研发

与美国曼宁顿共同组建创意设计与研发中心。以全球地板流行产品为标杆，集结中西双方的创意能力，开发更具特色的地板产品。

镜头四：产品加工

生活家产品加工过程，运用国际顶端材料与设备品牌，比如德国坚弗油漆、芬兰太尔胶水、豪迈机器等。同时，随着在全球范围内的业务增长，生活家亦通过多种渠道，在国外建立产品生产中心。

镜头五：销售渠道

三林·生活家集团邀约世界各国优秀的建材商，组建卓越的国际合作团队，分别在美国、迪拜、印度设立分公司，专营辖区范围内的生活家品牌业务，在英国、意大利、俄罗斯、越南等多个国家和地区布局展厅，与当地代理商紧密合作供应产品，并进一步建立健全自己的品牌产品专营渠道。

镜头六：服务渠道

在国内市场，生活家各区域分公司设立服务网点，自建专业的服务团队，数千名专业居家顾问与顾客服务工程师，通过"金钥匙服务"系统的实施，为消费者提供高质量的服务内容。

《刘硕真：人文关怀与细节革命》读后感：

冷秋嘱为其文写点评议，自知评人物是个难事，但冷秋者，以文字互粉之友也。却之，不近人情；再者，此举或对行业群英有些许借鉴，故勉为其难。

地板产业经过十几年发展能够成为林产业中异军突起的分支，应该说赶上了好时代，也得益于一批披荆斩棘的企业家。如果从好中选优，列出几十位出类拔萃的领头羊中就应该有刘硕真。刘硕真，台北人氏也，出了大学校门后到大陆来"混"世界，也曾出入关东，做中介卖林机，风光时未见经传而言之凿凿，走麦城时节光景至今常挂嘴边，当然说的是不忘当年于患难中相帮的哥们。我倒经常想这帮子兄弟多半是看硕真有点本事值得投资，并非纯是济贫扶危行善之举。曾几何时，巴洛克风生水起，大忽悠是刘硕真！阴差阳错神出鬼没，真的弄得中华大地都相信木地板能唱欧洲歌！鄙人愚钝，至今尚不大明了台北人如何就有偌大神通，后来一想，不长毛的脑袋时髦且有智慧。天上掉馅饼砸他脑上了，该当他发达当衮星。

几年前，刘氏赠我一本《狼图腾》，初不晓何意。狼者，凶兽也，昔时吾辈对其少有嘉许。稍后细读，确有心得。诸君且听在下细表：

其一，物竞天择，狼狼才能生存。企业家白手起家，于千军万马中脱颖而出，首先对自己狼，不但不怕一时吃苦，还须坚忍不拔屡经挫折而不气馁；再要敢冒风险，智商情商赌商俱全，该出手时就出手，卖设备走了麦城还敢借钱东山再起，企业家的风险价值就是极大的价值；抓制造做精品更是要狼要细，而今眼目下，都指望今栽树明摘桃，四分产品六分吹。不狼哪能出精品！对己狼，就需劳其筋骨，并冥思苦索。巴洛克一朝分娩风光众人都见，十月怀胎之苦就知者不多了。

其二，狼极狡猾，不但会与兽类斗战术，而且会与人斗心眼。近几年人们富了，社会进步了，描述狼的智慧的作品也屡见问世。商场如战场，斗勇更要斗智。不守规矩，只要我赢一把，不管他人寸草不生这种巧取豪夺不是真智慧，因其不可持续。既遵守商业道德又棋高地着，下一步想两步，出奇制胜叫商业智慧。既竞争又竞合是大智慧。地板界还处在逐鹿中原阶段，龙头企业市场份额不过十之一成；达致两三家举足轻重握有全国话语权，可能还得竞争一二十年。国际纠纷，向上要政策都需要竞合，行业还不到有我无你你死我活的阶段，一个地方一个时段可能清楚竞争对手是谁，但在全国更不说全球，竞争对手是群体，而非很明确的具体那一个。狡猾与"识时务者即为俊杰"意思接近，褒大于贬。姚雪垠所著《李自成》中有李自成败走商洛欲同张献忠联合时，他们两人之间的一段对话写得很精辟且深刻，先联合造反，造反成功则看人心所向和实力定乾坤，开诚布公肝胆相照绝无鸡鸣狗盗之辈的小家子气，有兴趣的企业家不妨一读。

其三，狼是很团结的群体。这种团结是在实地作战的经验中得出的生存之道。因为在强者生存的丛林法则之下，孤军奋战只能是自取灭亡。狼争夺食物的战场就是死亡的前线，群狼有组织、有纪律、有忍耐、有章法、有配合，在头狼的指挥下，从容作战，不抢功，也不贪利，个个凶猛强悍，杀气腾腾，这种气势就压倒了弱者。企业团结的重要性是不言而喻的，问题是如何达成？冷秋说：生活家的人文关怀与细节革命恰恰是生命逻辑与商业逻辑的统一组织形式，两者相得益彰，互为补充。我以为企业家应该学点行为科学和借鉴一下马斯洛，这位洋老兄将人的需求划分为五个层次，依次是生理的需求、安全的需求、感情的需求、尊重的需求和自我实现的需求。马斯洛的需求层次理论有两个基本点：第一，人的需求是有层次的，某一层次的需求得到满足后，更高层次的需求才会出现；第二，某一层次的需求一旦得到满足，便不能再起激励的作用。马斯洛认为，在特定的时刻，人的一切需求如果都未能得到满足，那么满足最主要的需求就比满足次要的需求更迫切。只有排在前面的那些需求得到了满足，才能产生更高一级的需求。而且只有当前面的需求得到充分满足后，后面的需求才显现出激励作用。简单认为市场经济只有钱才解决问题显然差之毫厘失之千里。生活家的口号是"天下一家"，不但是经营伙伴而且连消费者也是"四海之内皆兄弟也"，认真做实做细，定能赢得人心。企业做大了，上下左右人际关系至关重要。每见刘氏硕真称呼伙伴为兄弟，心中常冒出一句前人言："孺子可教也。"孟子告齐宣王曰："君之视臣如手足，则臣视君如腹心；君之视臣如犬马，则臣视君如国人；君之视臣如土芥，则臣视君如寇仇。"当然光是尊重伙伴也还不够，分配上还得公平，为将者得严于律己以身作则。不能像西楚霸王项羽耽于妇人之仁，看到手下的将士受伤生病，流着眼泪去送汤送饭，但封赏功臣时印信都刻好却舍不得送出手。笔者几次参加生活家年会，曾见否？煽情功夫不亚于电视著名主持人，台上热泪滂沱，台下唏嘘成片，身临其境，倒信其真情为主，技巧为辅，真个是言行打到人心之柔软处了。平衡才能和谐，团结才有竞争力。

最后还有三点建议：

一是正当转轨变型关键时期，一面是世界经济复苏还得三五年，中国经济由高速转向中速；另一面是需求强劲有望持续一二十年，改革红利大有希望，城镇化是很好的抓手；本行业企业常感做大做强老招数不灵，新章法不明。办法只有认真学习，解剖分析，兴利除弊，与时俱进。

二是本行业企业文化虚多实少，偏于励志煽情知之道理者少是一大弱项。职业经理人注重企业成长性，"良禽择木而栖，贤臣择主而侍"。只谓歌声嘹亮步伐整齐，前面是悬崖"置之如何"？更有些培训说得很绝对，像是传授宗教，似乎用其偏方便能点石成金。一个企业总得要有自己的愿景，有正确的路径，科学的方法，使成千上万的人凝聚在一起，有公认的共同价值观。文化的提升标志着企业竞争力的提升。

三是透明度的提高也是竞争力，从野蛮生长到规范发展必经这一步。有些企业把一切企业信息都看成是商业机密，讳莫如深。叫合作伙伴或行业同仁如雾里看花，觉得经营者缺乏自信虚张声势。于是乎经销商间从业者私相交换信息，谣传四起。去年盛传某一产业聚集区龙头企业破产根本上是无中生有，且不论是否同行相轻还是捕风捉影。应付的办法是提高透明度。很少见企业总结时披露其信心满怀的数据支撑，结果是听者在猜度水分有多少。这样做是事与愿违的。

但愿此文为企业蛇年发力而"添油加醋"。

中国林产工业协会原会长：张森林／文
原载 2013 年《中国环保地板》特辑

在"地板之都"这个定义走进我的大脑之前，深刻于我脑海中的南浔是一个江南之温柔与历史之沧桑并存的水乡小镇。从有着魔都之称的繁华大都市上海转战南浔采访，一路上细雨连绵，将天地冲刷得异常干净且安静，似乎预示着这次与森林之星品牌的相遇会是一场纯净心灵之间的邂逅与洗涤。

　　南家家居董事长徐伟相信"星星之火，可以燎原"，"将自己内部的员工培养好，即使他们以后有更好的发展的平台，但是他会带着南星的价值观，带着南星的文化去看问题，解决问题"。

徐伟：一场飘停在南浔最美的梦

我知道南浔这个地方，是因为多年前看到了一幅名为《南浔遗梦》的油画。油画作者是一个及其怀旧的人，他画纽约的大提琴手，画西藏的牧民，画周庄，画南浔手持团扇的女子，他的画里流露出的是怀旧者的情愫，是若隐若现的忧伤。所以在"地板之都"这个定义走进我的大脑之前，深刻于我脑海中的南浔是一个江南之温柔与历史之沧桑并存的水乡小镇。从有着魔都之称的繁华大都市上海转战南浔采访，一路上细雨连绵，将天地冲刷得异常干净且安静，似乎预示着这次与森林之星的相遇会是一场纯净心灵之间的邂逅与洗涤。

当汽车驶入南浔，"地板之都"的称号开始得到验证，眼睛所见的广告牌和店铺几乎都和地板有关，在这样一个竞争激烈的地方，南星家居稳稳占有一席之地，并且有着一些企业无法撼动的地位，这让我对这个企业更加好奇，恨不得立马到达森林之星，一探究竟。

南星家居科技（湖州）有限公司位于南浔开发区东迁西五桥坝，初进厂内，厂区之大，景色之美让我们采访一行人很是吃惊，仿佛是来到了一个档次不低的度假村。除去必要的绿化，厂区之内还有很多果树，采访之时正值夏末秋初，果树开始结果，经过几日雨水的滋润，果实显得愈发诱人。精心设计的人工湖，配以南浔颇具灵气的水乡，好似一幅优美的画卷。所谓水养人，人似水，南星人头脑的睿智、内心的安静与南浔这青山、绿水、蓝天不无关系。初见森林之星董事长徐伟，便被他身上那股不俗之气所吸引。采访过不少企业家，他是少有的身上几乎不见社会气的企业领导。没有官腔官调，亲切随意得就如邻居家的大哥哥，说得再通俗一点儿，是个非常接地气的企业家，接的是南浔这个地方特有的灵动之气。

在南星这个平台上如何去强调"家文化"是徐伟一直在思考的问题，他甚至认为应该走在企业的社会责任之前，"正心、修身、齐家、治国、平天下"，所谓"一屋不扫何以扫天下"，在为社会服务之前，必须将自己的小家治理好。

文化·家

历数江南名镇，多在浙西，这里见证了江南的一世繁盛。浙东多山，浙西多水，纵横交错的河道水网，是浙西富庶一方的地理条件，进而会有浙东重农、浙西重商之分，发达的商业带来的滚滚财源，是浙西能够被打造得精致唯美的经济基础。而地处浙西的南浔，正是它讲述了这一时期浙商的风云际会。

森林之星做的是文化地板，而他们首先重视的就是中国人根深蒂固的家文化。在中国没有大的宗教文化影响，没有优秀文化的渗透，想要改变社会实属不易，所以森林之星主张改变自己。在南星这个平台上如何去强调"家文化"是徐伟一直在思考的问题，他甚至认为应该走在企业的社会责任之前，"正心、修身、齐家、治国、平天下"，所谓"一屋不扫何以扫天下"，在为社会服务之前，必须将自己的小家治理好。除了员工的物质收入，森林之星想办法营造家的文化，开展精神层面的一些活动，让所有在南星工作的人都能够感受到家的氛围。同时，从公司体系方面来说，他们从组织架构，绩效考核制度方面的管理，适应《劳动法》对企业要求的脚步，最大限度地保障员工的利益。若企业不发展，谈再多也是空的，毕竟所有的责任也好，人、财、物的配置也罢，最终都是需要持续的现金流支撑的。南星在营造家文化方面投资近1.5亿元，在中国地板行业里面可谓是第一家。我实在无法想象，南星工厂内工人的公寓都是酒店式的，下面还设活动球场、健身房、阅览室、网吧、医务室，包括理发店、水果店、餐厅、乒乓室、斯诺克台球室，一应俱全，还有24小时中央热水。

家，是我们避风的港湾，是我们生活的乐园；同时家也是一副重担，一份责任，更是一条逼你拼命挣钱的鞭子，让你为它拉车、犁地。森林之星处处为员工着想，相信员工也定是毫无保留地为其付出，因为他们需要共同努力来守护南星之家。家，是能够同甘共苦的地方。

　　徐伟相信"星星之火，可以燎原"，"将自己内部的员工培养好，即使他们以后有更好的发展平台，他也会带着南星的价值观，带着南星的文化去看问题，解决问题。"

文化·责任

南浔是地理与人文的载体，他有畅达的交通，更有厚重的人文。而坐落于南浔的南星家居，注定了它将拥有超脱于景致的格调。对森林之星地板的赏析不仅仅是在于创造地板的种种元素，它是传世的湖笔，蘸满了人文的气息，在这片水乡写下了属于自己企业的社会责任。

徐伟相信"星星之火，可以燎原"，"将自己内部的员工培养好，即使他们以后有更好的发展平台，他也会带着南星的价值观，带着南星的文化去看问题，解决问题。"这样的投入是巨大的，成效是缓慢的，但一个企业发展改变的核心是人，这就是一个必要的过程。

地板行业发展已走过 20 年，所谓机遇就是"天时地利人和"。20 年之后的今天，许多人消极地认为地板发展的大势已去，许多经销商都已经疲了，甚至迷茫了。那么，地板行业真的是已经到了这个地步吗？徐伟不以为然。"地板的利润确实越来越稀薄，但这个行业不是一个不值得讨论的行业，我觉得这个行业非常有智慧。"光徐伟一个人有这样的坚持是远远不够的，但起码有一个徐伟是这样坚信的，并且带领着所有森林之星地板人在发掘地板行业的智慧，并想把它整理成册，留给世人。

南星家居正在筹建国内首家地板文化博物馆，博物馆除了总结地板行业发展以来的智慧，更会全面地诠释木材与人类的关系，以此来引导人类更好地利用木材，保护环境。说到环保，森林之星地板一直生产合格产品，并且投入大量人力财力研究延长地板的使用寿命。若一款产品的使用寿命增加了，对于木材量的使用自然就少了，生产加工中产生的污染就少了。"所以我们从大环保角度讲，我们必须把中国的地板质量提上去，让我们的产品使用寿命更长，延长产品的生命周期是最大的环保。"森林之星地板一直在努力。

"随着时代的进步，年轻人追求个性化的心理会越来越强烈，因此无论是文化地板、艺术地板还是美学地板，这种差异化的东西会越来越多。"

文化·地板

　　大部分企业将地板当成木头做，当成建筑材料木制品来做，少有企业真正能够把地板当成美学产品、文化产品来做。森林之星突破旧观念，将地板当成工业设计品来做。突破了行业的传统思维那就意味着走出了一条新路子。当然这条路也不是一帆风顺的，从行业来讲的，地板的利润越来越不好，就意味着企业在目前这个形势下，要清醒地认识到每家企业的背景不一样，这也是森林之星这几年为什么沉淀下来、慢下来的一个原因。所谓厚积薄发，在核心的一些东西上再进行梳理，再转变。沉淀，是为了以后能做得更好。森林之星吸收和学习一些地板企业的优点，同时也在想办法规避一些缺点。地板行业本身一点问题都没有，但是不能回避的是不断上涨的房地产确实推动了地板的商业交易成本，该怎么办？"我们不能去回避这个问题，而是应该迎难而上去想办法解决这个问题。"徐伟对于地板行业发展而说的每一个字都铿锵有力。

　　森林之星做文化地板做的是内涵式的延伸，专注做木材，专注做地板里面的工业设计。随着时间的推移，60后、70后开始退居消费市场二线，80后、90后开始成为市场的消费主力。因此，地板这个行业，发展的趋势是个性化，年轻人标榜个性。从家装可以看出主人的情趣、爱好，一幅画、一首歌都是主人性格的最好写照。家，实际上是一个人的东西被物化掉的产物，地板是家的一部分，每一块地板都是主人的形象代言。"随着时代的进步，年轻人追求个性化的心理会越来越强烈，因此无论是文化地板、艺术地板还是美学地板，这种差异化的东西会越来越多。"

徐伟是一个彻彻底底的怀旧主义者，一直带着对最原始木头的那份纯真的热爱走在地板行业的路上。而每一个怀旧者，定是经过千山万水，阅尽锦绣繁华，他们在心理上称得上"皓首华发"。他们回首的目光，有对于苦痛的熟识，有对于丑陋的熟识，还有对世界不得不保有的热爱。

"南"是禅的静谧，"浔"是梦的悠远。吸收南浔天地之灵气的森林之星地板在这个繁华琐碎的俗世中得以沉淀自己，一心去追逐创造文化地板的梦。我们仰望的繁华，终在叹息中沉湎。镇之所以成镇，源于商埠；古之所以为古，皆因衰落。如没有革新和发展，它就是同一部王朝变迁的缩影，浸淫在美的优雅中，失了神。而南浔古镇，因为有着这样一群地板人的努力，他们不畏艰苦，寻求创新，留下的，不再是那物是人非、供人惆怅仰望的天窗，而是未来地板行业的希望。而森林之星，这场遗失在南浔最美的梦，并不会化作一缕绝世的炊烟，消散在无情的历史中，而是会在地板史上留下浓墨重彩的一笔。

原载 2015 年《中国环保家居》

经过 20 年的飞速成长，圣象以国际化的格局观和坚韧不拔的精神，在中国家居建材行业创造了前无古人的辉煌成绩。圣象集团总裁翁少斌和他的团队用数字说话、用产品说话、用质量说话、用环保说话、用技术说话、用人文说话、用实力说话、用发展说话，成为圣象发展 20 年最为坚实的足迹，并将沿着这些足迹创造新的奇迹。

翁少斌：圣象 20 年坚韧不拔一路前行

——圣象的八个说话

用数字说话

圣象 1995 年引进强化木地板，1995 也被称之为中国木地板行业发展的元年。至此，圣象 20 年的奋斗累计出品和销售地板 4 亿平方米，年销售额从当初的人民币几万元到目前的国内国外 50 多亿人民币，从当初的一家专卖店到目前的 45 家分公司，5 家海外分公司，遍布美、德、韩、加拿大等国及中国香港地区，遍布中国的 3000 家统一授权、统一形象的地板专营店和 700 家木门、衣柜专营店，拥有 800 万幸福满意的忠实用户和超过 20000 名的员工。

用产品说话

凭借在地板行业驰骋 20 年建立的稳固领先地位，圣象充分利用长期积累的资源优势，将产品品类延伸至标准门、衣柜、整体厨房、家具等领域，全面铺开圣象木业大家居产业的宏伟画卷。1995 年以前，市场主要是传统实木，无品牌经营，小规模粗放生产，1995 年圣象引进强化木地板 (当时市场份额为零)，圣象集团于 2005 年和 2007 年分别与欧洲康树和美国安德森合作，率先将欧美主流的实木地板和生产技术引入中国；2008 年圣象推出圣象标准门，2009 年圣象家居版图迅速扩张，全面进入衣柜产业；2014 年圣象宣告进入整体厨房领域。

圣象地板：圣象康逸、圣象美式经典新实木、圣象强化。

圣象标准门，以"圣象门道"引领室内门消费新观念，重新定义整个室内门市场。

圣象衣柜，为消费者量身定制，生产高品质、个性化的产品，同时开启精巧、美感与实用的定制衣柜新纪元。

圣象整体厨房，专注打造厨房的整合功能，创造出应需而变的完美、整洁、好用、方便的整体厨房，最大化满足不同家庭的生活个性以及收纳需求。圣世年轮，定位于中高档家具市场，将欧陆典雅品位和时尚舒适完美糅合，以卓越的产品设计和精湛的制作工艺使每款产品都精美绝伦。

用质量说话

1. 圣象来自德国的先进设备，已拥有世界领先的木地板生产基地，集成欧洲和美国等世界上最先进的制造技术和制造工艺，卓越的创新功能，坚持执行严格标准和科学体系，全面监督每个生产环节，组成了圣象一流的制造平台，是成就圣象品质的根基。

2. 基于可持续发展的理念认知，将绿色理念深深植根于产业链的每个细节，横贯上下游，涵盖林业资源、基材、工厂、研发、设计、营销、服务等七大环节，建立一条完整的绿色产业链，为健康的产品提供了有力的保障。

3. 圣象自从 1995 年成立以来，销量超过 4 亿平方米，拥有 800 万忠实用户，圣象集团产品 20 年质保、30 年质保不是想当然就敢说的，圣象 20 年间，一直承担客户的售后保障，试想没有好的产品品质，如何做到让 800 万客户安享圣象产品。

用环保说话

1. 大环保。

圣象坚持采购国外经 FSC 权威认证的合法优质木材，更选用全国一流的大亚基材，贯彻可持续发展宗旨，保证圣象地板、衣柜及木门的品质之"芯"。绿色生活，一路畅享！不以追求眼前利益为目的，着眼行业整体发展。

采用速生林为主要原材料，与农户联营速生林资源，资源种植，实现了林木可持续发展，是国家政府提倡的人工绿化工程典范，对于保护全球生态平衡、天然林保护工程也可以起到积极的作用；不以消耗眼前资源为动力，立足长远资源消耗，切实实现"小环保"与"大绿色"的和谐。

2. 小环保。

生产专业品质、健康环保的绿色产品，提供创新的绿色家居解决方案，为消费者创造一种美好健康的绿色生活方式，从而全方位满足顾客需求，实现绿色经营。

圣象斥巨资与美国波顿公司合作建成世界一流的圣象 E0 级健康基材生产基地，环保超过国家标准以及圣象地板率先在中国采用 F ★ ★ ★ ★ 国外最高等级环保健康先进标准。

用技术说话

1. 创造力是企业的制胜因素，而圣象的研发中心正源源不断地提供最新的技术与创新能力，为开发新产品提供了先决条件。

圣象研发中心是亚太地区最现代化的木地板研发测试基地之一，汇集了优秀的研发专家，在专业团队的共同协作下，圣象相继研发了锁扣技术、地板抗菌技术、负离子技术等多项创新技术与产品，其中 36 项获得国家专利。

通过与美国安德森、瑞典康树的合作，圣象将北美与欧洲最新的地板技术与设计第一时间引入中国，对于整个地板行业来说，圣象率先跨出了第一步。

在国内，圣象的研发中心与清华大学、南京林业大学等科研院所合作，借助高校的专业优势为产品提供保障；在全球范围内，圣象正与越来越多的各国专业研究机构保持紧密合作。

2. 圣象，已拥有世界领先的木地板生产基地，集成世界最先进的制造技术和制造工艺，年产能达到 5200 万平方米。

超一流强化地板制造平台——D 和 E 平台亮相：国内首创的制造平台，集合了目前全球领先技术，实现了强化木地板制造全过程的数字化自动控制，整体生产效率提高近 100%。

高精度加工技术与专利：圣象拥有多项独有的产品加工技术，凭借优灵锁扣等专利技术，使产品在加工工艺上更精确。

引领健康地板生产标准：从提高原材料纯度到制胶和压制，全过程采用了美国 BORDEN 工艺技术，在制造工艺环节上提升了健康标准。

严格品质监控：以国内和国际最高标准为依据，在 ISO9001 质量体系和 ISO14001 环境体系的约束和保障下运行。

用人文说话

1. 企业愿景。

成为深受国际社会认可与尊敬的全球家居建材供应商，圣象及圣象的股东，联合起来共同打造一家拥有社会责任感的木业企业。并且不仅仅是在中国，而是在全球范围内，成为能够承担起很好的社会责任，同时又受到社会尊敬的一个木材产品供应商。

2. 价值分享。

保障安全生产是圣象的主体责任。独特的"圣象模式"——制定环境方针，推进清洁生产，加强生产过程管理，持续推动绿色可持续发展。圣象以真诚对待消费者，倡导责任营销，为消费者带来价值最大化。

圣象把美好价值分享给员工，更有利于企业把价值更大范围地分享给社会。在未来，圣象秉承"用心关爱，价值分享"的责任理念，将理念更好地融入到实际当中，全面提升经济、环境、社会绩效。

3. 人文关怀。

2008年5月12日汶川地震发生后，圣象集团第一时间募集款物700万元支援灾区。2011年，圣象举行"大别山送真情，关爱老红军爱心行"慈善活动，为红色革命根据地团风县福利院28间老红军宿舍全部铺上圣象地板。十多年来，集团总部通过捐助"圣象希望小学"、举行"十年树木·百年树人"圣象绿校园公益行动等，帮助贫困地区的孩子完成学业，重塑他们的希望，点亮孩子对美好生活的憧憬。至今，圣象绿校园公益行动惠及了四川绵阳、江西抚州、山东章丘、陕西蓝田、云南曲靖、青海湟中县、贵州安顺、河北石家庄、黑龙江哈尔滨等地数十家小学。

用实力说话

成立于 1995 年，总部在上海的圣象，以"德国制造"的基因为企业打下稳稳的根基，以一个个"第一"引领整个行业的发展。如今，圣象已然在研发、生产、终端建设、服务等多个层面领先于同行业，并连续 18 年位居全国同品类销量第一名！

第一家将强化木地板引入中国的地板企业，并将这个魅力非凡的地板品类发扬光大；

第一家采用 OEM 方式的中国地板企业；

第一家打造完整产业链的中国木业企业；

第一家在中国推出 E0 环保标准；

第一家全面采用 F4 星国际环保至高标准；

荣列实木复合地板 2013 年度全国市场同类产品销量第一名；

荣列实木类地板 2013 年度全国市场同类产品销量第一名；

第一批入选"江苏省重点企业研发机构"企业。

经过 20 年的飞速成长，圣象以国际化的格局观和坚韧不拔的精神，在中国家居建材行业创造了前无古人的辉煌成绩！如今，圣象及其股东已拥有 150 万亩速生林；7 家基材工厂，年产能 200 万立方米；10 家地板及配件工厂，年产能 5200 万平方米；年产能 70 万套的圣象标准门工厂和 2 万套的圣象衣柜制造基地拥有 45 家分公司，5 家海外分公司，遍布美、德、韩、加拿大及中国香港地区，遍布中国的 3000 家统一授权、统一形象的地板专营店和 700 家木门、衣柜专营店，拥有 800 万幸福满意的忠实用户和超过 20000 名的员工，圣象已成为公认的中国木业家居建材第一品牌。

用发展说话

1995 年，圣象引进强化木地板，引起了行业的关注和消费者的兴趣，1995 年被称之为中国木地板行业发展的元年。至今圣象已成为公认的中国木业家居建材第一品牌！2014 年，是圣象"大家居平台化战略"启动的元年，标志着圣象已大步迈进大家居时代。未来圣象将如同对品质的执著一样，执著于不断满足消费者对产品和家居的全方位要求，打造每个人梦想中的家居体验。

1.〔1995〕圣象将强化木地板品类产品引进中国。

2.〔2000〕获得全国市场同类产品销量第一名。

3.〔2002〕大亚集团成为圣象集团的投资方，成立圣象集团有限公司，总部迁至上海。

4.〔2004〕圣象集团斥巨资与美国波顿公司合作建成世界一流的圣象 E0 级健康基材生产基地。

5.〔2006〕圣象获得中国驰名商标的批复。

6.〔2008〕圣象国际化战略全面发布，纵向贯通上下游、横向打造全球一体化产业链的战略思路。

7.〔2008〕圣象涉足室内门领域，推出圣象标准门，随后率先提出室内门标准化理念，树立起中国室内门产业标杆。

8.〔2009〕圣象家居版图迅速扩张，全面进入衣柜产业。

9.〔2010〕圣象成功打造行业规模最大、最完整、最先进的绿色产业链。

10.〔2010〕国家批准圣象集团率先在中国采用 F★★★★ 国外先进标准。

11.〔2013〕圣象集团荣获 2013 年中国家居百强企业。

12.〔2014〕圣象地板 4 亿平方米下线，连续 18 年全国市场同类产品销量第一，满意用户达到800万。

13. ［2014］圣象宣告进入整体厨房领域。7月大家居战略在广州发布，至此圣象正式升级为专业的泛木家居高端品质平台，完成了从地板单一品类到木门、衣柜、整体厨房多品类的华丽跨越。

从发展的角度、长远的眼光预测，强化木地板的主要原料因为是人造速生材和其加工剩余物，且木材的利用率极高，从资源可持续利用性战略来看是非常有利的。强化木地板作为一种环保产品，自30年前在欧洲研制成功之日起，就显示出了强大的生命力，他符合国家产业发展方向，符合社会发展潮流。在一些大城市，强化木地板的销售量已与原木地板持平，发展速度迅猛，并有超过的势头。照此趋势，中国在未来几年内必将成为亚洲地区稳定的强化木地板消费市场，强化木地板必将受到更多消费者的青睐和钟爱。

原载 2015 年《中国环保家居》特辑

在逆境中求发展，就要比别人做更多的事。

走近圣象，走近翁少斌

2009 年 2 月 13 日上午 10 时，丹阳，大亚集团总部，圣象集团总裁翁少斌如约出现在办公室。而在 4 个小时前，翁少斌才结束 12 日的工作，小憩了一会儿。

与翁少斌长畅谈了 5 小时，我们没有得到原先想象中圣象应对金融危机冲击的秘籍，但翁少斌让我感悟到了圣象的理念和价值观的重要性，圣象的敌人并不是金融危机，而是自己。圣象要做的事其实也很简单：在坚持自己理念的基础上做比别人更多、更细致的工作。而对中国地板产业的贡献方面，圣象的做法并不是争抢蛋糕，而是把蛋糕做得更大。

圣象的品牌观

一个好的品牌首先要具备过硬的产品品质。

"圣象一直对质量控制很严格，至少任何情况下我们都没有偷工减料的想法。"

翁少斌是这么说的，圣象也正是这么做的。圣象对于多层实木复合地板孜孜不倦的质量追求旅程正是圣象质量理念的真实写照。作为圣象地板家族最年轻的品类，2006年8月，圣象多层实木复合地板向市场投放。起初选择国内工厂贴牌加工，但圣象认为，贴牌产品即使定下了大量标准，出厂检验也只能抽检，不能控制生产的全过程。在销售方面，经销商对不是圣象自己生产的产品有排斥心理。2007年5月，圣象合资工厂——广州厚邦木业制造有限公司开始生产多层实木复合地板，基于合资方力恒集团15年专业生产胶合板的经验，产品的内在质量问题得到了根本性的解决，也为经销商打消了顾虑。

圣象不愿意仅仅停留在内在质量有保证的水平上，产品表面处理工艺是必须攻克的堡垒，圣象的目标是引领实木复合地板的潮流。

2007年11月，圣象与安德森签订合作协议，通过合作，一是掌握了世界最前沿的多层实木复合地板表面处理技术，二是缔造全过程达到环保要求的产品。安德森产品开发能力较强，并且具有前瞻性，在美国拉斯维加斯地面材料展上，只有一个展台是需要凭借邀请函才能参观的，那就是安德森的展台。安德森在表面处理方面走在世界最前沿，他可以将3.6mm厚的旋切单板作为面板，将多层实木复合地板做到令人叹为观止的程度。

通过合作，多层实木复合地板前沿制造理念和技术源源不断地输入圣象的"血管"。

作为品质的延伸，圣象知道，要把市场做大，尤其是进军海外市场，木材来源的问题必须解决，否则会受限制。圣象愿意从起步开始就养成一个好的习惯，当前圣象多层实木复合地板面板主要来自安德森，基材采用榉木和速生桉木，所有木材原料都经过合法性认定。经过磨炼，圣象多层实木复合地板产品的品质实现了较大的提升。

树立品牌是企业维护自身利益的最佳手段

"给他人做OEM，最大的问题就是无法保护自己的既得利益，客户今年买100万，明年可以变零，这是我永远不能接受的，我宁愿从来没有这个100万。"

翁少斌的话说得非常实在，这正击中了国内大量贴牌加工企业的痛处。他说："我总觉得没有带品牌的产品就不能叫产品，你出卖的只是产能。我对OEM这种贴牌生产不感兴趣，跟我的经历有关，我是做贸易出身，对既得利益很在乎，今天没有的利益我可以不在意，可一旦利益产生了，让我失去它是不可能的。做OEM，这个客户今年买100万，明年一句话价格太高了，就变成了零，做OEM只能走这样的路。所以，我这几年一直不提倡OEM。但不做这样的生意怎么办？只能做品牌。你就要在海外控制网络，这无外乎自己从零做起，或者收购。"

品牌企业应该是打价值战的急先锋

"品牌是有附加值的，没有附加值，我就不愿意卖给你。"

我国很多企业擅长打价格战，中国林产工业协会原会长张森林为此非常担心，一直在叮嘱地板企业应该打价值战。圣象一直在坚定不移地打价值战，努力提升品牌的含金量。

"圣象还有很多方面挺弱，比如集团采购。我有时候很固执，认为产品品牌是有附加值的，不加上附加值，我就不愿意卖给你，要从长远看市场。公司很多人都试图说服我，其实这一点点价格的差距，对圣象来说无关紧要，但是我认为不合理它就不能成，所以这几年机会就被我丧失了。"翁少斌说，"这几年，房地产开发商买了很多便宜地板，就不出问题吗？当问题集中以后，房地产商就会找我们这样不太容易出问题的公司。这是我的猜测。我认为不同的产品，不同的品牌，他包含的内容是不一样的，不能完全从价格去考虑，最起码有些产品出问题的可能性大一点，而出现问题了，不同企业解决问题的能力也不同。"

据翁少斌介绍，前几年一直有比较大的房地产商与圣象接触，但成交却很少，当前整个市场下行的时候，圣象收到的集团采购订单数量和有购买意向的信息量反而令人欣慰。"原来我们的基数很低，几乎是零，今年会有一些增长。"翁少斌说。

谈及圣象海外订单，最近也有上升的势头，翁少斌说："圣象前几年也和海外客户洽谈，没谈成的原因主要是价格高，价格高是因为品质，要这样的品质就得花这么多钱，我们也没有能力降下来。前几年出口的低价格地板现在该出问题了，所以现在的海外市场，对圣象是一个机会。"

圣象讲究生意的合理性，圣象要打造的是"百年老店"，不合理的生意注定短命，所以做合情合理的生意是圣象的必然选择。

圣象文化的"是"与"非"

探寻企业文化深层次的不足，需要有足够的洞察力和智慧；发现问题且予以修正，更是需要智慧、勇气、能力和毅力，同时代价不菲。

圣象的凝聚力并非完美无缺

"一个好的企业必须尽最大可能保持文化的先进性。"

大约在两年前，在翁少斌和中国林产工业协会地板专业委员会秘书长吕斌交流时，他谈到企业国际化的设想和顾虑。国际化，不但挑战圣象开拓海外市场的能力，同时也挑战着圣象的企业文化。一定程度上，企业文化可能是圣象扬帆海外成败的关键所在。与国内市场不同，此前被藏着掖着的文化缺陷此时可能会被无限地放大，成为不可逾越的绊脚石。另外，与海外各国文化的对接和融合更是大课题。圣象在向国际化努力，为了提升管理和市场开拓能力，近年在中高层岗位上尝试引入具有中国内地以外背景的华人；因为圣象的老员工基本上都是在中国内地出生并长大的，背景和见识都差不多，必然导致企业文化单一，新人的加入对圣象而言的确是个挑战。翁少斌在谈到这个话题时也只能皱眉，"此前成功的原因可能正是下一步的问题。圣象有一个特点，就是凝聚力特别强，但凝聚力的另一面就是排外，新人备受约束，这几个中高层新人很痛苦。"翁少斌进一步剖析道："一个好的企业必须尽最大可能保持文化的先进性，坚持不懈地改良企业文化，至少让企业的发展不受其制约，保持领先。圣象的企业文化不算很先进，比较封闭，地板行业的业内人士很了解圣象，但圣象人与外界的沟通和交流却很少。"

圣象的横向交流意义深远

"在圣象的整个系统里，还没被交流的地方很少。"

为探索圣象持续发展的动力在哪里，哪个环节是促进圣象发展的发动机，我们很关心创新源泉是来自领导层还是基层。据翁少斌介绍，圣象集团总部每年都会安排一两个尝试项目，这是自上而下的，圣象公司称其为"试验"，试验范围涵盖市场、企业管理、产品开发等多层次领域，而更多的创新是由下而上的。

圣象经销商的横向交流名声在外。翁少斌举例说："比如江苏公司带着一批人到贵州去，他们考查的重点是，贵州消费能力那么差，怎么还能卖那么多产品。类似的交流特别多，我们鼓励这种内部交流，通过这种内部交流，许多好的办法就可能在其他地方得到尝试和利用，有时候还会由集团总结提炼出来，转到其他地方尝试。"

圣象对投资研发不遗余力

"企业搞研发不在于钱的问题，是你怎么花掉这个钱。"

圣象正在积极报批成立国家级研发中心，2008 年圣象投资上千万元在丹阳设立研发中心，现有十多名研发人员。研发中心主要包括两部分，一是实验室，主要从事基础研究，翁少斌认为基础研究很必要，圣象有耐心等待基础研究领域的成果；另一个是实验工厂，主要从事应用方面的研究和开发。另外，圣象也与中国林科院木材工业研究所等院所达成了合作意向。

至于研发经费，对圣象来说不是问题，但问题是如何花掉这笔钱。圣象在研发方面的投入法则与众不同，投入没有上限，却有下限，要求研发部门必须花掉一定的费用，比如 2009 年的投入要求不低于总销售收入的 2.5%。翁少斌说："研发人员提出要花钱，没有人限制他们，但是最少必须花掉多少是有规定的，花不出去就不称职。"

至于回报，翁少斌说，"我相信量变到质变的过程，不断积累，总有一天，积累到一定程度，它就会产生效益了。"

圣象扬帆海外的心路旅程

圣象 2009 年美国市场预期销售 600 万~800 万平方米

"最近，美国公司已经拿到了 Homedepot 未来几年最低采购数量的承诺书，数字还是挺大的。"

圣象，这个 2008 年之前与美国消费者还没有什么关系的地板品牌，2009年开始以自有品牌向美国进军。这是圣象全球市场拓展攻坚战的首个战役。在此之前，2008 年 9 月，圣象控股美国地板贸易公司 Home Legend，为 2009 年的国际化竞争埋下了伏笔。

"我预测圣象 2009 年在美国市场自有品牌地板的销量将达到 600 万~800万平方米。"翁少斌神态平静，似乎只是在描述结果，而不是目标。

这是一个让人震惊的数字，从无到有的转变，在美国这样的成熟消费市场，如何实现尚不可知，而一举做到这么大的量级，圣象的底气在哪里？

"我至少有八九成的把握。"翁少斌说，他的底气来自三个方面。

第一，了解美国人的需求。"美国人喜欢的东西与中国完全不一样。"翁少斌说，圣象在中国市场推广多层实木复合地板，是按产品功能推广，而不是按生活方式。而安德森在美国市场把产品分成三个不同的定位，即以美国三个非常典型的区域文化来分类。举个简单的例子，一类是最高端消费，很多富人需要的产品不是奢华，而是返璞归真；第二类，美国大都市人群，他们的生活节奏非常快，产品的特征就要适合这种风格；第三类，迈阿密式的悠闲，崇尚自然的人群。

圣象与安德森的合作，除了技术输入、品牌合作、技术合作和供应链合作外，安德森还帮助圣象了解海外市场，双方很好地进行信息交流，共同交换市场情报。

第二，销售渠道。美国有两个最主要的销售通路，一个是以 Homedepot为主的大型建材超市，占整个硬木铺地材料 30%~40% 的份额；第二个，美国很少有地板品牌专卖店，更多的是地面材料专卖店，即地面材料零售商。给零售商供货的供应商只有两种类型，要么本身是制造商，要么是贸易公司。传统的贸易商没有制造能力，因此让零售商不放心，而现在，通过圣象的收购，Home Legend 已经由贸易商变成制造商，形象大变。而在建材超市方面，"最近，美国公司已经拿到了 Homedepot 未来几年最低采购数量的承诺书，数字还是挺大的。"翁少斌说。

至于品牌对销售的影响力，翁少斌介绍："中国市场上的地板品牌推广力度很强，中国消费者很无奈，必须为保护自己来选品牌。在美国，对于消费者来说有三个品牌，包括卖场品牌、产品品牌、生产企业品牌。卖场品牌在美国很重要，产品品牌等就次要得多。为吸引经销商，供货商的行业内品牌更重要，这样零售商才会更愿意卖你的产品。"

第三，也是非常重要的一点，即研发。美国对地板的要求与中国有很大的不同，从目前看，国内产品的内在质量没有问题，但在外观细节方面还有差距。比如倒角的宽度、角度等，这一般不存在技术难度，而是对加工细节的重视不够，再比如包装、漆膜效果等，都有不同的要求。在国内，人工成本低，地板可以由厂商包铺装，美国则是 DIY，圣象必须把这些细节都考虑在内。

圣象控股的美国公司有研发机构，可以针对美国市场开发产品，但是如何把对美国市场的需求，通过语言的描述变成中国研发人员的理解并实现，开发出对路的新产品，圣象在这方面还需要与其美国的控股公司 Home Legend 磨合。为了更好地发挥圣象在美国的研发力量，圣象不排除对一些独特产品在美国进行本地化制造的可能。

根据圣象的 2009 年~2012 年美国市场规划，2012 年将在美国完成 4 亿美元的销售收入，销售地板超过 2000 万平方米，在美国成为二级的主流供应商。

圣象海外其他市场布局

"我们会尽最大的可能避免单独进入，从零开始。"

2009 年第二季度，圣象将开始考虑欧洲战略。据翁少斌介绍，对外来品牌，欧洲相对保守，所以市场拓展速度会比较慢，工作开展也会比美国慢。圣象在欧洲市场仍然倾向采取美国的模式。相比美国而言，做欧洲的产品，要付出更昂贵的代价。市场方面，因为成本问题，劳动密集型产品比较有优势。

圣象的韩国公司（Welliam）目前已经开始经营，韩国强化木地板人均消费量很大，目前年市场容量约1500万平方米，市场集中度较大。另外，圣象与韩国最大的人造板制造商东和公司一直保持着良好的关系，相互之间一直主动交换情报。

翁少斌认为，目前的新兴市场虽然规模小，但增长速度快，是按月在增长，而不是按年度，所以潜力很大。但在新兴市场，圣象目前找到的合作伙伴不理想，所以举棋不定，当前只在这一市场做贸易。

翁少斌说："我们会尽最大的可能避免单独进入，从零开始。找到合适的合作伙伴不大容易，只有先做OEM，了解市场。印度和南美都是很有潜力的新兴市场，在南美，圣象的产品已经提供到了终端，从目前的情况看，未来潜力会很大，但近期局限在OEM。中东市场亦定位为OEM方式。当然，如果遇到好的合作伙伴，随时都可能有更深层次的合作。"

"做海外市场没有太多的压力，因为圣象在那里原先没有太多的既得利益。从目前情况来看，除自有品牌外，自去年11月开始，圣象OEM的形势很理想，客户购买的信息反馈很多。"翁少斌说，据翁少斌估计，圣象今年的总体出口量将是去年的4倍。

圣象农村市场开拓路线图

"任何一个在中国的消费品，如果没有打开农村市场，之前这个消费品的市场总量一般是有限的，但一旦农村市场被打开，不管哪个产品，它的市场都很大。"

对于做农村市场，圣象前几年就有想法。虽然农村的消费能力差一点，但农村基数实在太大，这引诱着圣象试图打开金矿。

2008 年，圣象集团安排湖南公司着手尝试，选择湖南的原因是要找在中国有代表性的地区，该区域属于中国消费能力的中游。在湖南，圣象选择省内消费能力中等的乡镇。总共建了 70 多个四级市场门店，经统计，这些门店有 60% 的产品真正进入了农村，其余为乡镇居民购买。截至 2008 年年底，门店的生存率在 80%。其中单店年平均销售量 1300 平方米，最高的店 2008 年卖了 4000 平方米。有了试点结果支撑，圣象决定 2009 年在全国开 1000 家这样的门店。

回顾 2008，展望 2009

强化木地板

"为什么大市场向下，我们就得被影响呢？"

2008 年年初，圣象预测 2008 年市场行情有恙，判断依据主要是国内房地产成交量比较小。在国内市场，圣象 2008 年 1~9 月的市场反应基本与预测相符，同比有 10% 左右的温和增长。但到了 9~12 月，销售压力开始加大。从 2008 全年看，圣象强化木地板销量 1800 万平方米，同比实现增长，内销市场占有率同比提高；宏耐品牌约 220 万平方米；出口 150 万平方米。

2009 年，翁少斌预测圣象在中国市场的强化木地板销量将增长 10%~15%。制定该目标的依据，一是开拓一些新的市场，二是集团采购有抬头的趋势，三是在四级市场挖潜力。"我本人不大愿意接受因为客观条件客观原因，销量就得下滑。为什么大市场向下，我们就得被影响呢？当然，你要不受影响，你做的事情就得比别人更多。"

多层实木复合地板

"工程项目价格比较低，但质量要求比零售更高。"

2007 年，圣象销售多层实木复合地板处于起步阶段。2008 年，销售增长超过 80%。翁少斌认为这是因为之前的基数较低。到目前为止，圣象这类产品没有出口。在国内市场，一直是有限地开放终端。目前圣象总共有 2100 多个门店（单店平均面积 120 平方米），但投放多层实木复合地板的门店不足 800 个。2009 年圣象将向更多门店铺货。另外，工程（集团采购）订单形势看好，预测销量增长幅度在 70% 以上。圣象的多层实木复合地板工厂目前年产能 170 万 ~180 万平方米，今年 5 月将扩建完成，届时产能将达到 400 万 ~450 万平方米。

翁少斌语出惊人，常常令我们动容，他的"工程用地板论"就别出心裁，"工程订单要求的价格比较低。按常规做法，低价则低质，但这样不行。比如你做 0.6mm 的薄皮，加上完全速生材做的夹板作为基材，不出问题是不可能的。我们做工程，基材都是用硬木，支撑 0.6mm 的木皮。有的工程，告诉他们木皮厚度 0.6mm，实际上是 1.2mm，我自己多出成本也要保证品质。"翁少斌说。

三层实木复合地板

"我们希望召开一个会议，联合几家企业启动国内市场，提升三层实木复合地板的知名度。"

三层实木复合地板，圣象内销增长 10%，约 100 万平方米；受欧洲合作方康树内部原因影响，出口同比减少了 100 万平方米，2008 年仅出口了 140 万 ~150 万平方米。而圣象的产能是 600 万平方米，2008 年全年不足 250

万平方米的总销量，与原先实现达产率 70% 的目标有差距。

翁少斌认为，三层实木复合地板在国内没有打开局面，不完全是房地产和金融危机问题，主要原因是这类产品的推广力度不够，在国内消费者中的认知度较低。翁少斌提议，由中国林产工业协会地板专业委员会组织，召集几家主要的三层实木复合地板企业召开一个会议，联合在国内市场推广，提升该品类地板的知名度。

2009 年，圣象对三层实木复合地板做出了增长 50% 的销量预期，但是翁少斌认为难度很大，他希望和国内的企业联合开发市场，形成一个团队分析市场。圣象在国内市场已经积累了一些经验，翁少斌乐意把这些经验与同行共享。

结束语

"圣象地板是全世界最大的一个品牌地板公司，你信吗？"

翁少斌在我们没有思想准备的情况下，抛出了一个观点："圣象地板是全世界最大的一个品牌地板公司，你信吗？"

的确，目前的销量，以单品牌论，圣象可能是全世界最大的，圣象品牌地板的销量超过 2000 万平方米，无人可比，当前，圣象的国际化布局也初露峥嵘，正在走向新的台阶。圣象的竞争对手不是同行，圣象需要的是不断突破自己的极限。

链接阅读：

品牌不是百病皆除的灵丹妙药

"在中国，相对消费者来说，品牌优势非常微弱。"

翁少斌认为，尽管从全国来看，圣象有品牌优势，但从某一个点来看，差异非常小。在某些区域，市场并不是圣象说了算，甚至也不是其他某个知名品牌，而是某个不知名的品牌占据了主流，这往往是该品牌在这一区域的经销商非常有能力。他说："在中国，相对消费者而言，品牌的优势是非常微弱的，哪家企业都有可能在某个区域超过圣象。"

个性化和自动化的关系难调和

"从生产角度看，最大的问题是如何把个性化与自动化结合，这是个比较大的课题。"

圣象有一家工厂生产个性化的强化木地板产品，产能约600万平方米，最高峰时有600多人。但圣象生产方面的优势是擅长大规模高效率生产，不愿意做劳动密集型的工作，就目前情况看，生产个性化产品是圣象的弱势。谈到这个话题，我向翁少斌介绍了我采访南京格林公司时了解到的个性化产品解决方案，建议翁少斌尝试与国内特色企业开展合作，用一种新的模式弥补圣象的不足。翁少斌说："可以考虑与国内公司的合作，不一定产品都要我们自己做，价格也可以谈，但我关心的主要是产品品质和质量是否稳定。合作要严格按照约定来，既定的东西不要改变他，这是一个前提。一定要理念相近，意见不一致可以交流，想的跟讲的不一样就麻烦了。我相信行业协会有能力让大家坐在一起。"

翁少斌念的农民盖房经

"农民盖房子通常需要三年时间。"

对农村市场，也有人担心，这个市场会不会在短期内就被开发殆尽，没有持续能力？

"农村的房子不会集中出来。农民盖房子通常需要三年时间，宅基地是自己的，第一年打基础，以后有了钱就买砖、水泥，材料准备得差不多了，再把墙砌起来。有的时候砌完墙又没钱了，房顶没法盖，再继续努力，之后再盖个屋顶，最后再装修。这样的盖法就意味着农村的房屋不会集中完成，可能这个月这家人入住了，下个月那家人入住了。"翁少斌说。

翁少斌这几年经常抽出时间去农村观察农村房地产的特点，得出了上面的结论。"这几年政府对解决农民收入增长做了很多工作，所以农村地板市场不是短时间能够被开发完的，可能要用10~20年，这是一个不错的市场，并且开发投入不大。"翁少斌说，"我们今年会通过管理和产品开发，将一些价格更低廉的产品投放到四级市场。"

翁少斌看 2009 年地板市场

"整个 2009 年的市场，会有一定的下降，国内下降小一些，海外下降会大一些。"

翁少斌对 2009 年地板市场的整体判断是：2009 年的整体市场会有一定的下降，国内下降小一些，海外会大一些。尤其是今年上半年，地板企业比较困难。如果房地产业不是太冷，还有些机会，否则将很麻烦。总的中国房地产市场，二、三级市场会早一些回暖。

点评《走近圣象》：

看完《走近圣象》访谈文章，笔者真不敢相信这是我国最大的人造板和地板企业的总裁所说。文中既无宏图大略的豪言壮语，也无独辟蹊径的惊人名言，更无煽情的广告词！在喧嚣浮躁的市场中，在过火宣传过头形容满天飞之时，读此文感到谈者与听者确实在用心交流，如话家常，如沐清风，无哗众取宠之意，有实事求是之风！这才是真正的企业家，这才彰显英雄本色！工作务实作风朴实谈吐翔实就是翁总的本色！笔者有过与翁总深谈机会，但不多，认识翁总更多的是圣象的市场表现和在行业遭遇大事的态度。在笔者看来，中国木地板界诸雄争霸的竞争还路程漫长，但圣象先人一着、早人一步、步履扎实、稳健的企业形象已沁入同行心脾。

"竞争不打价格战，只打价值战"的理念是圣象成就行业领军企业之根本，从三剑客开创强化地板新天地到圣象稳居强化之首是第一例，圣象也有促销价，但总体上是打价值战的；第二例是实木复合地板，圣象是中间进入，但进入就是高起点，在许多更早的复合地板厂商还在为合作讨价还价犹豫徘徊之时，圣象先与康树后与安德森结成战略同盟，后来者居上，当今中国实木复合地板界，圣象是占据价值链高端的；第三例是当人们还在争论内外销是否并举并遭遇金融危机海啸时，圣象果断地买下美国地板销售通道，这肯定价格不菲，但这也是占据美国市场并不单纯当出口商获得更多附加值的唯一路径；第四例是圣象做工程，坚持生意合理价格合理先失去一批客户，坚持质量又得到更多有价值的客户。价格战是当前过急的企业群竞争常用的快招烂招，不改进肯定是昙花一现，唯打价值战的企业才有未来。

敢于正面面对企业不足是勇气过人底气十足的表现，十来年业内有近百家企业业绩不凡，同时也有根本性缺陷，有一些有突出的大企业病（其实企业并不大），像翁总这样心态开放，胸怀坦荡，对记者谈圣象文化凝聚力强的优点时明确说有排外倾向的做法不多。随着企业的长大，规范性与开放性也要相应提高，这正是企业软实力所在，也能赢得更多社会公信力。开放一点透明一点的企业归根结底不吃亏。要做百年老店的企业非有此风范不可。与时俱进，首先是认清自身不足和不适应形势发展的东西并痛下决心革除之，优胜劣汰，用在企业之间是对的，用在企业内部的机制、结构、规则也对。要做到这条绝非易事，要不然为何世界五百强每过十年要更新三分之一。

翁总访谈录亮点多多，比如坚定不移做品牌，研发不惜投入，细节追求完美，在经济下行时逆势奋进大步迈开国际化步伐，社会责任感强力行规范，大力开拓农村市场，重视内部交流等，望企业诸公认真琢磨，取长补短，得到自己的体会，更重要的是实践从而提升自己的团队。

感谢翁总在行业困难时无私地与同仁交流切磋，希望翁总在提供好产品好服务时也多提供给同仁一些经验和思路！感谢中国人造板给行业提供珍贵精神食粮，盼有更多有真知灼见说真话的佳作问世！也希望有更多老总能参与到业内交流中来，共度时艰，共谋进取，坚韧不拔地在由大做强的山径上攀登！

中国林产工业协会原会长：张森林/文
原载 2009 年《地板界》

未来的地板行业只有两种公司不会被淘汰，一种是具有科学心的公司，另一种是具有悲悯心的公司。而能够创立长青基业的公司，则必须具有真正的悲悯心。当一个公司形成了一种由悲悯心滋生的公司文化时，这个公司也就成了一个不可分裂的整体，才会有无穷的竞争力，并借此建立长青基业。以"大自然"地板为品牌的中国地板控股有限公司，就是在大自然道义中生长并具有悲悯心的行业引领者之一。

佘学彬：与大自然道义一起生长

在广东佛山顺德新城区龙盘西路一方绿地中，盘着一条自然之龙，人们称之为"大自然"。它如同绿色的生命一样与大自然一起生长，并把这生命的绿色赋予责任和道义，一起铺进了千家万户。这是中国地板控股有限公司存在的价值，也是大自然地板的全部尊严。国家林业局局长贾治邦曾在一次签约仪式上发表讲话，对大自然地板在中国地板行业发展过程中所起的重要推动作用做出高度评价，并高度赞扬大自然地板在经济发展、环境保护、捐资助学等方面所起的模范带头作用。

2010年1月8日，本刊采访组一行4人，怀着对大自然的崇敬，在大自然地板企业的八角亭里，与品类齐全、结构完美、规模庞大、堪称地板行业中《红楼梦》的大型企业董事长佘学彬及他的骁将林皓进行了长达2小时的会谈。

低碳经济的发展，为"大自然"开启地板新时代

大自然地板从一个小作坊起步，发展成为今天的领军品牌，在国内拥有12个大型的生产制造基地，拥有近3000个专卖店的销售网络，形成了采购、研发、生产、销售于一体的产业链，每年为30万户家庭提供优质健康环保的

产品与服务，大自然地板以其优异的表现，成为荣获世界自然基金会"优秀自然保护支持者"世界级社会责任大奖的企业，并且获得国际基金的青睐。这一切，源于佘学彬对"木材"二字的重新认识。

十年树木，百年树人

据佘学彬介绍，多年以前的一天，他的儿子从学校回来就问他："爸爸，我们做地板要砍很多树，老师说这不环保啊，要不你改行吧。"佘学彬当时认为儿子讲得有道理，同时也身处矛盾之中。

"我们砍树就是为了种树，种树也是为了砍树，这两者并不矛盾。"当佘学彬从矛盾中解放出来后，在行业内首次提出种树理念。2006年9月27日，佘学彬一举以渴求1000万年的绿色，向中国绿化基金会捐赠"大自然地板·中国绿色之旅"活动专项资金1000万元，支持"西部绿化行动"，并对活动作了第一个十年计划（2006~2015）。当天，在北京人民大会堂隆重举行了启动仪式，中共中央政治局常委、全国政协主席贾庆林出席仪式，并在启动仪式上向佘学彬颁发了荣誉证书。

佘学彬说，"大自然地板·中国绿色之旅"是项大型系列公益活动，开展这项具有长期性、系列性的公益活动有三个目的：一是尽企业公民之责，为环境保护事业做出应有贡献；二是以身作则，在木地板行业内起到积极模范带头作用，力争在业内形成环保风潮；三是抛砖引玉，通过活动的影响，吸引多方力量，并呼吁全社会共同参与到这场声势浩大的绿化行动中来。

从2006年开始，中国地板控股有限公司从"我为黄河种棵树"到"我为长江种棵树"一系列的活动后，到2009年又提出了"我为消费者种棵树"。据佘学彬介绍："这就是地板行业怎么样取之于大自然，又还之于大自然的绿色理念，基于这种理念，开启这个行动。这也是我们所要承担的社会责任之一。"

俗话说"十年树木、百年树人"，"树木"与"树人"是大自然地板公益活动的两个基本点。在"十年树木"方面，公司启动了历时十年的中国大自然绿色版图工程，在"百年树人"方面，也就是在 2007 年 6 月，公司大力推出"大自然地板·绿色摇篮计划"启动，该计划旨在培养世纪环保型人才。目前已在东北林业大学、北京林业大学、南京林业大学、中南林业科技大学、华南农业大学等高校培养出众多优秀的环保型人才。

社会责任与绿色共鸣

2009 年 12 月 19 日，在经历了复杂曲折的协商后，哥本哈根气候变化会议取得了重大积极成果，发表了《哥本哈根协议》，坚定维护了《联合国气候变化框架公约》及其《京都议定书》所确立的基本框架和一系列原则，进一步明确了发达国家和发展中国家根据"共同但有区别的责任"原则及分别应当承担的义务和采取的行动，表达了国际社会在应对气候变化长期目标、资金、技术和行动透明度等问题上的共识。

佘学彬从地板行业出发，道出了大自然地板为企业肩负责任的神圣使命。佘学彬说："我们确认买林地的时候，都有一个标准，那就是 FSC（森林管理委员会）认证的林地，这是我们制订的一个门槛。至于我们为什么要买 FSC 的林地，简单来说，它就是用欧盟标准把老树砍掉，让小树长得更快，能够保证需求量 1% 的增长。这对保障木材供给和可持续发展是非常重要的。"

有人说，做地板就是破坏森林。对此，佘学彬作了进一步诠释："地板行业只要把 FSC 长期做下去之后，森林不但不会减少，反而还会增加。"佘学彬举出一个很现实的例证："俄罗斯有很多林地，但一些成材的树木没有被及时砍伐，而是倒下去直至腐烂释放出二氧化碳，下雪时候倒下的树木被积雪覆盖了，融雪的时候，排出的都是黑水。而 FSC 规定超过 60 公分的树木可以砍伐，并让旁边的小树更好地生长。这样砍伐一棵树，更多的树可以良好地生长。"

　　同样有人对佘学彬的理论产生怀疑，理由是木材成本的增加。佘学彬说："用 FSC 系统的管理办法，第一年、第二年成本可能增加，但是到了第三年第四年就会比原来的传统砍伐便宜。因为它一开始就是把这片林地用人造卫星进行 GPS 定位，哪一棵该砍，哪一棵该留下来，是有确认计算的，所以大家不用担心成本的问题。这也是大自然地板在实践中的成功经验。"

　　因此，未来的大自然地板，在行业内具有超强的低碳竞争力。这也是一些地板企业未来发展中需要思考的问题之一。据佘学彬分析："当一个国家的消费者越有社会责任感的时候，他们就会对未来的低碳生活越关注。从低碳竞争力的领域来说，低碳产品有两个含义，一是你生产地板过程中节能减排，二是功能产品能释放出负氧离子。"在这两个层面上，功能产品可以给消费者带来最直接的好处。但大自然地板不论是从节能减排还是功能产品方面来说，都力求完美。这主要是中国地板控股有限公司在低碳经济方面作为地板行业的率先垂范者所履行的社会承诺。佘学彬说："一方面，我们不仅'我为黄河种棵树'、'我为长江种棵树'，而且还要'我为消费者种棵树'，使大自然地板与消费者产生绿色共鸣，让消费者心理感受到这是一个有社会责任感的地板企业；另一方面，我们有一种专利产品，在 2010 年推出，它叫做'低碳地板'，这种地板可以通过释放负离子，把空气中的碳减少，引领消费者向低碳生活方式转变。"

　　从 2010 年开始，消费者购买大自然地板的数量将与大自然地板种树的总量相一致。佘学彬说："我们已把它变成一个具体的行动计划，消费者买了多少平方米地板，我们就为消费者种回多少树。"

　　让佘学彬引以为自豪的是他们在秘鲁有一块 10 万公顷的林地，已经取得了 CCBA（气候、社区以及生物多样性联盟）认证。作为我国首个能拿到 CCBA 认证林地的企业，毫无疑问，在全球也是领先的。据佘学彬介绍："这个林地有两个功能，一是卖碳，即你的林地能吸收多少吨二氧化碳并折算价钱，就可以得到多少价格的补偿，目前大自然地板一年可以卖到 50 万~100 万美元；二是砍伐以后做木材。""我们的林地可以卖碳，这在行业里面，还是比较超前的。"佘学彬补充说。

战略管理的定位，为大自然解决了发展难题

众所周知，在 2007 年以前的十年中，地板行业的状况可以说是盛极一时、如日中天，受国际金融危机的影响，近两年一些地板企业生存状态虽说是江河日下、九死一生，但部分企业、甚至个别企业却是无往不胜、一帆风顺。这些企业在各种运作方面的差异化、特色化已越来越凸显出来。大自然地板在植树造林和对低碳经济的关注，已彰显出斗志昂扬的气质和龙腾虎跃的精神，对地板行业来说，已成为一面旗帜。

老板价值观决定企业命运

在谈到与行业共享的经验时，佘学彬说："第一点，我认为每个企业、每个老板都有一个很独特的竞争力。有的事情我学不了他们，有的事情他们也学不了我们。很多事情是由老板个人的价值观决定的，这是非常重要的。因为很多时候我们都在谈企业文化，我们感觉企业文化跟老板过去走过的点点滴滴密切相关，包括他的为人、信仰、价值观，积累下来就是企业文化。"

在佘学彬看来，由老板的价值观形成的企业文化至关重要。因为企业文化决定企业的发展空间和竞争力。在竞争力方面，佘学彬说："我认为目前国内地板行业的竞争还没美国激烈。但美国有一个好处，就是基本上整合出来了。美国与中国在渠道上的差异是很明显的。美国的渠道是没有专卖店。如果中国

的企业在没有专卖店的情况下，一个品牌要卖到30%的市场占有率才算成功。美国的阿姆斯壮非常成功，在没有专卖店的层面上就能够达到30%的市场占有率。我们每天都在研究阿姆斯壮的成功点到底在哪里。我认为他能成功的一个最主要特点，是美国市场情况跟中国市场情况相同。实施的是'丰田理念'，就是把成本减去浪费，等于我们的卖价。而欧洲是做价格主义的，把价格减去成本等于盈利。我认为将来中国跟美国会是走同一个路线。这可能是我们未来最重要的竞争力。"

企业"挖坑论"

目前地板行业有两种现状，一是一些企业在品牌竞争中被迫退出行业，二是一些企业感觉市场没有以往丰厚的回报主动退出行业，但更多的企业在发展和运营中难以看到前景。针对这些问题，佘学彬果敢并幽默地做出分析说："针对被迫退出的企业，我个人认为，我们十年挖十个坑，倒不如十年挖一口井。我们必须把地板行业做好，才能去跨别的领域。"

对此，大自然提出了"三化论"，企业从单元化到多角化、多元化的发展过程。

单元化是大自然地板的目标方向，佘学彬说："大自然有一个明确的目标，地板没有做到整个市场占有率的25%，我们什么都不干。"多角化是大自然地板的经营方向，比如做木门、壁纸等。多元化发展目前不是大自然地板考虑的问题，比如开银行、饭店等。但佘学彬坚定不移的目标是：宁愿十年挖一口井，也不愿十年挖十个坑。

管理者的存在价值，说穿了，就是因为他能破疑释惑，解读现象，这是管理者的全部自尊。

佘学彬的"挖坑论"就是他所说的战略。佘学彬在进入地板行业之前算了这样一笔账："中国有12亿人口，假设每4个人一个家庭，那就有3亿个家庭，每个家庭用 50 平方米地板，就有 150 亿平方米，假如每平方米地板卖 200 元，那就有 3 万亿元，假如我能做 1% 的市场占有率，就有 300 亿，分十年做，每年就有 30 亿，假如分 100 年做，每年也有 3 亿。"佘学彬用最简单的逻辑思维算下来，发现这确实比做红木家具更有"赚头"，于是就索性专注做起地板来了。

"当一个企业战略问题解决了之后，接下来就是怎么样挖坑的问题，在哪里挖，用什么工具来挖坑的问题，所以我不管有多少人进入这个行业，多少人离开这个行业，最主要的是把战略和目前的定位定准确。"佘学彬说。

在运营企业方面，大自然地板的成功经验是坚持做品牌。但品牌的基础是来自品质的支撑，品质支撑的保障来自于大自然地板的资金投入。佘学彬说："成功的背后靠团队，团队的后面靠心态，心态的背后靠你敢不敢投入。我们过去的成功主要是敢投入，现在我们在全球已有 21 个工厂。在地板领域里，我们的工厂最多，付出的比别人也多。"

大企业病和留住人才

佘学彬对自身企业的管理从"两个挑战"角度做出了客观分析，他认为："一方面，企业发展的形态，有一个过程，每个企业有所不同，大自然目前最大的挑战就是全球化的管理，这给我们带来了难度；另一方面，企业的发展仍然还是一个社会责任的问题，我认为这个问题是大家都要面对的，企业越大，面临的社会责任也就越大，我们还是民营企业，这对企业来说也是一个挑战。"

在谈到解决大企业病的问题时，佘学彬说："解决大企业病是我们每天要干的事情。首先，大企业经营就要承认自己有大企业病；其次，就是如何应对的问题，我们认为，复杂的事情要简单化，简单的事情要量化。"

佘学彬认为："在应对大企业病的过程中，要解决'三化'：一是职业化，二是流程化，三是企业文化。要解决'三化'，其中职业化和流程化对管理层非常重要，不解决这两个问题，也就无法解决大企业病。最后的结果是企业文化。形象地说，也就是什么样的土壤，生长什么样的树。企业管理的成败，最后一招是企业文化。"

佘学彬在谈到企业怎样留住人才时说："一是为人才提供展示自己的平台，他要代表行业做事，代表企业做事；二是与人才建立互信和合作关系，老板和员工要从感觉上像是战友一般，大家有相同的价值观和理念；三是给员工合理的股份，没有钱，也就没有基础。我坚持认为：金钱留人，事业留心，文化留魂。只有这样，你才会得到员工和行业的尊重和尊敬。"

国际资本的引入，为大自然注入了新鲜血液

佘学彬身上有一种大气。他承认，早年在澳门打拼时，挣钱的目的就是为了改善生活，并没有想要做什么事业。然而，创业之后，随着生意越做越大，他的胸怀和眼界也越来越宽广。对此，国际金融公司（简称 IFC）的人曾评价说：佘学彬已经超越了一个小企业主只想赚点钱的思维模式。IFC 的一个投资理念是"投资即投人"。佘学彬的大气使 IFC 确信，这是一个值得信赖的企业家。

2008 年，国际著名金融巨头摩根士丹利和国际金融公司进入大自然的惊人举动，引爆了当时消沉的地板行业，摩根士丹利注入大自然的一亿美金，使处在"熊市"和微利中的地板行业重新燃起了募集资本的希望，但国际风投的加入以及"对赌协议"的出现，同时也引起了业内的强烈议论，一种幸福和不安交织在一起的复杂情绪蔓延着。时至今日，在引入资本一年半的时间里，始终处在风口浪尖的大自然和佘学彬，有着深刻的旁人无法理解的体会和感受。

关于"对赌协议"

谈到"对赌协议",很多人可能会害怕,毕竟"赌"这个字眼首先让人想到的是冒险,然而佘学彬有着不同的理解,他说:"国际投行很喜欢用对赌这个字眼,其实并不是大家想象的那样去赌博,人家把钱投给你总要建立一个奖惩机制,要有合理的风险管理,毕竟谁也不是慈善家。"按佘学彬的说法,企业要想可持续发展,首先要"怕死",不能总想着去冒险去赌博,他认为大自然一直在稳健前行,细致分析、谨慎决策是必要的。

关于"对赌"的风险,他接着说:"摩根的逻辑很简单,相信一个企业并实实在在把钱投进来,这不是信贷关系,而是入股合作,也就是说摩根不是大自然的债权人而是股东。5 年盈利计划和承诺都是大自然根据自身情况提出的,我们团队认为可以完成任务才会与对方签约,当盈利超过计划时摩根返一点股份给大自然,当达不到时我们给摩根一点股份,这是非常公平的,比起一旦经营不善就要想尽办法还债的情况,这种合作风险相对低些。"他提到了大自然欠佳的运气:"这次金融海啸是我们无法预料到的,好在通过整个团队的努力拼搏,最后艰难地完成了任务,未知的危险是我们无法预测的,能做的也只有掌控好自身了。"

国际资本带来的改变

佘学彬认为,风投的加入利远远大于弊,给大自然带来的改变很多,重要的有几个方面。

一是国际资本的引入加速了大自然调结构的步伐。他说:"国内企业有种很怪的现象,几乎都是先开工厂,再去抓渠道和资源,这样就使得企业的话语权很小,这次金融海啸中很多做 OEM 的企业一夜之间倒闭就是这个道理,企业主能掌控的仅仅是工厂,怎么能有竞争力呢?"在佘学彬看来,投行带来的资金优势使大自然加强了渠道和资源的控制，也得以广纳人才，建立更加强大的团队。他说："大自然在全球范围内拥有了更加丰富的森林资源，资源的优势使公司在竞争中把握了主动权，转变成了市场优势。国际投行的进入，使公司对顶级专业人才更具吸引力，他们的加入稳定优化了公司的管理和技术力量。"

二是国际资本的引入使大自然更加与国际接轨。据了解，IFC 是最注重企业社会责任感的投行，在与大自然的合作中反复强调的是大自然的产品是否达到环保要求，工厂噪音和污染是否超标。作为在世界具有极高影响力的投行，IFC 一方面把节能环保和肩负社会责任的理念灌输给大自然，同时也把大自然真正纳入到了全球发展层面。另外，两家投行也带来了国际先进的公司结构治理方法和财务管理系统，并为大自然未来的上市划出合理轨迹，这些都使得大自然焕然一新。佘学彬说："这一年半时间，我的精力并非用在与同行的竞争上，几乎都用在了想尽办法让公司达到国际化上市公司的要求上，很多方面已经彻底颠覆了过去的做法。"据他介绍，大自然请来了世界四大会计公司中的三个，分别是弼马威、德勤、普华永道，公司财务系统的人员达到 70 多人。三家公司都是完全的独立第三方，彼此的工作并不互相交叉，有利于发挥各家所长，达到优势互补。

三是国际资本的引入赢得更广泛关注。"两大投行提高了大自然的专业化和透明度，现在很多公司主动要为大自然投资，我还要考虑接受哪一家。"佘学彬很自豪："国际资本的加入，引起了投资者的关注也间接增强了消费者的信心，这对于低关注度的地板行业来说，在一定程度上强化了投资者和消费者的最终决策。"是的，拥有丰富经验的国际投资银行经过全面综合调研最终选择的公司，怎么能不让人信服呢？他接着说："国际投行给大自然带来的更重要的是可持续发展的战略理念，只要彼此发挥优势互补，就一定能达成共赢。"

据佘学彬透露，大自然今年的口号是"决战 2010"，能否成功完成预期目标全看今年的最后冲刺，拥有了门店、工厂、资金、人才四大基础，全新优化了公司结构，更加具有国际化气质的大自然，能否在2010年决战制胜呢？能真正揭晓答案的，恐怕唯有时间先生了。

品牌建设的成功，为大自然奠定了前进方向

有人说，品牌是心灵的烙印。烙印是美丽还是丑陋，是深还是浅，就决定着品牌力量的强弱，品牌资产的多寡和品牌价值的高低。

多少年来，大自然地板品牌在消费者心目中一直处于领先地位。在大自然品牌英雄榜上，他们一路走来，可以说是高奏嘹亮的凯歌。这些荣誉的背后，是什么在其中发挥了中坚作用？

"品牌的力量。"一位在眉宇间迸发出智慧的骁将，用厚实的声音告诉大家，什么叫足智多谋。此人就是我们文章开头交代的佘学彬的得力助手林皓。

林皓在此次采访中，给人留下深刻的印象是他苦苦思索的"三条路"之间的辩证关系：地狱的门，人间的路，天堂的梯。这三条路无论是谁在走或者谁在想，都将是一次觉悟的升华和灵魂的洗礼，这也是人们所说的境界。林皓用这种境界为大自然地板品牌做出了智慧的诠释："关于地板行业的核心竞争力，早在2003年的时候，大自然就进行了深入的研究。研究的结果不外乎五项：第一是品牌，第二是渠道，第三是原材料的掌控，第四是技术领先，第五是成本领先。有些企业当时走的是一条资源之路。如今通过商业规则分析，我们发现首先要硬的是渠道。要想拉动渠道，必须依靠品牌的力量。当时大自然全国专卖店也就一两百家，到今年是2000多家，所以我们是走了不同的路。"

林皓思考片刻后，对大自然的品牌建设之路作了两点分析：一是大自然正确地把握了做品牌的最好时机，二是大自然在品牌建设和品牌塑造过程中具

有创造性。前者是因为当时对原材料的掌控，比做基本功、做品牌来得更快，而大自然独辟蹊径选择了做品牌；后者是大自然当时高度重视获得了"中国名牌"，同时对一个企业所肩负的社会责任和环保问题一并关注。

至于大自然在品牌建设和品牌塑造过程中的创造性，其秘诀在哪？林皓再次智慧地说："大自然有一个完整的战略，就是名牌战略。它由很多项目组成，就好像罗马城不是一天能建成的一样。然而，大自然没有秘诀，要说秘诀就是胆子大，比别人快，执行力强，爱动脑筋，不等、不靠、不要，没有条件创造条件。即使手头没有也敢干，有冒险精神。"

"其实品牌这东西，它不能孤立来谈，因为对消费者说，在广告资源有限的条件下，他接触最多的是在终端、在门店。"林皓补充说。

值得一提的是，目前大自然全国独立门店 2800 个，这是大自然在"挑战2009"中取得的胜利。在大自然提出"决战 2010"的目标中，全国独立门店要达到 3200 个。门店的扩张，除了"不求完美，但求效率"外，无疑也是扩大品牌影响的有力武器。与此同时，大自然在终端形象树立方面，基本是每隔18 个月至两年，推出一个新的门店的 SI 标准（门店装修形象标准），并在全国重新统一改造改装。整个地板行业从地摊式到挂墙式到最后的体验式，经历几个门店装修的大变革。大自然在这方面一直是比较领先。

据林皓介绍，大自然地板的终端销售情况在营销模式方面：产品进超市占 5%、进专卖店占 90%，另外 5% 属于工程系列。

在销量方面，据林皓介绍，大自然地板从 2004 年起，每年匀速递增30%，销售额与利润均与产销量匀速增长相同。2009 年国内总销量 1500 万平方米。

目前大自然在全球拥有 21 个生产基地，大自然地板以其为行业建设和科技强企所做出的突出贡献，以其走在行业前列的喜人业绩而引起众人瞩目。特别是"大自然地板"品牌，用"我爱大自然"的响亮口号浓缩了人类浩瀚文化追求的汪洋大海，带着一身浓厚的"回归大自然"的文化气息，承担了中国民营企业力所能及的社会责任和爱心奉献的终极关怀，传播天下，一跃成为地板行业的主流和代表。

我们期待大自然明天更美好！

原载 2010 年《地板界》

当今世界是一个崇尚自然、注重健康和生存质量的环保时代。消费者的绿色消费意识与日俱增，这要求企业在追求经济发展目标的同时还应高度关注自身肩负的责任。履行社会责任，不仅是社会公众对企业的期望，也是企业打造自身核心竞争力的最有效的途径之一。因为只有具备社会责任感的企业，才能赢得消费者的认同、尊重和信赖，进而才能形成真正的社会影响力，才能在市场中立于不败之地。

　　从木地板营销冠军，到地板行业领军品牌，再到全球领先的家居企业集团，伴随着改革开放的东风，大自然家居已走过风风雨雨20年（1995～2015）。这20年来，大自然一直秉承"担环保责任、普健康生活"的社会责任，坚持"树木、树人、树品牌"的方针，践行"热爱自然、造福人类"的宗旨，在诚信经营、环保责任、消费观念、科技创新、产品风格、管理机制、战略转型、精神家园共八个方面，用至真至诚的行动，诠释着身为亚洲最大的木地板骨干企业之一的风范，用灵魂演绎着"大道自然"。

大自然，大道自然

——大自然的八大引导

诚信经营引导：诚信经营，大自然的护身符

在《论语·为政》中孔子说："人而无信，不知其可也。"又说："言必信，行必果。"这两句都是要求建立诚信观念。评价一个人道德的标尺中，"信"常常放在首位，足见"立信"的重要性。对于企业来说，诚信是立足之本。尤其是在当今市场经济的复杂状况下，企业的经营由过去的生产导向转变为消费导向，企业与客户之间发生了根本性的变化，企业要发展，只能在消费者认为是可靠可信的基础下，才能得到丰富的经济收益与社会回报，反之如果不讲诚信，就会让企业的形象大打折扣。

大自然家居是一家普通的民营企业，没有任何的特权，与大多数民营企业一样，面临激烈的竞争环境，面临生存压力。20年来，从董事长佘学彬到众多经销商，一直诚信经营，信守承诺，坚守企业的价值底线。

敢于承诺是大自然家居对诚信经营的第一种诠释，大自然董事长佘学彬曾如此表述："诚信首先是承诺的开启，有承诺才有诚信。我们给消费者一个承诺，说的东西必定做到，我们才有诚信，这是第一点。第二点，我们跟消费

者打交道的时候，我们会告诉他们，目前行业面临的情况怎么样，我们可能跟你的要求有差距，有差距也是个好事，让我们有了改进的机会。虽然有差距，但是我们怎么样缩短差距，怎么把问题拿出来，所以，只要把问题跟消费者说清楚，消费者也会理解你，这也是诚信的表现。我们一步一步走过来，让消费者更加信任我们，我们慢慢积累诚信。"正是因为有这样的坦荡，这样的胸襟，这样的勇气和担当，大自然家居在一次又一次的市场竞争洗礼中，愈来愈强，愈来愈领先。

主动行动、敢于担当是大自然诚信经营的另一个表现，大自然永远站在消费者的角度，积极主动地给自己提出各种要求，不断给自己勒紧紧箍咒，参与各种环保认证，主动并持续带头植树造林，通过一系列的措施和实际行动，肩负起了企业发展、保护环境、保持生态平衡的重任，这些行动和坚持，无不展现大自然敢于担当的诚信企业形象。成为优秀企业的代表。

诚实经营的老板具有极大的个人魅力，能聚集更多的杰出人才为企业发展服务，使企业如日中天。诚信经营让大自然聚集了强大的经销商团队，大自然经销商团队的训练有素，以及对品牌的归属感，在业内是出了名的，大自然不仅自己信守承诺，诚信经营，并且对大自然的经销商，要求最多的亦是"诚信"与"责任"。"虽然做市场要高调，但做人还是要低调一点，要扎扎实实去做一件事。我经常跟我的经销商说，我们做企业不能搞虚伪，你做到第一也好，第二也好，我期望你考虑的是你怎样去承担你的社会责任，把你的公司经营好……而这并非单纯为了个人，更是为了整个团队。"这同样是佘董事长对经销商的谆谆教诲和殷切期盼。

市场竞争是残酷的，诚信经营是每个行业、每个企业、每个经营者都明白的道理，顺风顺水，企业发展顺利的时候，或许可以做到，但是你能否一直坚持诚信经营？能否在激烈竞争的环境中，别人都去赚昧良心钱的时候，你还能坚持诚信经营？特别是别人用不诚信的方法来和你竞争的时候，你是否还能遵守诚信？这是需要经营者具有超强的魄力、耐力、勇气和责任感的。现在，大自然做到了；未来，大自然还将为之而努力。

环保责任引导：砍一棵树，
种十棵树，做中国绿色领袖企业

"从环保的角度来讲，企业的发展阶段有三个，第一是资源消耗型企业，第二是资源节约型企业，第三是资源循环型企业，而我们的目标就是要做资源循环型企业。"大自然家居（中国）有限公司董事长佘学彬表示，做资源循环型企业不仅仅只是为了消费者和引导消费者选择零碳生活方式；也是着眼于为国家经济的发展、世界生态环境的保护，做出更大的贡献。

优秀自然保护支持者

2008年12月，世界自然基金会（WWF）授予大自然家居"优秀自然保护支持者"大奖，这是全球范围内绿色公益领域最具权威的奖项。该基金会在致辞中表示，感谢中国地板控股有限公司（现已更名为大自然家居控股有限公司）在全球森林贸易网络（中国）项目中的出色表现，并期待贵公司在消除非法采伐以及改善珍贵和受威胁的森林管理方面发挥更加积极的作用。

事实上，20年来，大自然家居一直致力于打造企业整个经营过程的绿色全链条，实现企业的绿色生产、倡导顾客的绿色消费、坚持品牌的绿色发展，构筑起了一条涵盖地板、木门、橱衣柜等家居行业上、中、下游平衡稳健发展的"绿色产业链"，实现了全产业链共赢。

大自然家居积极参与国家标准制定工作，助推行业发展；严格遵守国际森林资源管理规范，通过FSC~FM/COC管理体系对林地、工厂进行可持续经营管理，对采购、物流、制造、销售等各环节进行产销链监管和追踪，构筑可持续发展产业链。

中国绿色领袖企业的实践

自成立以来，大自然家居致力于为消费者提供绿色健康的产品，砍一棵树，种十棵树，践行"取之于林用之于林"的绿色承诺。2006年，大自然家居捐资1000万元支持中国绿化基金会的绿化行动以来，将企业的绿化环保行为提升到了新的平台，在中国绿化基金会领导下，大自然家居启动了为期十年（2006~2015）的"中国绿色版图工程"，每年两次组织全国消费者积极开展公益植树活动。2008年，中国绿色摇篮计划深入五大林业院校；2009年，地球一小时熄灯行动点亮环保意识；2010年，大自然地板签约上海世博会零碳馆，成为中国零碳推广的先锋；2011年，"大自然家居研究院"成为业内首个绿色家居研究机构。2012年，推出家居行业第一部环保微电影《我的山》；此后又拍摄了微电影《我的蓝天》，呼吁社会关注环境保护；2013年，大自然第十四个生态林在甘肃兰州落成，2014年，第十五个生态林在中国红木之都中山落成，至此，大自然公益植树超过70万株，全国生态林总面积超过14万平方米。通过微博种树、网络种树等活动，吸引了近5亿人次关注和支持环保事业。

有专家认为，大自然家居的绿色营销，体现出了中国企业所具有的传统革新精神，为实施绿色创新引导经济结构转型做出了表率，在促进中国低碳经济转型、推动社会绿色文明变革进程中做出了突出贡献，充分说明大自然家居已经成长为中国绿色的领袖企业。

消费观念引导：
以创新引领时尚，开启健康消费新革命

这个时代正经历着急剧的变化，商业形态、商业模式、消费行为被快速更新。只有主动变革，才能在复杂的市场环境下谋生存，谈发展。走过 20 年的大自然，一直在求变中生存。2015 年，大自然家居首次将年度关键词定义为：变革。

线上线下双管齐下，便民健康两不误

在充斥着"电商"、"体验"的互联网时代，互联网思维让营销变得更娱乐，让产品变得更互动，电商把消费者培养成懒人，足不出户，尽览海量优品；而 O2O 的体验模式，注重质感、氛围等精神刺激的线下体验店，则把消费者的眼光磨炼得更挑剔，只有良好的体验感受才能形成购买行为。

作为行业的领航者——大自然家居早早嗅到消费行为的转变，开设天猫旗舰店，旗下大自然地板在双 11 策划的"上天猫打地鼠"活动，引爆了新一轮疯抢，铁一般的事实验证了消费者对大自然品牌与产品的认可。并且，用互联网思维敢为天下先地首创 O2O 体验店 NatureHome，整合了创意家居、时尚家具和家居套餐三大强势资源。这不仅是对大自然家居产品的整合，更是对大自然文化的发扬，在此随处可感受到大自然家居所倡导的环保健康生活。

2014 年 8 月 8 日，大自然家居启动了"强我中国心，跳战吉尼斯"首届健身强心运动会，一改传统的促销模式，把健康、运动元素植入到促销活动中，让消费者在轻松娱乐、快乐运动的过程中既实现了健身强心的锻炼，也完成了

赚钱抵扣的消费目的。

同时，大自然家居为推广该活动在全国一线城市进行的"十连跳"，将快闪和体感游戏引入到产品的营销过程中，为消费者带来了前所未有的消费体验，一改过去地板销售乏味无趣的问题，利用生动多彩的活动使大自然地板的销售过程变成一种消遣娱乐的方式，进而吸引着无数消费者，也颠覆着传统建材呆板的弊病。

据第三方权威监测报告，2014 年大自然家居首届健身强心运动会的活动曝光高达 4.54 亿次。全国 3000 家门店同时举行，"跳绳赚钱"的福利引发逾百万人次前来"跳战"。

2015 年倾力打造最强健康力的感恩盛典

"担环保责任，普健康生活"一直是大自然家居的企业使命，所以"健身强心十年计划"是大自然家居乐此不疲极力推广的公益活动，为了倡导更多消费者及广大社会民众以集约的场地资源和科学的方式参与到体育锻炼中来，2015 年大自然将延续往年的"运动 + 促销"的活动模式，致力打造最强生命力的感恩盛典。

无论是零醛添加的大自然第三代"康德·美学 1 号"地板，还是强化地板最具人文内涵的新产品"OAK·元素"，大自然地板一直推崇生态家居，由一种产品上升到生活理念，才能在消费诉求上与客户实现真正的共鸣。发布的不仅是产品，更是传递健康消费的正能量。

大自然家居无论在营销模式还是产品打造上，都真正做到了以创新引领来破局，必将引领健康消费新革命，让我们拭目以待。

科技创新引导：科技创新，奉献绿色健康新品

作为当今我国地板行业发展的领航者，大自然家居持续 20 年，始终如一地为广大消费者提供环保健康的家居体验。仅仅技术创新这一项，大自然可以骄傲地说，大自然地板全线产品所有技术指标和环保健康指标，都达到甚至优于国家标准，能够充分满足消费者对健康生活的追求。

大自然地板作为诸多著名国际协会组织的发起者或重要组织成员，注重环保和对资源的节约及再利用，使其环境管理体系达到国际化水准，其产品通过了各种认证，其中以一系列高标准的环保认证最为抢眼。比如大自然野生原木地板，与 FSC 合作，在全球优质原始森林构建野生原木供应基地。为了向人们展示出原始森林那让人折服的野生魅力，又不损害原始森林的持续生长，大自然地板突破重重障碍，以"间伐"的方式采伐珍贵的野生木材。循自然丛林法则，通过点狙式生态间伐方式，精选优质原木，实现基地更新，维护原始森林生态系统的平衡。

除此以外，目前大自然实木复合地板的环保等级远远高于国家规定标准，部分产品甚至达到 E0 级，甲醛释放量低于 0.5mg/L，例如大自然地板的"康德·美学 1 号"系列地板采用的是目前行业最健康、环保的地板黏合胶——APG 大豆蛋白胶，它的甲醛释放量为"0"，符合并超越国家安全标准，并且通过了 CARB 认证。而 CARB 认证是全球公认最严苛的环保标准，全球无数地板企业中没有几家能够达标，足以证明该产品是目前行业最领先的健康、环保产品。

时至今日，地板早已不再止步于家装的单调角色，它站在消费者的角度，也不再是买块地板回家铺地的年代。在这个环保口号漫天飞的时代，大自然地

板不只是把环保作为一种口号。从产品的原材料进口、生产、包装、检测、运输到销售等各个环节，大自然都进行了严格把关，力求把最好的地板产品输送到每一个家庭，确保每一户使用大自然地板的家庭均能享受大自然地板的环保、健康、优秀品质。

自创始之初，环保、健康信念深深扎根于大自然地板，多年来一直遵循"担环保责任，普健康生活"这一理念，环保不仅仅是口号与宣传，而是将之付诸实际行动，让地板美化家居的同时，不以损害健康为代价。

产品风格引导：坚持原创，打破同质化魔咒

技术更新和生产周期缩短，使产品变得越来越同质化，花色雷同、抄袭成风，更低成本的"山寨"诱惑，使得地板企业欲罢不能，也使得消费者无所适从。大自然家居坚持原创，把精益求精的原创设计引入业界，力图改变国内地板行业仅靠进口或模仿，缺少主动与创新的局面。

"地板产品必须要突破款式单一、风格老套的传统概念，推出含金量高、竞争力强的优势产品，以更细腻丰富的视角开发产品，科技创新才能取胜。"大自然家居董事长佘学彬如是说。

以技术创新为导向，打造风向标

作为中国地板行业的领军企业，大自然家居以技术创新为导向，在产品的开发设计上不断创新，成为行业产品流行趋势的风向标。

大自然坚定地认为，消费者的真正需求是环保的消费方式、健康的生活环境。以消费者的环保、健康生活需求为牵引理念，大自然地板先后推出大自然野生原木地板以及康德·美学 1 号、轻奢系列、私享系列、1530 系列、御

宅系列等七大实木复合地板主打系列产品，形成丰富的产品线，满足家装风格差异化需求，让消费者的健康环保生活再一次得到升华。

大自然强化地板产品涵盖普通型、常规仿实木规格型、仿实木超长超宽型、V 槽一次模压成形仿实木型、手抓纹仿古型、连续同步纹仿古型、高光大幅面型、3 超 UV 漆面型、静音型等多个系列不同风格数百款产品花色，形成丰富的产品线以满足家装风格差异化需求。

技术创新是推动企业发展的灵魂。大自然强化地板多年来始终致力于将精湛的技术应用于环保健康的产品制造，从活性生态漆研发成功，到 IMAX 极清系列地板产品升级；从 10° 柔光系列地板闪耀登场，到 DBF 精英时代系列地板惊艳亮相，大自然相继发起的技术革命成就了强化地板行业的创新标杆，也引领着全球仿实木地板迈向原创设计时代。

仿实木强化地板，媲美国际水平

2015 年开年之初，大自然地板推出与国际设计水平接轨的精准同步纹"OAK·元素"仿实木强化地板，以橡木纹为设计素材，国际领先的精准同步浮雕技术是该款新品的核心卖点。随着橡木原材产地国家开始控制林材砍伐和出口，实木用材变得弥足珍贵。大自然强化地板依循科学的可持续发展观，在"全球仿实木地板设计典范"理念指导下，选用行业进口优等原材，在国际顶尖设计团队德国 IP 集团、德国夏特、西班牙拉米的支持合作下，依托世界级精尖设备德国温康纳全自动尖端生产系统，开发出以橡木纹为设计元素、媲美国际水平的"OAK·元素"仿实木强化地板。

据悉，"OAK·元素"新品的生产基地为大自然强化地板中山青岗工厂，该工厂根据"世界级制造"工厂的理念进行建设，引进德国设备、德国技术、德国管理人员，是亚洲第一条全自动化并由机器人智能操作的木地板生产线，也是目前国内最具全球领先水平的强化木地板生产基地之一。集合了世界最先进的强化地板生产设备和制造工艺，引进全球一流的德国温康纳生产线，并融入国际领先的精益生产理念，对各生产环节采用全数字化管理，将强化地板生产带入一个更高效、更精准、更环保的境界。"OAK·元素"仿实木强化地板依托世界尖端设备，从进料到生产，完全由电脑系统自动可视化操控。其精确的性能，确保钢板与纹理精准对位，增强了纹理的逼真质感、凹凸有致、自然真实。

管理机制引导：企业健康发展，是对行业最好的贡献

构筑绿色、环保家居生活是大自然家居的永恒追求与信仰。风风雨雨20年的发展与拼搏，换来的是20年的绿色、环保修为。大自然家居既修外功，也修内功，所谓"外练筋骨皮，内练一口气"。产品、渠道、品牌这些大自然家居的外在功力已练至化境，内功则是企业内部管理与机制，这方面大自然家居也颇有心得。

管理变革，引入事业合伙人模式

早在发展初期，与其他众多家居建材企业不同的是，大自然家居便制订了企业发展战略要大力引进职业经理人，摆脱家族式管理对企业发展带来的桎梏，从而不仅做大了市场与品牌，还培育出一大批优秀行业顶级精英。

随着市场大环境的变化，传统家居建材企业面临着诸多挑战。为了将绿色、环保的信仰传承与延伸，大自然家居勇于变革和自我颠覆，努力把管理机制打造成为企业发展的内在驱动力。为了变革，大自然家居在管理机制上做了很多重大的调整与改进。

全面引入事业合伙人模式。"职业经理人可以共创、共享但没有共担"，

当企业经营或行业遇到风险和波动时，职业经理人可以很轻松地换个企业甚至是行业，所以在未来，职业经理人会渐渐消亡，取而代之的，是事业合伙人。大自然家居将成立相当数量的SBU（独立运营单元），一方面促使职业经理人转型为企业的事业合伙人，做到"能者上、庸者下"，实现共同经营、共担风险、共创成果、共享利益。另一方面，这样的组织结构也符合当下互联网思维提倡的"去中心化结构"、"扁平化管理"思路。

组织结构变革。公司要重新焕发活力，必须调整组织结构，如果企业管理体制不能与市场发展同步甚至是滞后于它的发展，带来的后果是公司整体反应太慢，不能及时响应市场和消费者的需求。大自然家居通过组织变革，重新构建以产品和产品线为中心的组织结构。大自然家居坚信产品为王，因拿不出核心产品，就始终没有核心的利润增长点。

理念变革，服务是核心竞争力

在流程方面，大自然家居亦正在进行变革。公司将重点推动流程变革，为流程做减法。一方面，把业务决策审批权给到业务部门，让"听得见炮声的人决定冲锋节奏"。另一方面，强制性简化所有的业务流程，所有的业务审批环节不得超过3个人审批签字。

服务方面也在变革。过去，渠道是大自然家居的核心竞争力，此后在一定的时期内，产品是核心竞争力，而未来，大自然家居认为服务才是核心竞争力。在整个行业O2O的潮流下，线上线下一体化运作，服务链的价值日益彰显。打造线下家居体验馆，做好线上引流、线下体验消费形态，以及组建专业施工队，承接门店及线上产品的安装服务工作，提供家装整体解决方案。这将成为大自然家居服务链要延伸到的业务范围。

为了提供更好的产品，更好的服务，大自然家居在财务管理方面亦进行变革。企业的成功一定是基于财务与市场的成功，企业如果无法为社会输出责任，无法为消费者提供绿色、环保的健康产品，无法为股东创造价值，是极不道德的行为。大自然家居引进全面预算管理已有很多个年头，未来亦将强化财务预算在企业管理中的功效，通过财务机制鼓励各产品线做市场增量，多产出受市场和消费者欢迎的健康产品。

企业的长远、健康发展是对行业最好的贡献。只有追求家居建材行业终极信仰的企业才会抛弃短期利益，注重可持续发展。大自然家居将通过管理机制的建设，努力将企业打造成为环保家居的先驱和终极战车，引导消费者进入零碳、绿色、环保的优秀新生活。

战略转型引导：从地板到家居，打造全球品位生活

1995 年，木器家具城雏形的成立，到如今身为亚洲最大的木地板骨干企业之一，大自然家居走过风风雨雨 20 年。这 20 年，是企业产品品类从单一到多元，更是企业品牌战略与时俱进，不断发展演进的过程。

20 世纪 90 年代，正是地板企业如雨后春笋般冒出的过程，到九十年代末期，全国地板企业共有六千多家。在这样的背景下，大自然品牌在诞生伊始就吹响了进军行业龙头的号角，彼时，大自然的品牌定位为"全球地板真专家"，深耕实木产品和地板营销渠道。

此后，大自然往大而全发展，渠道也进行了细分，大自然地板品牌定位精炼为"大成者，成大器"，邀请陈道明做形象代言、开展零碳活动、"我为黄河种棵树"、绿色摇篮活动等，大大提升了品牌形象，2005 年以后，品牌进一步提升，定位发展为"我爱大自然"。在产品上也有不少突破，活性生态漆、强化 10° 柔光、大豆蛋白胶等新品迭出，给市场带来不少兴奋点；营销渠道亦进一步深化，除常规的地板分销渠道，大自然开始着手工程、国际渠道。

2008 年，大自然地板与摩根斯坦利、国际金融公司（IFC）签约，国际资本注入大自然。2011 年 5 月 26 日，大自然地板在香港联合交易所主板成功挂牌上市，率先跻身产业资本发展快车道，并成为香港第一家成功上市的中国地板企业，用国际资金流铸造家居产业链，主营业务从地板转型升级为地板、橱柜、衣柜、木门等多个领域，担当起缔造更广域的健康家居生活的使命。

2012 年，大自然与波兰宝林纳、德国科诺、丹麦雍客、葡萄牙阿默林、葡萄牙伽诺、意大利 ITLAS、意大利 XILO1934、西班牙 FAUS、瑞士 Floover、比利时 IVC、加拿大 Lauzon 等十一个国际顶级木地板品牌签署战略合作协议，为中国消费者带来 100% 原装进口地板产品，打造中国最专业的国际化品牌运营平台。

2013 年，大自然签约欧洲顶级橱柜品牌 WELLMANN，为中国消费者带来健康、环保的整体厨房解决方案。

2014 年 4 月，大自然正式宣布了 O2O 战略；2014 年 6 月 9 日，大自然在港交所的名称由"大自然地板"正式更名为"大自然家居"。2015 年年初，大自然家居 O2O 战略的体现——NatureHome 展厅在广东顺德盈然工厂正式向全国经销商开放。

从地板，到木门、橱柜、衣柜；从"大成者成大器"、"我爱大自然"到"全球品位生活"，每一次变革都见证着一段热血沸腾的历史。未来，大自然"资源循环战略"、"绿色营销战略"、"国际化战略"将是企业发展的核心驱动力，这一强劲的驱动力将推动大自然向"百年品牌"的目标奋进。

精神家园引导：优秀的企业文化聚人心

20 年的发展历程，实际上也是大自然企业文化的演变成长史，从传统经营走向创新经营，从产业经营走向管理经营，从品质经营走向品牌经营，从制度经营走向文化经营，借此构筑企业文化之路，构筑企业员工的精神家园。"打造全球家居领军企业"的企业目标和"担环保责任，普健康生活"的企业使命，大大地增强了企业员工的向心力和凝聚力，公司的发展战略和员工的愿景有机结合在一起，促进了公司的发展。

创业初期，佘学彬提出"佘氏"企业管理理论。譬如企业文化"四三三"制，所谓的"四三三"即四分成就感，三分竞争心，三分道德价值观；职业经理人的"三动"与"三关"。"三动"指的是被动、主动和互动。"三关"是指品质关、心态关、能力关。2000年之后的几年，正值木地板行业发展的黄金期，与此同时，市场秩序混乱、产品良莠不齐等问题迭出。此阶段，大自然力推"执行力文化"和"感动文化"。没有执行力就没有竞争力。只有打造执行力，落实决策于行动之中，发挥执行力的威力，才会产生巨大的竞争力。

2005年之后，中国家居行业进入高速发展期。此时，大自然的追求更多地变成了团队意识，告诉大家"小成以器，大成以德"的道理。2007年，大自然家居在内部提出并践行着"木桶文化"。佘学彬认为，企业经营是一个系统工程，不仅要做到没有明显的短板，还要保证每块木板结实、整个系统坚固，各环节接合部紧密无缝隙，也就是要将"木桶"打造成"铁桶"，以增强企业的抗危机能力。

2008年，公司请北京锡恩咨询顾问公司为企业战略把脉，并成功引入4R管理模式（即R1：结果清楚；R2：责任承诺；R3：过程检查；R4：即时奖罚），把"客户第一、结果至上、科学精神、尊重共赢、职业人生"作为企业核心价值观。

广东是打工者的舞台，就业机会多，流动性也很强。针对打工者的心理特点，大自然家居非常重视企业文化建设，从硬件、软件两方面下工夫，《大自然风采》杂志、《大自然人》报作为企业刊物，丰富员工生活。另外，每年都会开展春茗活动、中秋晚会、年度总结表彰及文艺汇演等员工活动。特别是近几年来，项目设置有：篮球、羽毛球、象棋、拔河、足球赛等项目；每年生产淡季公司都至少组织一次外出旅游活动，其中大部分是来自生产一线的员工。这些活动，让员工身在异乡，也能找到精神的归属感和心理的慰藉。

编后语：

现代经济学理论认为，企业本质上是"一种资源配置的机制"，其能够实现整个社会经济资源的优化配置，降低整个社会的"交易成本"。由此可见，企业不仅是一种经济组织，更是社会的重要组成部分，其在追求经济效益的同时，社会效益亦是其不可或缺的一部分。

从"担环保责任、普健康生活"的使命，到"砍一棵树、种十棵树"的绿色承诺，再到"打造全球家居领军企业"的远景，作为绿色营销战略的领导者，20年来，大自然家居用企业经营的思路引领行业共治，从企业向行业全面延伸绿色理念，推动中国建材行业实现绿色发展的重大战略转型。大自然坚信，自身的长远、健康和可持续发展，是对行业，对社会最大的贡献。

大自然家居的绿色理念，体现出了中国企业所具有的传统革新精神，对于实施绿色创新引导经济结构调整做出了表率，在促进中国低碳经济转型、推动社会绿色文明变革进程中做出了突出贡献，充分说明大自然家居已经成长为中国绿色的领袖企业之一。

原载 2015 年《中国环保家居》

在做地板方面，卜立新董事长一直带领着
"书香门地"追求美学的最高境界；在做人方面，
他更明白德行的重要性。原来，卜董并不需要
最安静的办公环境，因为最安静的位置就在他
心里。

卜立新："书香门地"的美学境界

"美学，是以对美的本质及其意义的研究为主题的学科，研究的主要对象是艺术。是从人对现实的审美关系出发，研究美、丑、崇高等审美范畴和人的审美意识，美感经验，以及美的创造、发展及其规律的科学。"如此高深的解释，能和脚下的"木头"联系在一起吗？答案是肯定的，"书香门地"将它们做了一个近乎完美的结合——"书香门地"美学地板。"把地板打造成艺术的文化产品，每一块地板都是一幅能让人久久品味的画。""书香门地"董事长卜立新说这是"书香门地"正在做，也会一直做下去的事。

"你脚下踩的这片土地上，你不去做，你不去践行，谁去？你自己都嫌弃，你让谁去？我觉得每个企业家都得负起这份责任，而最基本的就是从做一个环保产品开始。"

"天下兴亡，匹夫有责"的环保思想

随着生活品质的提高，现代的人们越来越关心自己的身心健康，因此对家居的要求也越来越高。除了家居产品的基本功能，好不好看，环不环保成了消费者关注的焦点。"书香门地"作为以美学文化为追求的地板企业，在外观上肯定是能满足各式各样的人群要求。对于环保，"书香门地"对自身的要求更是近乎苛刻。

"一言难尽。"当问到卜董对环保家居有什么看法时，他发出了一声慨叹，"从十多年前开始，社会就一直在讨论这个问题，十多年过去了还讨论这个问题。就像一年级的时候别人问你一加一等于几，大学毕业后别人还问这个问题。简直就是耻辱，说明家居行业在环保这块并没有做好，我们确实需要自省。"在卜董看来，环保是一个企业最基本的底线，而非追求的目标。这跟再穷都不能去偷去抢是一个道理，"你说你做产品连环保都不是，你还不如去抢劫，你抢劫只抢一个人，你做不环保产品你是要坑害多少人。"正是因为有着这样疾恶如仇的侠义情怀，卜立新将生产环保产品当做企业的使命，并且是企业生存的必要条件，一个连环保地板都生产不出来的企业一定是个失败的企业。

企业家的第一责任，是把企业经营好。这是它对这个社会的最大公益。在经营好企业的同时，"书香门地"也一直走在公益之路上，甚至不需要特别的督促，这已经成为"书香门地"的一个自觉行动，不喊口号，身体力行。"你脚下踩的这片土地上，你不去做，你不去践行，谁去？你自己都嫌弃，你让谁去？我觉得每个企业家都得负起这份责任，而最基本的就是从做一个环保产品开始。"卜立新如是说。

纵然森林里的猎物很多，但是捕捉到猎物的一个前提是，首先你是一个神枪手。在地板行业的大森林中，"书香门地"就是这样一个无所畏惧的神枪手。成功向来都不简单，卜立新坚信：真正伟大的人不是跑第一的那个，而是一直在跑的那个。只要你有信心，全世界都会为你让路。

永不言弃的马拉松长跑者

家居业从1995年到2015年，可谓是"一路风雨一路歌"。卜立新也感叹："这个行业是一个很不容易的行业！"20年来，地板行业一天天在成熟，一步步地走向美好。"书香门地"从曾经的懵懂少年一路走来，遇到过困难，但从未想过放弃。现在"书香门地"已经是一个比较成熟的企业，能稳定地立于世界地板之林。"我们可以跟全世界任何一个国家比，'书香门地'现在的新基地做成之后，无论是技术领域、创新领域、文化领域，都是位居世界前列的，可以跟全世界，包括美国的相关企业去媲美，甚至于有所超越。当然也包括未来的市场，我们信心百倍。"卜立新慷慨激昂地说道。"书香门地"就是中国木地板行业20年发展的一个非常典型的缩影。她经历了地板行业的每一个时代，很幸运她在每个时代都走在了前沿，甚至最前沿。发展至今，"书香门地"已经成为木地板行业的先进生产力的代表之一。

近年来家居行业整体市场的量减少了，购买力也小了，这都是暂时的，但如何在有限的一块蛋糕上来实现自己的份额就变得尤为重要。对此，卜董表现出明显的乐观："没有淡季的市场，只有淡季的思想。任何时候，任何时代，它都能够做得非常出色。对于'书香门地'来说，我们永远是积极的，阳光的，用开放、发展的思想来对待这个市场，我相信明天会更好。"

2015 年"书香门地"将与米兰世博会携手，将美学地板的 DNA 播撒到全世界。对于这样一个新的尝试，在前行的路上必定也会遇到一些困难，"书香门地"总结了一些相关行业及其他行业的一些优缺点，所谓"前事不忘，后事之师"，走在国际化道路上的"书香门地"谨言慎行，敢于创新。"第一我们会建立一个信念，第二我们也会有条不紊地、不紧不慢地走这条路。我们一定能够实现，一定会成为中国乃至世界的一流地板企业。"谈到"书香门地"的国际化发展，卜立新充满期待。

纵然森林里的猎物很多，但是捕捉到猎物的一个前提是，首先你是一个神枪手。在地板行业的大森林中，"书香门地"就是这样一个无所畏惧的神枪手。成功向来都不简单，卜立新坚信：真正伟大的人不是跑第一的那个，而是一直在跑的那个。只要你有信心，全世界都会为你让路。

2014 年，"书香门地"入选 2015 米兰世博会，这是其继 2010 年上海世博会之后再次牵手世博会，在向世界展现代表家居艺术的美学地板的同时，也将与其他世界顶尖品牌共同书写世界之美。

精致生活的传奇缔造者

2011 年，"书香门地"和施华洛世奇携手合作，把施华洛世奇的水晶元素用在地板家居领域；这也成为施华洛世奇在华的第一家授权使用其元素的地板企业。"书香门地"正是在此基础上打造出了一款地板中的奢侈品，并共同把地板业推向了一个新高度。2014 年，"书香门地"入选 2015 米兰世博会，这是其继 2010 年上海世博会之后再次牵手世博会，在向世界展现代表家居艺术的美学地板的同时，也将与其他世界顶尖品牌共同书写世界之美。"书香门地"从行业地位、地板艺术传承与创新、历史文化积淀、品牌影响力、产品成长性等方面，赢得了高品质、高品位的市场声誉，这是"书香门地"能成为米兰世博会中国企业联合馆合作伙伴的关键原因，将进一步促进中国与意大利、中国与世界的商贸与文化交流。一个企业扛起了国家与国家之间文化交流的重担，可见其实力之强，胸襟之广。

一款地板能彰显主人的地位和品位，一款美学地板更是实现精致生活的关键。郭敬明小时代系列电影《刺金时代》的上演在去年引起强烈反响，观众在把目光聚焦于电影中漫无节制的奢侈消费的同时，更羡慕起女主角的精致生活。而电影中，顾里的新"乌托邦"——一栋别墅，就是用了"书香门地"的地板来提升质感的。别墅里的每一处装修、每一个家居甚至是每一个小装饰品都极具风格，仿佛每一处都有自己的故事。"书香门地"美学地板大气典雅的气质与顾里的家装风格相契合，木质的一贯典雅，拼花的艺术气息，每一块地板都彰显着对美的极致追求。别墅卧室铺设的地板是"书香门地"艺术拼花系列 SP003，原有木质纹理的保留，深浅古棕色的交融，横竖拼接方式的运用，使房间充满了光影的动感与韵律，打破单一与单调。地板与卧室的每一处细节相搭配，高贵典雅不言而喻。客厅的地板是艺术拼花系列 ART021，同色系不同颜色的交替运用，几何图形的规律拼接，图形的重复出现，使整个客厅充满欧洲古典建筑的美感。顾里的别墅精致得无可挑剔，那是"书香门地"为她量身打造的身份体现。"书香门地"就是这样：让你忠于自己的内心，无拘无束。

采访后记：

南下采访之前特意关注了上海的天气，一看要在上海歇脚的这几天都是下雨。少了之前对于在外出行下雨不便的厌恶，我反而欣喜起来。作为南方人的我，在空气干燥、生活节奏快速的北京待久了，多希望在久别之后再与烟雨蒙蒙的江南重逢，能成为戴望舒诗中那个撑着油纸伞走在悠长小巷的姑娘。

夜里七点到达上海，原本还为下雨天不好打车担忧，更何况从虹桥火车站到我们定好的宾馆有将近一个半小时的车程。担忧之际，得知"书香门地"特意派车来接我们了。在感叹他们安排周到的同时，更是让我们在这有丝丝凉意的雨夜里感到了来自大上海的第一缕温暖。

一夜休息过后，我们来到了位于上海市闵行区的"书香门地"闵行生产基地。南方特有的连绵细雨并没有要收敛的意思，但这淅淅沥沥的小雨确实让我原本激动甚至有些紧张的心情平静了许多。要采访"书香门地"的董事长卜立新，对于我这样一个初出茅庐的职场新人而言意味着难得的学习机会，也意味着怕出错的种种担忧。闵行生产基地是一个集生产与办公的综合生产基地，厂区内的绿树，被接连的雨水滋润得越发迷人，一个生产美学地板的厂区，连树都绿得有诗意。在办公楼的底层，是一个面积不大的休息区，但桌子、椅子、绿树、红花一样不少，有几个年轻人正坐着聊天，谈笑风生。这样惬意轻松的工作环境，应该是每个人都期望的吧！

在二楼会客室稍作休息，便来到了卜立新董事长的办公室。卜董的办公室异常简朴，没有抢人眼球的豪华，总共也就二十几平方米的大小。一张办公桌，一个小书架，加上一套会客时用的沙发，再没有任何多余的装饰品。初见卜董我心难免忐忑，在见面之前必定是对他有过了解的，知道他是地板行业难得的奇才，有着自己独特的企业经营模式。对于这样一个成功的企业家，到底会有多严肃呢？见面以后确实让我也很意外，何必事先就给一个从未谋面的人定性？卜董很平易近人，戴着一副金属框眼镜，黑色杰尼亚（zegna）T恤衫，休闲西裤，一副文质彬彬的样子。他热情地和我们握手，并且把舒适的沙发让给了我们一行采访的同事，自己坐在了硬冷的板凳上。我注意到卜董的办公室临街，时不时就传来工厂切割木材和汽车发动机的声音。他并没有将最安静的位置留给自己，而是给了其他的普通职员。以小见大，有如此为员工着想的上司，哪有不拼命工作的道理。书架上除了书和那一张张照片，并没有摆放任何跟荣誉有关的证书或奖牌。照片中既有和员工的大合影，又有与好友、合作伙伴的定格瞬间，重义气，果然！

采访中，卜董一改外表给人的斯文印象，北方人的豪爽展现得淋漓尽致，完全就是哥们姐们侃大山的轻松氛围。正文中的大部分信息都来自对卜董的采访，让我这一个初涉地板行业的新人增长了不少知识，更让我明白为什么"书香门地"能让这么多消费者信赖和喜爱。抛开卜董对行业的见解不说，因为我再怎么写也都是凤毛麟角。在采访当中他教给我很多做人的道理，做人和做企业都是做良心。"不以善小而不为，不以恶小而为之。"善良，应是每个人一生的坚持和追求。得知我刚大学毕业，他毫不吝啬地和我分享了他大学刚毕业时的工作经验，有一句话我印象深刻，他说："人生总不能一直都在画逗号，人生应该是一个将逗号变为句号的过程。"年轻人很浮躁，刚毕业的几年可能一直都像侦察机似的在寻找和换工作，而他的一席话让我明白沉淀是多么重要。在做地板方面，卜董一直带领着"书香门地"追求美学的最高境界；在做人方面，他更明白德行的重要性。原来，卜董并不需要最安静的办公环境，因为最安静的位置就在他心里。

原载 2015 年《中国环保家居》

黑龙江人彼此之间习惯于以"你"相称，但在北京这地界说话却都是以"您"开头。最开始的时候，林德英总是把"您"读成"宁"，但无论如何别扭，他都坚持对任何人以"您"相称。他把这看成是一种仪式，用这种执拗的方式完成向一个标准商人的转变。

林德英：和善与严苛 AB 面

林德英，这个名字你可能没听说过；但生活家，一定是你心目中地板行业响当当的"品牌"。很多人都难以想象，在一个高调的品牌背后，却有着一个如此低调的老总。

更多的时候，在生活家地板，林德英扮演着一个教官的角色，纠正着那些错误的动作。他的使命是让生活家变得更有战斗力，在越来越艰难的市场环境中存活下来，并且坚持到最后的胜利。从某种意义上讲，他活得并不轻松。和任正非、张瑞敏等一样，他对企业的未来充满着忧患意识，"要有未来"，这是他对团队和高管们强调最多的词。

从公务员到商人

"是王冠一带我走进了地板行业，"每当谈起创业初期的事情，林德英总是对当年的这位老同学充满了感激之情。

2000 年，才 30 岁出头的林德英，已是黑龙江省森工总局的一个处级干部。要文凭有文凭，要年龄有年龄，要级别有级别，正是仕途看好的时候。一个偶然的机会，让他看到地板行业巨大的前景和机会，就决然辞去官职，一头扎到商海里，成了一家地板企业的代理商。

从哈尔滨来北京，自断退路的林德英开始了由官员向商人的蜕变。产品知识、市场营销、广告传播等所有的知识，对于他来说都是陌生的。他的大脑里爆炸式地塞满了新鲜的词汇，让他劳累，也让他感到兴奋和刺激，他拼命吸收着这些原来不曾接触过的营养。

说到这，还有一段小插曲。黑龙江人彼此之间习惯于以"你"相称，但在北京这地界说话却都是以"您"开头。最开始的时候，林德英总是把"您"读成"宁"，但无论如何别扭，他都坚持对任何人以"您"相称。他把这看成是一种仪式，用这种执拗的方式完成向一个标准商人的转变。

北京的花乡，是当时地板企业的"大本营"，很多地板企业的库房都设在这里，林德英最初的办公室也在这里。"那时候雇不起工人，也不舍得雇人，很多事都要自己干，"林德英回忆说，有一次半夜到了一车地板，也没地方去找人，他就和自己的侄子两个人，卸了一车足足有几十吨的货。"当时的劲头不知道是哪来的，过后自己都不敢相信。"

除去在办公室里，林德英去的最多的地方就是建材市场，还有自己的店面。每有一个顾客，他都会认真地听导购员为顾客介绍产品，他自己也会为顾客推荐更合适的产品，并回答顾客五花八门的问题。"人家信任你，问你，你总不好意思说不知道吧。"他用这种方法逼着自己快速丰富着与家居装修相关的知识。没用多久，他就成了公司里的"专家"，他掌握的地板知识和装修知识，比任何一个营销人员都多。

也就是两年多的时间，林德英就把这个品牌的北京公司，做成了全国的标杆，他自己也成为北京乃至全国地板圈里小有名气的人物。这个时候，生活家创始人刘硕真与他谋划一起运作生活家品牌，把生活家公司做大。"刘硕真大哥给了我最好的机会。"直到现在，每当提起这件事的时候，林德英都会感慨地说。

当时，负资产起步的生活家公司最需要的就是钱，林德英要做的第一件事就是要向亲朋好友们借钱，这是他过去没有做过的事。出乎他意料的是，短短一个星期的时间里，居然有3000多万元打到了他的账号上。他接到的最多的电话就是，"够用了吗？不着急还。"

和善与严苛

所有认识林德英的人，都会觉得他是个很亲切的人，但那些生活在他身边的人，包括生活家的高管和他的亲友，则是更敬畏于他的严苛。他对消费者是温情的，但他对团队是严苛的；他对别人是包容的，但对自己是严格的。

在生活家中山工厂巴洛克生产线的每个工位上，都会有一台风扇，车间内还配备了冷气机。林德英认为，如果处在艰苦的工作条件下，那些使用手工方式生产的工人们，是无法创造出美妙的地板艺术的，必须要让他们有一个好的心境。企业必须给他们创造良好的工作环境、生活环境和休闲环境。

每到吃饭的时间，只要是在办公区，林德英都会和高管一起去食堂，和工人们吃同样的饭菜。他用这样一种方式，来保证员工的伙食质量和口味，让那些年轻的工人们能够吃得饱，吃得香。

出差的时候，他也经常会到当地的生活家体验店里去转转，遇上一些工作时间稍长的店长或者导购员，他还能叫出他们的名字，并且会亲切地攀谈一会，询问他们在工作和生活上有什么困难。那些被叫出名字的员工往往会很惊奇，生活家在全国有1500家体验店，一个总经理怎么可能还记得几年前只见过一两次的自己呢？其实，不止是名字，对于一些老员工，林德英甚至会知道他们的家庭状况。

林德英对自己的严苛，在生活家的高管团队和经销商中，是人所共知的。公私分明，是他对自己设的底线。有时候宴请客户，恰好客人中有自己的朋友，他都会自己埋单，不让自己在公司报销的任何一分钱有"嫌疑"。每次出差到经销商那里去商谈工作，他也是自己埋单，不给经销商添麻烦增加负担。

所有一切都是出于公心，这是生活家高管们对林德英最服气的地方。尽管有时候也会觉得总经理的要求过于严格，但还是能够从心底里接受。在林德英看来，高管团队的作风，都会预示着生活家的未来。如果对那些错误的事情网开一面，表面上看是和气一团，但却会坏了企业的风气。如果那样，就是对消费者不负责任；就是对更多尽职尽责的员工不负责任；就是对企业的未来不负责任。对于错误的人和事无情，恰恰是对更多人的深情。

林德英的严格，更多是体现在对产品和服务质量的要求上。他不允许生活家在质量上有任何差池。他最重视的，就是要定规矩，每个人都要按规矩行事，所以，在生活家有一套比国家产品检验标准更高的"家规"。按照这个"家规"，质检部门在生活家是最有权威的部门，不管是在哪个环节、哪个工序产生了质量问题，他们都会一查到底，毫不留情。产品质量追溯系统是生活家"家规"的一部分——"每一块生活家·巴洛克地板背面都印有创造这件工艺品的雕刻师工号，这是雕刻师艺术创作的体现与见证，同时也是对每片地板负责的态度。"

与"家规"配套，生活家自己建立全球最高标准等级的产品实验室。这个实验室通过了CNAS（中国合格评定国家认可委员会）认定，其检测结果受到全球多个国家的认可。生活家所采购的木皮、基材、胶水、油漆等原材料，从进厂开始都要经由这个实验室进行逐一检测。特别是在新产品研发的过程中，通常都要经过反复多次严苛的极端环境试验和破坏性试验，以保证产品绝对可靠，不会给使用新产品的客户带来麻烦。

变革与未来

"我自己没有孩子，赚多少钱或者是留下多少钱，对于我来说并没有意义，但是我必须要让生活家有未来，要让生活家的家人们有未来。"每当说起这个话题，林德英都会很动情。这也是他作为生活家地板总经理的责任和动力所在。

一方面是所谓的互联网思维喧嚣而来，另一方面是楼市不景气所造成的地板市场萧条不期而至，从 2013 年起，几乎所有地板厂家的日子都不好过。就在许多同行手忙脚乱或束手无策的时候，林德英冷静地思考着生活家的未来战略。他认为，面对急剧的市场变局，生活家应当有所变有所不变。要变的是企业的组织构架，必须要更高效，更贴近市场，更能及时适应市场的变化；不变的是要用好产品说话，无论是互联网思维也好，还是火星思维也好，没有好的产品什么都是白费。

市场的痛点在哪里，生活家的研发重点就应当在哪里。这是林德英所一直坚持的研发理念。2014 年，生活家攻克了地板甲醛释放这一世界级的难题，随后，这一技术获得了国家发明专利。"益呼吸"除醛地板是生活家独家拥有的具有核心竞争力的新产品，不但其甲醛释放量优于欧盟 E0 标准及日本"F4星"标准，并且还能捕捉分解居室内的甲醛。这就意味着，如果铺装了除醛地板，就相当于同时购买了一台"甲醛吸收器"。除醛地板一上市，就成了全国卖得最火的地板。这也是生活家在继巴洛克仿古地板之后，再一次创造了地板市场上的蓝海。

尽管不相信所谓互联网思维无所不能，但是林德英对于互联网企业好的方法非但不排斥，相反，还会采取变通的方式去学习"复制"。比如，通过对

"双十一"营销模式的研究，生活家就向阿里巴巴学会了"造节"。2014年6月21日，生活家在南京、武汉、合肥和天津四个城市，同时展开了一场名为"中国地板最强音"的促销活动，一天实现销售收入8000万元。不但创造了中国地板行业单日销售最高纪录，也创造中国第一个地板预购狂欢节。

"五A"（店面标准化管理体系）是生活家营销体系改造的重要项目。服务一直是地板行业的软肋，在地板行业向来有"三分产品、七分服务"的说法。林德英的设想是，通过"五A"改造，用服务差异化让生活家和其他品牌地板区别开来，提高生活家的品牌形象和客户价值。用句形象的话来说，"五A"就是要让地板营销导购人员，达到空姐或者是银行柜员的服务水平，而不再是原来"杂牌军"的状态。哈尔滨是"五A"项目最早实施落地的示范区域，启动"五A"项目不到一个月，哈尔滨的这个示范店，在几乎没有增加任何额外销售投入的情况下，客单量比上年同期增加80%；销量同比翻了一番。"五A"项目在哈尔滨的试验效果打动了其他城市的经销商，从2015年开始，沈阳、青岛等多个地区都参与到"五A"项目当中来。

对于未来，林德英把目光放在更有潜在成长性的80后、90后市场，以及更加广阔的国际市场上。2015年10月，利用大数据针对80后、90后开发的橡素·青年本色产品投放市场。在国际市场方面，最让林德英骄傲的有两件事，一个是通过连续几年的努力，生活家打赢了和美国的"双反"官司，生活家产品可以以更低的代价进入美国市场，为行业和国家争了光谋了利。另一个是生活家地板已经出口到德国，这标志着生活家地板在质量上已经达到或超过德国品质。

尽管一切都在按林德英所设想的方式和节奏进行，但市场的急剧变化，还是给所有地板企业带来了一些不可控因素。张瑞敏有个形象的比喻，说是海尔进行的改革是在飞行中换发动机。其实，生活家的战略改造也同样面临着这样的局面。在这个过程中，降低飞行速度和飞行高度，是减少改革风险的必要措施。林德英和他的团队必须有这个意识和准备。对于市场的前瞻性预见和判断，以及对于市场变化情况的推演，曾经是生活家获得战略性成功的根本要素，在未来的竞争中，这些工具的作用可能会更加重要。

转眼间，南洋地板已默默耕耘了 30 个春秋。30 年的治木传奇，南洋人在"庄老"的带领下将真情演绎成为卓越的实木工艺，让全国人民都能享受到高品质的木质产品。

庄中南：做产品就是做良心

　　南洋木业的董事长庄中南，在业界被人们亲切地称为"庄老"。当一个人被称为"老庄"时，代表的仅仅是关系熟，而"庄老"更多的是意味着被敬重。《诚信环保家居》之前一直未和南洋木业有过多的来往，而今，在中国家居业走过20年之际，有着30年发展历史的南洋绝对是不可错过的行业典型。一路随着南洋走来的"庄老"，也从青年到现在年逾花甲，对于行业这20年发展的了解，他更有发言权。

　　采访的头一天晚上庄董热情地接待了我们，一起共进晚餐。没有谈工作，只是唠唠家常。席间的庄董丝毫没有架子，笑容总挂在嘴角，对我们一行人嘘寒问暖，让我这个久未归家的女孩想起了家中的爷爷，倍感亲切和蔼。2014年11月28日早上，按照之前约定好的时间，早上九点我们来到庄董的办公室。昨晚的亲切言谈早已铺垫了今日采访轻松愉悦的氛围。见我们到来，本在认真翻阅资料的庄董立马从座位上起身，一边关切地问着昨晚休息得如何，一边为我们倒茶。金色的朝阳从窗子里照进来，照在庄董瘦削而被岁月镌刻过的脸上，这样的一幅画面提醒着我们，中国家居业的历史将在此时此刻被重新审阅。

　　庄董"不争名于朝，不争利于市"的低调是出了名的，即使这样的专访，他也从不提及任何南洋的辉煌，只字未沾自己的成就。他说："吹得天花乱坠没有意思，特别是和你们聊，更是要反映行业现状，解决行业存在的问题。"

南洋自创立以来，公司业务一直以外贸为主。聊起现在的国际市场，庄董坦言："并不乐观。"如今的木地板行业处于比较艰苦的阶段，市场供过于求。而美国的双反调查，欧洲市场也加强了反倾销国际管理度，地板产品走出国门的门槛提高了，对国内企业进行了一定的约束，市场竞争更加残酷。"产能过剩同样影响了我们的出口贸易，我们做企业的需要盈利，要生存，但其实现在很多外贸企业都做得很艰苦，甚至以非常低廉的价格在成本线上运作，有的还在亏本做出口贸易，我认为这是一种非常不理性的做法。"庄董回忆起两年前自己参加的一个中国地板产业发展论坛，在会上庄董提出，外贸企业需要充分考虑自己的成本底线，不要为了企业能勉强运转，一味地迎合客户非常苛刻的价格要求。"对于整个行业的外贸企业，一方面如何利用好我们的资源及优势，改变目前的困境，供、需双方能做到双赢。另一方面是优化产品升级还是转型，必须有一个理性的选择。"此问题的提出，在会上获得了雷鸣般的掌声。也许很多企业在那时早已意识到了这个问题，但只有庄董把它摆到了桌面上。掀开发黄的裹尸布，赤裸裸地将腐烂的尸体展现在众人面前是需要勇气的。庄董明白，若只是一味地吹嘘行业表面五彩的泡沫，而不直视裹尸布下赤条条的问题，这个行业就危险了。"给予行业正能量，是我想做，也是南洋一直在做的事情！"

谈起现在的房地产市场对于行业的影响，庄董也是深有感触。很多年来，南洋木业作为常州的龙头企业，政府工程的建设是其收入的一大组成部分。而随着国家新的房地产政策出台，这方面的收入不断紧缩。房地产开发商的招标形式也让各企业家头疼，低价竞争让行业内的企业有了自相残杀之感。"之前常州的一房地产商招标，120万元的项目我们只能不赚钱以90多万元为他们做。结果另一家企业以80多万元中标。这样的价格肯定是做不出来的，若想不亏，只能是降低产品质量，而这种事情我们南洋是不会做的，最后也只能放弃争取。""做产品就是做良心"是南洋一直秉持的生产理念，迎合市场而降低产品品质是庄董不能接受的，更是任何一名负责任的企业家所不能肆意纵容的。

采访过程中，庄董时不时地拿起南洋的产品样品，耐心地为我们随行的两个刚参加工作的女孩讲述行业知识，让我们收获不少。我们也了解到，去年五月份，南洋开发的"快速散热地暖地板"获国家实用新型专利。这种地板在木地板背面均匀地开设导热槽，通过一条条导热槽，提高散热速度。通过在不同环境下对木材导热测试，总体降低能耗20%~30%。目前，公司已与北京顺义区某小区签订了这种新型地板的供货合同，共计5万平方米，销售额1500万元。

长达两个小时的采访结束后，庄董亲自送我们到楼下，为我们安排车辆。没有秘书，没有助理，一切事情庄董都亲力亲为，我想这不仅仅是想表达对客人的尊重，更多的是无意中体现出庄老与员工共进退的那颗赤子之心。由于刚进厂区便径直走向了庄总的办公室，采访结束后我们来到大厅，才在无意间看到一排排的奖状与奖杯。庄董并未像大多数企业家那样，就企业获得的荣誉侃侃而谈，因为在他看来，企业获得的荣誉不是拿来炫耀的，它们意味着的是行业和消费者对于南洋的认可，更传递出企业在前行中付出的汗水和心血。

在去车站的路上，从司机的口中我们了解到，庄董虽说到了退休的年纪，但他还从未想过要好好休息，每天早上来得比员工早，走得比员工晚，经常用泡面当正餐。"庄董60多岁，一步一脚印走到现在，是吃过苦的人，知道好生活来之不易。"有一种哲学叫"蚂蚁哲学"，诠释全力以赴和非全力以赴的道理。蚂蚁一生中都在忙碌，为整个家族准备足够的食物，懂得未雨绸缪、永不放弃，更懂得满怀期待与竭尽所能，这就叫做全力以赴。南洋木业的董事长庄中南就是这么一个竭尽全力，在自己的事业中孜孜不倦、努力而勤奋的人。

时光飞逝，岁月无痕。转眼间，南洋地板已默默耕耘了30个春秋。30年的治木传奇，南洋人在"庄老"的带领下将真情演绎成为卓越的实木工艺，让全国人民都能享受到高品质的木质产品。接下来的 30 年，关于产品制造，关于技术创新，关于行业精神，南洋木业，还会告诉你更多……

原载 2014 年《中国环保家居》

传承是一种文化生存和发展的基础，传承是一段传奇的延续和不朽的体现，传承是一个企业创新和发展的核心。始于1954年，木业世家，美丽岛地板撰写了一段木业文化传承经典，美丽岛地板在传承中创新，在创新中跨越。

曾志文：木业世家，传承经典

1954年，一位木匠师傅开启了他一生事业的篇章，用双手缔造了一段传奇，从发明三层实木板到创立美丽岛，从台湾到大陆，62年来一步一步走过，见证了不朽的木业传承之路。2004年美丽岛携手比利时、西班牙等国外厂商，在浙江嘉善建立起一个全球样板化工厂，占地面积20万平方米。拥有原木切割、实木地板生产、实木复合地板生产、强化地板生产四大基地，员工1600多人，年产量1250万平方米。采用全进口的德国生产设备，同时拥有比利时产品设计及其营销团队和德国高级品控专家队伍，真正将国际的领先技术与台湾的专业加工有效结合，从选料、加工、品管、包装到行销无一不体现出美丽岛地板对于品质的执著。

挂云帆济沧海，乘劲风破巨浪：从1995年至2015年，风雨20年，弹指一挥间。不知不觉中美丽岛已与中国家居行业辉煌同行20年，这20年，是美丽岛从艰苦卓绝中奋斗出来的20年，20年的风雨历程，20年的披星戴月，20年的跌宕起伏，20年的风雨同舟，造就了一个家居行业的传奇，是美丽岛人经历风雨磨砺、向着目标奋进、终见彩虹的20年！回首过去，美丽岛品牌的开创却要追溯到1954年。当时，美丽岛地板创始人，曾艳辉先生，在台湾最大的木材集散地创立了自己的木器行。

美丽岛发展过程中的创新与文化：

创新文化——正如德鲁克所言，企业只有两项基本职能，那就是创新和营销。创新不仅仅包括技术创新，还包括产品创新，服务创新和商业模式创新等。美丽岛地板一直注重于企业的创新，将创新升华为企业发展的主题，美丽岛地板企业文化的独特性融入到创新理念中，激活企业活力以新的构成形式重新组合，形成新的竞争机制，使企业在没有硝烟的战斗中更为积极和主动。

产品创新——面对日新月异的科技进步、飞速的经济与社会发展、消费升级、消费者的价值观和生活方式的转变、竞争形势的变化、产品生命周期的缩短等，产品创新成为地板企业保持生命力。其次，企业唯有以不断求索的精神致力科技创新和产品升级，方能在激烈的市场竞争中占得先机。为此，上海佳乐美木业有限公司与中国林科院木材工业研究所展开深度合作，共同成立"美丽岛地板研发中心"，主要致力于木地板技术的研究与创新，通过技术革新为中国消费者带来高品质、风格化的地板产品。美丽岛地板通过对自身产品架构与体系进行改革，分别研发出真木纹技术、模压倒角技术、抗地热技术等，在行业内掀起产品创新的风暴，在市场上受到了消费者的一致认可，其中，三层地板5G锁扣、3T平衡技术堪称革命性的创新，使得地板更加稳定、更加耐用。由此，美丽岛地板实现了产品的创新升级，开拓出一片"蓝海"。

服务创新——美丽岛地板一直以"品质、创新、诚信、服务"为企业发展的准则，品质是企业生存发展的基石，创新是企业生存发展的源泉，诚信与服务是维护品牌形象的重要因素，这正是美丽岛地板颇受消费者认可的制胜武器。美丽岛地板设立了投诉系统、与消费者交互平台，方便消费者传递他们的建议和投诉，提升服务质量，公司通过 400 免费电话、网络微博、企业官网等不断与消费者建立起沟通，有效地使企业迅速解决问题，整合优化已有资源，更好地服务客户，把好的产品和好的服务进行有效的传播。

模式创新——2010 年 10 月，在"首届中国地板创新营销奖"颁奖典礼上，美丽岛凭借国内首创零风险招商投资政策"125 造福专案"毫无悬念地摘得"首届中国地板创新营销——特色渠道营销奖"。美丽岛地板在调整产品结构与创新技术的基础上，积极探索新的营销模式。"125 造福专案"实施以来，得到了经销商的一致认可，同时，对一些区域市场产生了标杆效应，有效地吸引其他经销商的加盟。销量的提升与招商工作的扩大，也增加了经销商与销售人员的信心，让经销商对美丽岛产生了强烈的依赖性。在当下市场低迷的环境中，美丽岛地板渠道扁平化运作下直通到县的品牌服务体系，开辟了一个新的区域，也为企业转型发展铺垫了基础。

营销文化——随着市场竞争日趋激烈，地板营销上升到前所未有的境界，怎样建立渠道使产品在低成本开拓的状态下从工厂到达消费者的手上？是企业需要面对的严峻问题，美丽岛地板为扩大市场规模及品牌影响力，整合市场资源按地区设立营销分公司，专门负责本地区的营销策略和营销网络建设，这样更有针对性，并且可与营销总公司构成立体销售网络。营销分公司在区域市场中更具应变能力，更具洞悉市场先机，在市场竞争中占据主导地位。当前房地产受到国家政策调控，地板企业也受到不同程度的影响，根据相关数据显示，未来 5 年，中国地板行业的主要战场是三、四级市场，中国有 60% 以上的城市人口生活在三、四线城市，蕴藏全国三分之二左右的中低端地板需求。谁占有了三、四级市场，谁就拥有了中国地板的主流消费市场。这体现了地板产业在逐步下沉，而这种产业的下沉意味着营销深度的提升，对于企业的综合实力是一种考验。美丽岛地板重新审视企业自身发展进行品牌升级，积极参与行业协会主导的建材下乡，布局三、四线城市。未来的企业竞争，就是营销模式之间的竞争，从本质上体现出的是企业文化之间的竞争。

美丽岛的发展风格一直以稳定为基准，一步一个脚印来健全自身的发展，健全自己的产品和内部管理，一路走来，美丽岛地板在风雨磨砺中成长，有艰辛、有汗水、更有辉煌，展望未来，面对可持续发展的挑战，美丽岛地板一如既往的开拓进取，开创木业新的篇章，传承和创新依然是美丽岛地板发展的永恒主题，在传承中创新，在创新中跨越。

原载 2013 年《中国环保家居》

不管时代的潮流和社会的风尚怎样，人总可以凭着自己高尚的品质，超脱时代和社会，走自己正确的道路。现在，大家都为了电冰箱、汽车、房子而奔波、追逐、竞争。这就是我们这个时代的特征了。但是也还有不少人，他们不追求这些物质的东西，他们追求理想和真理，得到了内心的自由和安宁。

——爱因斯坦

徐升：像蒲公英一样充满朝气正己利人

在青岛临海的商务楼上，我第一次见到得高总裁徐升先生。他整齐的桌面上放着一只小木箱，粗糙的衬布，斑驳的纹理，残破的把手，枯黄的笔记本，让我有些诧异。翻开泛黄的信笺，爱因斯坦那段话映入眼帘——不管时代的潮流和社会的风尚怎样，人总可以凭着自己高尚的品质，超脱时代和社会，走自己正确的道路。现在，大家都为了电冰箱、汽车、房子而奔波、追逐、竞争。这就是我们这个时代的特征了。但是也还有不少人，他们不追求这些物质的东西，他们追求理想和真理，得到了内心的自由和安宁。

看到我的疑惑，徐升解释道，这是他40多年前上大学时候用的木箱，虽历经40载，仍历历在目。"我的思维，我做得高的初衷，是在几十年前就建立了的：追求理想和真理，得到内心的自由和安宁。"再望着那只木箱，我有一种特殊的感觉，它简单却不平凡，它承载着一个奋斗者的梦想，一个坚定的信念和一种执著的精神。

追求理想，开启事业

17年前，徐升和他的伙伴就在讨论是要做事业还是做商业。在他看来，事业是一个能让自己一直做，并且传承下去的事情；而商业，则仅仅以赚钱为目的，可能做完一笔生意就不再做了。最终，得高的创始人们选择了做事业，并且一做就是 17 年。

选择什么样的产品开启事业，一直是他考虑的问题，他把目光投向了国外。遥想当年，他说："我选择一个产品，把它定为自己的事业。首先必须是国外最好的产品，其次必须适应中国消费者的需要，用的人会很快乐，同时也能推动中国工业的发展。"于是，1996 年，对于中国消费者来说，强化复合地板还是一件陌生事物的时候，徐升已经不声不响地做起他的地板事业来了，开始引进欧洲品质最佳的地板，并为此搭建了一个平台——得高，逐步在全国建立自己的销售网络。

引入精品，踏实行路

说起来简单的事情，做起来却无比复杂。不过徐升却说："最复杂的事，也是最简单的事，法则便是诚信。我最喜欢的电视栏目《焦点访谈》，因为关键点是用事实说话。我们将各种参数，环保指标，如实地告诉给大家。我希望我的产品不要出问题，就必须和我的用户一起来检查产品，一起看我的产品是不是经得起检验。"

"真正的高贵不是优于别人，而是优于昨天的自己。"在比利时 Quick·Step® 地板完全深入市场的时候，适时地引进芬兰 Karelia 这一欧洲三层高端实木品牌，谈到 Karelia 品牌的引进，徐升娓娓道来："Karelia 是欧洲著名的三层实木地板生产商，工艺精湛，环保要求极高，地板表层都是珍贵树种，独具特色的北欧设计让人眼前一亮。当然，最打动我的还是中间层的芬兰云杉。

"芬兰的冬天漫长而寒冷，在有些地区的冬季里，有 50 多天都见不到太阳。而当夏天到来，太阳从地平线露出脸来，超长的光照时间促使树木也在这个时候苏醒过来，慢慢地进入生长状态。尤其是极昼的时候，极昼也就是所谓的'午夜太阳'，一连几天甚至几个星期内，即便是午夜时分，太阳也高悬不下。这时渴望生长的树木不断追寻着太阳的方向，由于始终保持一种追求，树木便均匀地向上生长。在这样的环境下，树木的生长期短，生长缓慢，生长周期极长。

"去芬兰考察的时候，我们发现不仅桦树是笔直的，杉树是笔直的，就连小小的蒲公英也都生长得笔直的，像铅笔杆一样，头顶圆盘，充满朝气，正己利人，这种气氛感染着我。极地特殊的自然环境中长成的云杉树干高大通直，疤结少，细胞极小，纹理均匀、细腻，木材活性低，做成地板稳定性高。这样的地板铺装后没有后顾之忧，而采集于纯净秀美芬兰土地的灵感，融合着自然和生活的智慧，赋予地板冷静的人文气质。"

随着软木等的陆续引进，展厅数量的不断增加，得高的知名度大幅提升。"原装进口，原厂品牌销售"成为得高的标签。而"拥有得高，步步得高"已成为成千上万的得高忠实客户的心声。

得到内心的自由和安宁

每个企业的发展都有自己的方案，得高的发展原则是"求稳而不求快"。前些年也曾找过策划公司运作，但最终都没能成为合作伙伴。因为有一些成分是不能接受的，只有诚信地面向所有人，做实实在在的公司，只有讲真话、做实事的时候才能踏实，才会快乐。否则，再多的效益都没有意义。

对于徐升而言，设计店面和销售地板都是无比快乐的事情。身为老总能亲临装修现场，与设计团队一起商量摆放位置，展示花色，与工人一起加班加点，彻夜不眠，着实不易。曾经有人侧面打听得高店面的设计总监是从哪里请的，如果不是亲身经历，我怎么也想不到这位年入古稀的老总就是设计的总指挥。

也许是意识到我的惊讶，徐升从书柜里找出曲黎敏的《从头到脚说健康》，让我看勾出的一段话——中国文化的最高境界不总是超凡脱俗，而是存在于世俗的日常生活当中。在儒家是人际关系的尽善尽美，在道家及禅宗是取法自然，在医家则是阴阳的和谐及五行生克的均衡。而所有这一切，都应融汇在人们的行为与言语中。"我追求的不是超凡脱俗，是在世俗的日常生活中，获得快乐，获得兴趣。"

　　提到得高代理的地板，徐升用"精品"两个字来概括："我们的地板精在环保，精在质量，精在时尚，精在经典，精在快乐通过地板的纹理延伸，精在生命于自然中流淌。但在我看来，一切与地板无关，与爱有关。我要求得高的销售人员用爱服务于买地板的人。我们学习乔·吉拉德，因为乔·吉拉德告诉我们：'我喜欢你，将这几个字放在心里，就永远不会失败。'"

　　"站高山之顶，得爱人之心，施诚信之法，送快乐予人"是得高的企业理念，徐升说："多年前，我到泰山玉皇顶看日出，当时就想，万物生长靠太阳，没有阳光就无法生存，那么对于人来说，爱就是内在的太阳。有了这种感觉的时候该怎么往前走呢？要讲实话，真诚待人，于是有了后面两句。站在整体格局的高度上看人生，要快乐必须要有诚和爱。我们招聘员工和发展代理商的时候首先考虑的方面是德，千法德为首，百善孝为先。必须要有爱心、诚心、责任心，有优秀道德品质。道相同的人凝聚在一起，共同建设我们的得高家园。"

　　采访结束，我终于明白这个企业的生命力所在，是爱的倾注，心的交融，而不是钱的交换。氧吧办公室里绿植簇拥的背景墙上的那段话则深深地印在我的脑海中："怀着诚挚的爱，快乐地工作，快乐地生活。"

原载 2013 年《中国环保家居》

经典传承，系出名门；选材考究，品质纯正。

好地板，大国制造！

肖大启：大国沉淀出对木的尊崇

五千年的华夏文明，沉淀出了对木的尊崇，也孕育出了对木的依恋。大国地板，传承鲁门一脉，沿袭宫廷风范，以"知木、善木、治木"之道，以"专攻，专注，专业"之精神，专注于提升人居生活品质，励精图治30余年，打造中国地板第一品牌。

大国崛起

大国地板集团是专业从事地板原材料采购和产品的研发、生产、销售、服务于一体的大型地板企业，项目总投资15.7亿元，在业内率先创建自主研发中心、品牌管理中心，引进全套进口生产设备和生产线，采购国内外优质木材作为产品原材料，具备高档实木地板、强化地板、实木复合地板、仿古地板等系列产品的研发、生产能力。

大国地板集团是中国林产工业协会地板委员会副理事长单位、安徽省地板协会会长单位、安徽省家装标委会主任单位，起草和参编了多项国家标准与行业标准，拥有数十项专利技术，先后荣获"中国驰名商标""苏浙皖赣沪名牌产品""中国地板十大品牌""中国地板行业卓越成就奖""安徽省质量奖""安徽省名牌产品""安徽省著名商标""安徽省卓越绩效奖"等上百项殊荣，企业发展被安徽省政府列入"861"行动计划，被合肥市政府纳入"121"重大工业调度项目。

30 多年来，大国集团始终坚持"以诚信开拓市场，以质量占领市场，以价格赢得市场，以服务巩固市场"的经营理念，把"培养一流的员工，创造一流的产品，提供一流的服务，建成一流的企业"作为建企方针，精耕细作，辟土开疆，从区域走向全国，走在行业前列。

30 多年来，大国集团主动担起引领行业发展的重任，致力于地板文化的建设，挖掘木之历史，推广木之天然、环保、健康理念。地板铺在家里，呈现的不仅仅是地板，还是一幅天然画卷，一种人文文化。

术业专攻

木匠祖师爷公输班，从鲁至楚，创制云梯，绝技天下。自此后世楚人深得鲁师匠心，善于工刻、精于神韵，成就"三雕"瑰宝艺术和"古建三绝"的木艺辉煌。

大国地板地处旧时楚地，其木工传承鲁门一脉，沿袭宫廷风范，深得木艺精髓。长期以来，大国人以"知木、善木、治木"之道，致力于对传统木艺的发扬，在保持木韵原汁原味和古典高雅的基础上，融入现代高新科技含量，将每一款产品赋予木之神韵。其神、其韵，流淌于大国地板所到之地。传统工艺与现代科技的完美融合，缔造了大国地板"工艺三绝"的现代木艺辉煌。

"工艺三绝"经 30 余年淬炼而来，作为大国地板品质冠绝天下的秘诀，也成为大国品牌的核心竞争力。其一绝是精微之至的含水率控制技术，二绝是独家创制的 18 层油漆面涂覆工艺，三绝是精心雕琢的纯手工复古工艺。大国地板"工艺三绝"，不仅被视为新时代地板工艺的新标准，更奠定了大国地板卓尔不群的领导品牌地位。

30多年来，大国人专注于地板品质与文化的提升，不仅在工艺上追求尽善尽美，在产品上不断推陈出新，更是在文化上附加价值，打造个性与品位。大国地板因为内在附加价值的拔高，其使用者尊贵自显，也因为内外兼修，使得大国地板品质出众、气质不凡，享誉业界。

服务至上

众所周知，"客户满意"对地板行业来说，尤其难能可贵。大国人认为，地板行业的服务竞争，主要体现在售后安装上。在大国这个团队中，安装工人得到了重视与尊敬。大国的安装工人按地区组成分部，公司统一免费提供食宿，解决了他们的后顾之忧。此外，每个月公司召开两次安装工人大会，依据安装工人获得客户的书面和网络表扬次数，为安装工人进行奖励。在大国每年一次的年终总结表彰大会上，最重要的奖项是优秀安装服务奖，这个奖由董事长亲自颁发。

为规范安装服务，大国在地板行业内率先建立了安装与售后服务的五级访问制度，首先主动上门与客户沟通安装及相关准备工作；其次，公司指派安装服务部负责人亲临现场监理，确保施工认真负责，并与用户现场沟通，同时赠送用户保养手册，并向他们讲解相关注意事项；再次，当用户地板安装完工后，安装服务部将按销售记录进行电话回访，了解客户满意度，听取客户的建议或意见；第四，七天之内公司售后服务部门人员再次电话回访用户；最后，三个月之内公司将再次随机抽查回访。凡在电话回访中发现问题，公司必定会第一时间联系用户并及时解决，正因为此，大国地板用户的满意度始终保持100%。特别值得一提的是，大国地板心系用户，细节关怀无微不至，年复一年从不间断，如每年梅雨时节，公司会通过群发短信告知用户记得开窗通风防潮，每到寒冬，也会及时提醒用户注意地暖，谨防地板干燥紧缩。每一个细节都时刻体现出大国的优质服务水平。

严格规范的安装与售后服务，使大国地板的知名度、美誉度不断提升，并被政府纳入定点采购目录，省政府办公厅还就省政府大楼地板工程，给予大国地板"工程优良、责任心强"的至高赞誉，特别颁发了荣誉证书。也许正如木地板业内众多专家所评价，大国地板 30 多年来能够始终赢得市场和消费者的青睐，靠的不仅是优质产品，不仅是老字号品牌，更是大国地板贴心周到、放心满意的安装与售后服务。

大国之梦

大国地板自创立之日起就树立了远大的目标：那就是引领地板行业健康发展，致力于提升人居生活品质，把大国地板打造成百年长青的企业，打造成中国优秀民族工业品牌，打造成世界知名地板品牌。

继往开来大国梦，励精图治大未来。风雨兼程的大国人将高举科学发展的旗帜，继续发扬追求卓越、敢为天下先的奋斗精神，收藏所有的荣誉，走出昨天的辉煌，带着满怀的激情和 30 多年前的最初梦想——继续起航。与时俱进的大国人将坚定沿着高起点、高标准的品牌之路，以不断提升大国品牌形象、知名度、美誉度为任务，使企业向着品牌化、多元化、国际化的目标阔步迈进！

未来已经到来，精彩才刚刚开始！大国地板愿与一代代的中国地板人一道，与千千万万的消费者一起，共同打造全新的家居生活理念，提升全球人居生活品质，共同创造实现——宏伟而壮丽的大国之梦！

原载 2013 年《中国环保家居》

若真想以一当十、一呼百应的话，那就只能各个方面都停留在低水平。"样样通样样松"，古人的话不是没有道理的。"过度地追求一体化，就造成这整个行业里运营水准不高。"周清华忧虑地说道。

周清华：自我恪守造就非凡品质

公元 1492 年，意大利航海家哥伦布在西班牙王室的资助下，开启了探索东方的海上征程，数月后他发现了美洲这片新大陆。17 世纪，英国和法国大规模向北美洲移民。这些新北美洲人非常喜欢遍布于美国和加拿大的枫树，他们用枫木的板材装饰房子，也将枫树种在房前屋后。秋天，枫叶随风起舞，红叶洒满一地，非常美丽。他们酷爱这种以枫木和枫叶为主题的居家风格，将其起名为"枫情"。18 世纪初，英国大商人弗里曼环游北美洲时将这种格调带回了欧洲，并网罗能工巧匠，按这种风格建造了一座宫殿献给英国国王乔治二世。国王果然对这座别具格调的宫殿钟爱有加，亲自将其命名为"北美枫情"。后来，18 世纪、19 世纪大规模的海上贸易将"北美枫情"传播到了欧洲及世界各地，并从 20 世纪中叶起逐步演化出一种自然清新、超凡脱俗、时尚大气的"北美风情"家装风格。如今，进入 21 世纪，北美枫情地板经过十多年的发展走进千家万户，将优雅、惬意的北美风情传播给无数国人。

家装行业尤其是地板行业，在这风风雨雨的 20 年中，最大规模的企业年销售额 40 多个亿在周清华看来简直不值得一提。

永不满足，永不止步

　　改革开放 30 多年来我国经济飞速发展，伴随着房地产业的空前成功，中国的建材业、家装业也迎来了历史上最繁荣发展的时期。从 1995 年到 2015 年这 20 年的地板发展史就好比是人类几千万年的进化史，经历了一个"物竞天择，适者生存"的过程，从发展之初的 6000 多家地板企业锐减到现在的 2000 多家。"房地产行业冒出了一年做 2 千亿的公司，装修材料行业也有一些规模比较大的公司像瓷砖动辄一年几十个亿。相比而言，像我们木地板为主的包括像橱柜、木门这些行业，从这个意义上讲应该说很惭愧。"这是北美枫情总经理周清华对中国家居业 20 年来的发展所作的第一个评价。家装行业尤其是地板行业，在这风风雨雨的 20 年中，最大规模的企业年销售额 40 多个亿在周清华看来简直不值得一提。改革开放之后，我国建立全面的物质生产体系，保持经济持续高速增长，人民生活水平和社会发展水平大幅度提高，全面融入世界经济体系，国际地位不断上升。中国经济不知道涨了多少倍，很多行业的企业做到几百个亿、几千个亿的规模，而地板行业最大的规模才 40 多个亿。这在周清华看来是远远不够的。"要反思反思，哪些方面出了问题，是气魄不够，还是思路不对？总之一句话成者王侯败者寇，这个我们自己要用成败论英雄，这么多的人力物力精力投入进去了，为什么规模还是做不大？"周清华甚至调侃说有时人家问他是做什么的，他都不好意思说自己是做地板的。知道这只是无意中的一句玩笑话，但从中完全能看出周总对于地板行业严格要求的态度。

　　北美枫情机构自 2003 年进入中国市场以来，借助多层实木地板被消费者快速熟悉与接受和精装修楼盘比例快速增长的双重商机，果断地切入以精装修楼盘为渠道、以多层实木地板为主打产品的商业模式，经过十多年的发展，已经成为国内精装修渠道主流开发商的首选品牌，在万科地产、保利地产、招商地产、中海地产、龙湖集团、合景泰富、绿城地产、恒大地产等房地产开发商中树立了良好的口碑，建立了良好的合作关系。但这远远不够，在周清华看来，地板行业包括家装材料行业，并没有达成应该达成的规模，还需要不断探索、进步，只有不满足现状，才能永不止步地向前更好发展。

"样样通样样松"，古人的话不是没有道理的。"过度地追求一体化，就造成这整个行业里运营水准不高。"周清华忧虑地说道。

不贪大求全，专心做地板

1995 年，地板行业的老板大都是做制造业出身的，买设备，做地板，再自行开个店做销售，所以从一开始中国地板行业就变成了一个工厂、品牌、销售、开店这样一个模式。迄今为止中国地板行业的格局没有从根本上改变，就是产销不分离，做生产的也做品牌运营，还做销售，产销一体化似乎已经成了地板行业的一个基本现状。

欲打通产业链是好事，但在周清华看来，毕竟每一个人和每一个组织的能力都是有限的，都有自己的特长。"做自己擅长做的这一节，我把生产做好，把品牌做好，把成本控制住，至于品牌运营我不擅长我就不做了，我专门做生产就完了。你更擅长于做销售，你就把销售做好，你干吗非要切入到前端做工厂呢？这个你就不内行。"很多小企业所赚的钱根本不够去投资做研发，更何况还要谈市场策划和品牌运作。若真想以一当十、一呼百应的话，那就只能各个方面都停留在低水平。"样样通样样松，"古人的话不是没有道理的，"过度地追求一体化，就造成这整个行业里运营水准不高。"周清华忧虑地说道。

贪大求全，是中国的企业包括地板行业最容易犯的错，什么都想做。细想之下，周清华的担忧确实值得整个行业思考，一个2万平方米的厂房，想做多层，想做强化，又想做实木，顺带还做楼梯做木门，然后再做地板批发。想样样都做好几乎是不可能的事情。而北美枫情并没有犯这样的错，它只专注做地板。因为周清华深刻懂得"多而不精"的道理，"就像一个菜馆，大多就是靠一种拿手的菜系出名，要是想每种菜系都做，那肯定就没有做得精的菜系了。"相对于找更宽的路子，北美枫情似乎更愿意在一条路上走得更远。因此，北美枫情注重科技创新，将产品研发、推陈出新作为品牌发展的重要战略举措之一。除了以高端设备及专业化、规模化的生产加工体系作为强劲支撑外，"北美枫情技术研发中心"聚集了一大批在木材加工行业具备丰富经验的专业技术人员，并与北京林业大学、中国林科院等科研院所建立长期稳定的合作关系，不断拓展产、学、研合作领域；通过共建联合实验室、共同培育研发人才，开展核心技术、前沿技术及产业共性技术的攻关，不断提升企业技术创新能力。

客户价值、员工价值、股东价值和社会价值，这是北美枫情价值链上的四个最直接和最相关的环节。

追求卓越，创造价值

"依法经营、守法经营、做合格的产品"，被周清华看做是企业最重要的社会责任，"不要把你的产品偷工减料，产品本来能用五年结果用三年就坏掉了，或者说甲醛能做到 1.0 以下，你却做到 1.8 去了。这是第一个最大的社会责任：做合格的产品，对得起消费者。"这相对于把最重要的社会责任上升到公益慈善高度的企业来说显得朴素而实在，只谈社会公益，天灾人祸捐财捐物，却对消费者的利益不闻不问，着实是舍本逐末。

　　企业发展过程中面临的最大挑战是业务成长的速度和人才成长的速度不匹配，人才成长得太慢。一个公司可以成长得很快，但是公司的成长是需要人才来支撑的，但恰恰人才的成长速度又很慢，所以，一个企业对于人才培养的投入至关重要。北美枫情一直把员工的成长和福利看得跟企业发展同等重要甚至更重要，把员工的成长当做企业发展的目标和手段。"就好像我们爱我们的孩子一样，你爱你家的孩子，你是不带条件的。"北美枫情的核心价值观就是追求卓越，创造价值。周清华一直强调员工要有追求卓越的心态或者把追求卓越自始至终作为一个自我准则。所谓创造价值也就是一个商业模式，一个公司一定能够盈利，能够满足消费者的需求，能够创造社会价值和经济价值。创造了价值以后，价值如何分享，在价值链上如何分配，这就是价值观的一个重要的诠释。周清华觉得，客户价值、员工价值、股东价值和社会价值，这是北美枫情价值链上的四个最直接和最相关的环节。注重价值，在这四个环节的分布是周清华一直恪守的，他强调顾客的需求是公司能够生存的最核心的基础，所以必须把产品做好，满足顾客需求；员工是公司发展的原动力，是最核心的资产，所以创造了效益以后，北美枫情首先满足员工的需求，其次是股东利益，社会利益或者说社会价值是在你满足了顾客价值、员工价值、股东价值以后会自然而然产生的，就是合法纳税。"遵守企业应该遵守的法律法规、依法经营，你就已经为社会创造了价值。"没有长篇大论，周总字字珠玑。

　　过去 20 年，中国地板行业的发展并非一帆风顺，接下来 20 年的道路也许会更加坎坷，"有难度，但是还要认真把它做好，只要坚持应该会越做越好。"这就是周清华对于地板事业的热爱，以及由于热爱而衍生出来的乐观和坚持。

相信热爱能创造奇迹，将情感加入地板，那么地板将不仅仅是冷冰冰的装修材料，还是为家增色添彩的家庭成员。

原载 2015 年《中国环保家居》

万科集团董事长王石到大庄考察时，看到大庄那么好的竹产品，十分高兴地说："我今天才发现，原来竹子能做出这么好的产品来。"

林海：原来竹子能做出这么好的产品

　　再次来到大庄，第一感觉是林海董事长的办公室进行了全新装修，竹地板、竹门、竹茶几等，包括墙上挂着由林海亲手拍摄的作品都与大庄近些年来风靡全球的竹产品密切相关。这一切显然与去年不同的，是大庄气质告诉我们，大庄已迈开了"全球竹产品的推进者"的矫健步伐。

　　作为竹文化的领航者，大庄地板从1993年投资建厂那天起，一直致力于竹文化产品在国内外的广泛传播，以至于让消费者感知"大庄就是竹子、竹子就是大庄"的锲而不舍的精神。

　　号称"国际竹材专家"的大庄，近些年来，"大庄地板"无论在国内外都有着辉煌的战绩。在西班牙马德里机场、德国宝马公司展厅、耐克德国公司办公大楼、意大利王储休息室、IBM欧洲办公大楼等场所，都能见到"大庄地板"的身影。特别是大庄集团致力于提高竹材利用率，提高竹材性能及其在综合利用方面的研究。经过三年多的研发，成功地研制出了满足风力发电竹质叶片生产要求的高强度竹层集材、使竹材首次进入了风电领域，为竹材的应用开辟了新天地。目前，由大庄提供的竹质复合材料叶片的风力发电机组已在河北张北县成功安装运行，同时实现并网发电。

　　这一切，用林海的话说，"我们的目标是做到领先，这一点已经做到了。"

　　但大庄还不满意的是，大庄地板在国内还没全面展开。据林海分析："虽然我国竹产业发展得很快，而且出口量很大，从技术和产品质量方面看在世界也是领先的，应该说我国对竹文化历史的了解更加深刻，但为什么我国老百姓对竹地板认知不够，其原因不在于你天天说竹子的文化是如何深厚，因为它与消费者的利益不贴近，这是主要问题。"

解决这个问题的最奇绝一招，是大庄借用了英国军事战略家利德尔·哈特的"间接路线战略"，以至于在 2008 年外销量占 95% 的大庄地板，在应对国际金融危机时，通过扩大内需市场，内销量由 2008 年的 5% 提高到了 2009 年的 20%，这应该算是取得了很大的成功。

鉴于竹子生长快，三至五年成材，固碳能力强，在环境保护和可持续发展方面都有很大的优点。这是大庄走"间接路线战略"的第一方案。用权力美学以及社会名流的示范作用带动竹产业的发展，是大庄走"间接路线战略"的成功选择。

据林海介绍，万科集团董事长王石到大庄考察时，看到大庄那么多好的竹产品，十分高兴地说："我今天才发现，原来竹子能做出这么好的产品来。"

值得一提的是，2009 年 12 月 21 日，万科集团董事长王石做客对外经济贸易大学时说："我们在建筑装修材料上也做出了创新，万科主张使用中国特有的建筑材料毛竹，并且在规模推广投入使用上来代替再生速度更慢的木材。"

这是万科推行绿色建筑方案实施的结果，因为绿色建筑是万科房地产集团应对全球气候变暖的一个最主要最核心的措施。

相信大庄地板一定会随着绿色建筑一起，把我国竹文化的高风亮节精神和特有的气质与尊严带给大家。

原载 2010 年《地板界》

在张恩玖的办公桌上，显眼处放着一块纸牌，上面写着"管理的核心是让人高效愉快地做正确的事。"

久盛：两代人共同努力撑起地板蓝天

2012 年，久盛控股集团有限公司董事长张恩玖有三件事感到特别欣慰。

第一件事，在整个行业疲软的状况下，久盛地板的品牌效应持续"发酵"，产品质量和销售渠道优势不断显现，继续领跑终端市场，变"危机"为"机遇"，实现了"弯道超车"。地板销量增长 20%，产品出口欧美的比例上升到了 20%，品牌专卖店突破 1000 家。

第二件事，久盛集团投资 1.5 亿元的美客壁纸工厂正式投产，并在上海举办的展销会上，得到全国经销商的广泛认可。这个项目承载了久盛转型升级和未来十年发展的新亮点。

第三件事，去年夏天，儿子张凯从英国谢菲尔德大学经济系硕士毕业，学成回国，一些知名的企事业单位乃至于国际品牌公司纷纷向他伸出"橄榄枝"。

是独自打拼一方天下，还是继承父亲的衣钵？考虑再三，张凯决定接过久盛事业的"接力棒"。这一方面是完成父亲的夙愿，另一方面也是给自己的事业一个定位。

最令张恩玖感到高兴的事，还是这第三件，期盼了多年，等待了多年，终于等到了这一天。儿子的加盟，不仅给公司注入了一股新鲜血液，更让在生意场上拼搏了近 30 年的张恩玖心头的石头落了地。儿子一上阵，就充分发挥了作用，投资过亿的美客壁纸项目，就由其执掌，开局良好。

知子莫若父。同样，对于父亲的良苦用心，儿子张凯也是点滴在心。张凯所继承的不仅仅是久盛的产业、事业，更多的是继承了张恩玖的精神和思想。

从 1984 年做兔毛生意开始，到 2001 年进军地板业，再到 2011 年进军壁纸行业，28 年，三次创业，三次跳跃，成就了张恩玖的个人梦想，也实现了一批跟随者的人生追求。

28 年的商界打拼，一路风风雨雨，酸甜苦辣，让张恩玖感慨万千。而第三次创业，将是张恩玖人生中最为精彩的一幕，也是他最为期待的一幕。

上阵父子兵，久盛的再度辉煌指日可待。

十年磨一剑，出鞘势如虹

"我最早是做兔毛生意的，到 2000 年时，把兔毛生意做到了国内前三位。当时我最看重产品质量和企业信誉，但做了十几年后才发现，因为从事的是原料加工商品出口，没有自己的终端品牌，最终只是替他人做嫁衣裳，得到的都是蝇头小利。"因此，坚持品牌战略，成为日后张恩玖最为看重的头等大事，这也是久盛取得成功的关键。

2001 年，42 岁的张恩玖闻到了南浔地板行业崛起的气息，看到了中国城市化进程的无限商机，当年 9 月他成立了久盛地板公司，正式进军地板业，开始了他的第二次创业。

这时的张恩玖看问题的高度已完全不同。他认为，地板蕴涵着丰富的人文气息、美学细节、文化含量。地板也要有性格，这就是潮流。他的目标非常明确：久盛地板要以风格定义生活，用心创造，主动营销，感动服务，成为中国木地板行业的领跑者。

因此一开始，张恩玖就高起点引进国内外先进设备，建立起地板行业一流的工业园。此后几年，他不断加大投入，并在国内首创柔韧面工艺，开启了木地板行业科技创新之路，使久盛始终站在行业竞争的高地。

"科技领航地板产业，创新推动久盛发展"，成为久盛做大做强的核心价值观。

久盛用"风格化"和"木文化"诠释和谐家居，从田园木歌、爱之林语、子夜森涛到"原生态"系列，再到最新红遍中国的"美式原味"系列，其风格设计始终走在家居领域最前沿。

久盛独创"啄木鸟4D服务体系"，以增值服务赢得消费者的信赖与口碑；推广"美式原味"系列，引导合法采购、生态消费，从掌控上游资源入手，和北美硬木协会达成协议，成为中国在北美木材最大采购商和战略合作伙伴。

从一个小作坊，到成为中国地板行业的"实木地板王牌"、"十大领军品牌"，张恩玖只用了十年。

十年来，久盛从单一品类的实木地板拓展到拥有实木地板、实木复合地板、新实木地板等五大生产基地，占地面积达500亩、地板产能超过2000万平方米的现代化企业，成为中国地板行业发展最快、规模最大、最具竞争力的品牌企业之一。

十年来，久盛以激情与智慧，通过科技创新、风格创新和品牌创新，创造了"久盛速度"。员工从初创时的几十个人，发展到现今的1000多人，资产超过10亿元的大型集团化企业。

十年来，久盛地板从一个名不见经传的小品牌，发展成为众人瞩目的一线品牌；从创业之初的粗放型管理企业，发展成为一个全面引进职业经理人、导入ERP管理系统、实施生产精益管控模式、外聘管理咨询公司和品牌战略顾问公司的现代化企业。

十年来，久盛开创了地板行业风格营销的新纪元，从携手香港著名设计大师黄志达到跨界联盟中国棒球协会，引领着中国地板行业的消费潮流，创造了行业奇迹。

十年来，久盛率先成立了"省级技术中心"和"院士专家工作站"，与中国林科院、南京林业大学、浙江林学院等建立长期的战略合作关系，申报了国家专利100多项，其中发明专利授权20多项，实用新型授权40多项；赢得了"21个行业第一"，载誉无数，一跃成为全国性强势品牌，参与了国家863项目和主持了2012国家十二五科技支撑项目，并参与多项国家与国际标准的起草，是《实木地板》最新版国家标准第一起草单位。

2010年，总投资两亿多元的现代化、花园式的"久盛地板新工业园"落成并投入使用。新园区拥有世界先进的自动生产线和UV淋漆涂装线，成为中国木地板行业硬件最优、产能最大的企业。"久盛地板在带动行业发展、促进地板产品与品牌创新、促进行业规范等方面，都做出了很大的贡献，是地板行业的骄傲。"在中国林产工业协会辉煌十五周年庆典大会上张森林会长对久盛地板大加赞赏和表扬鼓励。

十年磨剑终成锋，一朝出鞘势如虹。

2011年3月22日，中国木材与木制品流通协会颁发的"中国实木地板王牌"正式揭牌，"久盛地板"成为唯一获得这一殊荣的地板品牌。

获奖理由为：久盛地板颇具规模，实木地板年产能达到300万平方米，在国内实木地板领域遥遥领先；其创新能力强大，在地板行业尤其是实木地板领域相继推出了16项创新举措，引领了行业发展潮流。

2011年8月27日，久盛地板举办十周年庆典。在杭州"之江饭店"千人大会厅里，来自全国各地的经销商和媒体见证了这一刻。庆典上，张董说得最多的一个词汇就是"感谢"。

"举办十年庆典，不是为了表达久盛有多成功，而是让所有久盛人都有一种荣誉感，一种使命感，为下一个十年的发展注入一种动力。未来十年，我们的目标是将久盛地板打造为中国木地板行业领跑者，铸百年久盛，创世界名牌，实现'顾客美好家居生活'的梦想。"谈及未来规划，张恩玖踌躇满志。

2001 年，张恩玖二次创业时，儿子张凯 13 岁，他见证了父亲创业的整个过程，这是他青春期最深的记忆。

"我从小看着父亲把企业一点点做大，我最大的感慨就是，父亲的眼光总是比别人看得更远，他在我心中非常伟大。"榜样的力量是无穷的。张恩玖的创业经历，让张凯与姐姐张欢从小耳濡目染，感同身受，明确了自己的人生目标。

以人为本，责任在心

行业的竞争归根结底是人才的竞争。久盛唯才是举，在用人上很有特色。

11 年来，久盛员工的流动性很低，特别是中层，即使在行业风光无限的前几年，也少有人离职。久盛识才、爱才、容才、用才，良好的机制和环境，保证了团队的稳定。久盛员工的稳定性在全国地板企业中排名靠前，这让众多同行很是羡慕。

其实，久盛的待遇在同行业中不算太高，但用人机制灵活，赏罚分明，员工归宿感很强，有强烈的主人翁意识。

从 2004 年起，久盛就免费为职工提供一日三餐，提供免费的宿舍。2006 年开始，久盛相继成立了工会、党支部和团支部，还为职工办理了各类保险。每年都要为员工做好"十件实事"：各类硬件设施逐步完善，公司内设有篮球场、工会综合活动室，配有有线电视、乒乓球室、阅览室。目前，久盛地板建立的"1+1"职工互助基金，成为公司所有困难员工的坚强后盾。

2008 年，在行业遭遇寒流、企业纷纷裁员时，久盛员工工资不降反升，并招收了数百名大学生，员工规模超过 800 人。张恩玖在国家宏观经济调控、资金紧张的情况下，毅然决定帮助上游企业渡过难关。此举不但拯救了上游坯料供应商的命，而且此后原材料价格一路上涨，久盛"名利双收"。

2009 年起，久盛员工年收入平均增长 10% 以上，公司每年组织优秀员工到青岛、宁波等地旅游，开展健康检查，实行员工全员参保，扩缴住房公积金，提高食堂就餐标准，为每位员工发放生日蛋糕和节假福利品。

久盛还定期举办各类培训，在引进高层次人才的同时，大力培养高素质、高技能员工队伍，经常邀请科研院校的专家、教授到公司讲课指导，激励员工奋发向上的创新积极性，每年用于培训支出超过 200 万元。最近三年，久盛用于创新以及合理化建议的奖励费用已达数十万元，给予取得"突出技术创新成果"员工的最高奖励超过 10 万元。

久盛集团的发展离不开张恩玖的个人能力和魅力，也离不开一直跟随张恩玖的新老团队。据记者了解，有 13 名员工从做兔毛生意起，就一直跟随张恩玖至今，时间已超过 25 年，是一批忠诚于久盛的创业元老。现年已 70 多岁的张根凤阿姨原来是张恩玖同村的生产队记账员，目前还闲不下来，仍旧在久盛做着后勤工作，她已经把久盛当成了自己的家。

2004 年加盟久盛的吴忠其是公司引进的第一批外地大学生，8 年时间里，他从基层质检员做起，一步步成长为行政副总监，成为公司年轻一辈的中坚力量，现在他已在南浔结婚生子置业，完全融入了当地生活。

2009 年久盛从中国林科院引进博士生孙伟圣，成为木地板行业第一家引进全职博士的企业。以孙博士为首的数十名专业研发人员的到来，为久盛创新发展带来了巨大的促进作用，使久盛逐步成为木地板行业创新能力最强、技术力量最雄厚的企业。其负责的国家"十二五"科技支撑项目，成为湖州市第一家由企业承担的国家级项目。久盛的科技创新能力已经成为行业的标杆，孙伟圣也在南浔安了家。

与吴忠其、孙伟圣一样，有相当一批外来人才，在久盛落地生根，将久盛与个人的发展前途紧密连在了一起，其中有 32 对青年员工在张恩玖夫人的牵线下喜结连理。

久盛的发展，还离不开经销商的努力。久盛在经销商的选择上慎之又慎。经济实力强、有责任感、有敬业精神、诚信经营……具备这些条件的人，才有资格成为久盛的经销商。因此，全国 1000 家经销商中，很多都是跟随张恩玖合作近十年的伙伴，他们与久盛一起共同成长，共享成果。

久盛还积极参加各项社会公益活动，修桥建路，承建"久盛森林大道"，给予孤寡老人生活捐助，2010 年捐资 500 万元设立了久盛慈善基金。久盛用自己的方式默默地回报着社会，体现着"责任经营，关切为怀"的社会责任价值观，赢得了社会与员工的尊重。

人心齐，泰山移。

在张恩玖的办公桌上，显眼处放着一块纸牌，上面写着"管理的核心是让人高效愉快地做正确的事"。企业更需要以人为本。

未来，如何进一步做好管理，管好团队，用好人才，已是张恩玖父子现在讨论最多的话题之一。

延长产业链，进军壁纸业

2012 年来，受房地产行业影响，木地板销售大势不容乐观。全国 2000 余家地板企业中，两极分化严重，洗牌明显。一方面，实力品牌全国扩张，抢占市场份额，如久盛、大自然、圣象、生活家等品牌网络不断扩大，渠道已延伸到三、四级城市，另一方面，弱品牌经营窘迫，不少品牌已退出竞争行列。

"久盛的基础很好，销售网络很广，2012年增速虽有所放缓，但业务量稳定。中国木地板业各个环节基本做到极致，要想再有重大突破绝非易事，久盛又一次转型升级已迫在眉睫。"张恩玖说。此时的情况，与当年他从兔毛行业向地板行业转型，颇有几分相似。

"久盛的现有优势，一个是品牌，一个是渠道。地板行业已是成熟行业，产业链上很难找到或细分出更多利润空间的环节，我们只能整合现有资源，利用已有的资金实力和品牌影响力，在家居领域复制久盛的成功模式。"这一次，张恩玖把目光聚焦到了壁纸行业。

"壁纸行业没有全国性品牌，还在'战国'时期，这就是机遇。壁纸美观时尚、健康环保，深受广大消费者的喜爱。投资壁纸项目，是希望延长产业链，把久盛事业越做越大，也是给张凯传承久盛事业的一块'实验田'。"

"美客"壁纸是久盛2011年全新打造的品牌，这是张恩玖的第三次创业，也是张凯接手的第一个项目。

2012年8月15日，2012上海国际墙纸博览会在上海光大会展中心展览馆如期举行。展会以"专业、纯净、有序"为主题，展示了中国墙纸业最新、最齐全的墙纸版本和最佳创意，一次参展就签订600多个经销协议。久盛集团旗下的"美客"壁纸此时也是第一次参加如此规模的大型展会。

"经销商对我们的评价是，每个月都在进步，签约量也很可观，我很高兴，我对美客壁纸充满信心。目前美客壁纸在全国已建立1000多家营销网点，和4个国家签订了出口协议。"

张恩玖告诉记者，"品牌取名'美客'，有着深层含意。产品太美，美丽装满了客户的家，都溢出来了；消费者都是'客'，久盛一心用美丽妆点百姓家园，美溢客家，久传盛世。"

投资这个项目时，久盛进行了广泛的市场调研，"预计在未来两到三年内，壁纸行业将呈现出爆发式的增长，中国即将成为全球最大的壁纸消费国和出口国。"张凯说。

2011 年，久盛投资 1.5 亿元，高起点、高标准、大规模地引进国内最先进最高端的设备，实行流水线生产，并引进了台湾资深设计师作为研发总监。产品品质、设计美感都定位在一线品牌。久盛在杭州组建了一个攻坚性极强的销售团队，直接解决终端渠道销售、工程销售、网络销售和出口销售通路。

美客壁纸公司生产基地位于南浔区练市镇，一期规划引进十条国内顶尖的壁纸生产线，建成行业内单体面积较大的生产厂区。二期将加大投资，扩大规模，美客也将成为国内最具规模、最先进、最漂亮的壁纸生产基地。

"我相信在不久的将来，美客壁纸会大大增加市场占有率，再创壁纸行业王牌，成为久盛集团又一个新的赢利增长点，为企业可持续发展迈出重要一步。"

"久盛的发展方向，就是在家居领域。在专业领域中以多产品、多品类延伸。我对家居行业充满信心。"张恩玖一脸的自信。

五年磨砺，开拓创新

这是一个经得起时间考验的人。

回首向来踏行处，听得风吹雨打声。

张恩玖 28 年来三次创业的历程，路越走越远，越走越宽，如何将手中的接力棒交到下一代手中，也已经成为他目前最为关注的事情之一。

放眼环顾，在湖州众多家族企业中，相当一部分"二代"已主动接班，挑起重任，并且有所发展。

"我要把久盛事业成功的基因传承下去，在创新方面做出成绩，无论是在企业制度、企业管理上，或者投资方面，哪怕是一个新的产品、新的企业，我都要为这个集团的创新，做出力所能及的贡献。"

久盛集团，如何顺利实现权力交接，保证基业长青呢？

其实早在自己出国之前，张凯就已经有了决定：学成回国，接班久盛事业。"念大学的时候，我发现自己受父亲的影响很大，已经潜移默化喜欢上了财经类的事物，尤其对企业管理很感兴趣。立志回久盛，这是我的兴趣使然。"在过去五年里，他都在为这一目标积蓄力量。

张凯愿意回国，并接手父亲的事业，对久盛而言，无疑已经迈出了交接班的关键性第一步，"困难、挫折肯定会有，但没什么可怕的，只要肯沉下心来扎扎实实做企业，相信一代总比一代强。"

张恩玖并不急于一时。他对张凯的要求是，接班要循序渐进，只有对整个公司经营管理充分了解后，才能在制定战略、把握方向上准确无误。为此，他为儿子制订了一个长达五年的接班计划：两年实习，三年见习。下基层，学技术；到中层，学管理；做高层，学战略。

五年的交接班期间，张恩玖对儿子给出了具体的考量指标：

1. 张凯能够独立出任总裁。久盛控股集团将发展为五六块业务，八九个企业以及五六个品牌，张凯必须从战略层面做统筹兼顾；

2. 集团将把总部设在杭州，那里的资源要素更加全面、更加集中，有利于久盛进行资源整合，这项工作，张凯必须担起重要职责；

3. 张凯必须通过自己的力量，独立创新一块业务，并整合进集团公司。

"我对张凯的要求是传承和创新。传承就是把现有的产业稳健发展下去。久盛现有八个全资子公司，五大生产基地，涉及地板、壁纸等家居实体，投资金融，目前是南浔银行大股东之一。我希望他在投资、贸易、金融、集团公司运营等方面有所创新，通过投资、兼并、控股等，整合一些资源，使整个产业稳中有升。我们这一代人都是艰苦创业过来的，做任何事都胆大心细，有激情、有信心。艰苦创业的精神，是久盛最需要保持的核心内容。"

至今，张恩玖精力依旧充沛，每天平均休息时间不到七小时。他最大的爱好就是喝茶、聊天、看电视、逛厂区，在南浔时，每天都会围着几个厂区走一圈。

每天早上五点多，张恩玖就醒了。他已养成了习惯：把当天要做的事情在纸上一件件记下来，然后逐个电话落实，落实一件就打一个勾。

"一日之计在于晨，早上是人最清醒的时候，容易做事情。"张恩玖笑着说。

久盛的高层都曾在清晨睡梦中接到过张恩玖的电话，时间一长，大家都习以为常了，并且也都养成了早起的习惯。这一习惯也明显影响到了儿子。

两年前，在张恩玖决定向壁纸行业寻求突破时，张凯正在英国读书。为了让儿子了解公司最新的经营动态和战略调整，父子俩几乎每天都会有一次电话交流。那时，张恩玖坚持每天早上四点醒来，对应的英国时间是晚上九点。起初是父亲主动找儿子交流，往往一聊就是一两个钟头；随着张凯对企业了解加深，他开始主动寻找话题并打电话同父亲进行交流。张恩玖有了意外之喜，张凯不但熟悉了久盛事业的发展动态，并且在战略上开始了独立思考。比如，张凯直言不讳地指出父亲在企业管理中存在的一些问题。他对父亲"一插到底"的管理风格，就很不认同。

"父亲白手起家，从一个高中生成长为思维缜密的企业家，养成了事无巨细都要经手才能放心的管理风格。他甚至会直接管到最底层的一线员工。在企业起步阶段，这能带来好的一面，成本也更省；但企业到达一定规模，这样事无巨细会限制员工的主观能动性。"

张恩玖虚心接受了儿子的批评，采访中，张恩玖反复谈到了"企业家胸怀"、"建立规范化的管理"、"建立稳定的核心管理团队"，这些是他现阶段工作的重点。

"我感觉，父亲这两年在经营管理方面的风格有了很大转变，他把更大的精力投入到了搭建平台和团队建设方面。"张凯说。

回国后，张凯和父亲一起往返于杭州和南浔，他已经适应了这样的生活节奏：和父亲一样，每天早上6点左右起床，准时出现在办公室。现在，张凯开始负责美客壁纸公司的整体运营。他每天主要有三方面工作：一是陪同父亲参加企业内外的各种活动；二是与集团每一个部门的负责人沟通交流，以了解管理团队思想状态；三是主抓美客相关事宜。与同事交流之前，张凯通常会做一些功课，"我比较关注各个部门的配合与衔接，这些天了解下来，感觉我们在零售渠道、工程渠道上都有提升和改进的空间。"

张恩玖对张凯回国三个月来的表现很是满意。"他进入状态快，发现了公司现有运营体制中的一些不足，另外他拼命学习，参加相关培训班，在思想上和技能上武装自己，2012年9月在南浔镇共青团团代会上被一举推选为南浔镇团委副书记。"

在儿子身上，张恩玖看到了张凯成为一名实业家所必备的潜质，"他已经学会一种胸怀，这种胸怀是企业凝聚人才、整合资源的必备条件。另外，他开阔了视野。他常常以英国对比中国，与多数人不同，他没有抱怨两国之间的基础差距，看到的是高速发展的中国经济提供了广阔的商业机会。"

虽然站在父亲的肩膀上，张凯依旧感觉肩上的担子沉甸甸的。"父亲最欣赏的商界领袖是乔布斯，欣赏他的创新意识、失败重来的勇气以及领袖气质。这实际上是对我提出了更高的要求。因为父亲最大的愿望，是把久盛永续经营下去，做中国真正的百年企业。"

"我要把久盛事业成功的基因传承下去，在创新方面做出成绩，无论是在企业制度、企业管理上，或者投资方面，哪怕是一个新的产品、新的企业，我都要为这个集团的创新，做出力所能及的贡献。"

在父亲的掌舵下，张凯正拉起久盛远航的风帆。虽然磨合期会有阵痛，但方向已经找到了，胜利的彼岸定能到达。

原载 2013 年《中国环保家居》

中国家居行业发展的 20 年是我国宏观经济的一个缩影，可谓是"一路风雨一路歌"，在克服重重困难中不断前行。时值我国家居行业发展 20 周年之际（1995 ~ 2015），我们采访了企业发展上有特色并具代表性的才干企业家：力恒木业集团有限公司董事长何伟锋。

何伟锋：力恒木业的三个转变

从一个20多岁的小伙子，到年近半百的中年企业家；从两三个人的小作坊，到拥有2000多人的现代化工厂；从两万元起家，到今天成为中国多层实木复合地板的领军企业之一。在"从"与"到"之间，用何伟锋的话说，20年来以"非常快乐的感觉"走到了今天。

他随即对这种心态作了诠释：这种非常快乐的感觉，是一种成就。前面走的路是朦朦胧胧的，后面就越来越清晰了，能够这样走下去，道路就会越走越宽广。

快乐感觉之一

从机会导向向能力导向转变

"机会是稍纵即逝的，对你有，别人也有，同样是把握机会，你要把机会转变成一种能力，这才是更重要的。"

九五计划实施之后，我国经济面临着两个转变，一个是从计划经济向社会主义市场经济的转变，这被称为经济体制的"转轨"；另一个是经济增长方式从粗放型向集约型的转变，可称为经济方式或生产方式的"转型"。在这样一个良好的社会经济背景下，中国的家居业，特别是地板行业开始了健康发展。20 年之后的今天，中国家居业在涌现一批批新企业的同时，一批批不适应时代发展的企业也相继被淘汰；众企业在不违背企业初衷的同时为了适应时代需要又不得不做出改变；消费者在追求家居用品最基本功能的同时不断涌现的新需求也迫使家居企业不断创新。凡此种种，企业机会掌握和能力建设显得尤为重要。

早在 2006 年，力恒木业和宏耐木业正式联姻，生产和持有比嘉品牌地板的广州力恒木业制造有限公司和江苏宏耐木业有限公司共同投资成立北京比嘉地板有限公司，联手大力推广比嘉品牌多层实木复合地板。合作双方在资本、产品、品牌、渠道、管理、服务等市场竞争的重要环节向新的比嘉注入各自的优势资源，实现优势互补，将"比嘉"品牌木地板打造成为我国多层实木复合地板行业的领军品牌。

2010 年，力恒木业管理总部迁至厚邦办公，它标志着由力恒集团与圣象集团各出资 50% 组建的广州厚邦木业制造有限公司从此迈开了"仪仗队"式的标准步伐。力恒集团多次与行业合作的成功示范告诉人们，合作可以让力恒木业历经 20 多年栉风沐雨、精耕细作，取得如今行业领袖地位，处世行事自然不乏独到之处。

特别是力恒旗下的比嘉品牌地板，这个专门打造多层实木复合地板的制造商，一路走来，不论是以前与宏耐合作也好，还是今天与圣象合作也罢，企业以整合资源方面的特长而著称并稳健领跑多层实木复合地板的前列，一跃成为当今实木复合地板生产的佼佼者。这也是力恒木业强调能力转变的结果。

从竞争思维向价值思维转变

打开战争的天窗，一定的竞争思维（又称战争思维）方式是该时代生产方式的反映。反映和代表先进生产方式的竞争思维方式决定战争的胜负。但是我们也要认真思考，世界 500 强企业，每隔 20 年就有三分之一榜上无名。这同样是竞争思维下的产物。还有，我们知道的 1914 年 8 月 4 日，德国入侵比利时，英国对德宣战。一场由塞尔维亚民族主义者刺杀奥匈帝国帝位继承人而引发的地区危机，经过 37 天的发酵，终于演变成第一次世界大战。而那关键的 37 天，为什么没能阻止战争的爆发？一百年后，当人们思考这场似远实近的战争时，这个问题依然在叩问我们的理智和良知。这些现实同样告诉人们，大国崛起要避免战争思维。那么企业呢，大企业呢？同样如此。早在十多年前地板行业的价格战、渠道战，针锋相对，你死我活，结果又有什么好处呢？所以，针对家居行业，从竞争思维向价值思维转变是我们未来发展绕不过去的明确方向。

价值思维即重视长期发展，"企业从以降低成本为核心竞争力到以为顾客创造价值为核心竞争力"，所以比嘉地板强调以为顾客创造价值为核心，从 2002 年开始正式成立，在国内从东三省开始树立品牌，从沈阳、大连起步，然后辐射至黑龙江。2002 年到 2005 年是比嘉品牌在北方的推广期，虽然销量不大，但其品牌逐渐打响，成为当时风行一时的多层实木复合地板的先锋代表，引起同行高度关注。

何伟锋说，竞争思维和价值思维在家居行业的通俗解释，是不希望出现企业与企业之间你死我活的局面，应该倡导相互存在，并在存在中相互学习对方，让家居行业共同为社会创造更多的财富。

这应该算是一个企业的思想。

快乐感觉之三

从商业逻辑向生命逻辑转变

"每次来美国，看到别人家有条不紊的城市管理系统，干净而文明的社区环境，无论是公众场所还是私人空间都显得那么舒适祥和，心里很自然就拿它和中国作比较。今天的中国已经不算贫穷落后，政府和个人每年都拿出大量的资金搞建设，但脏、乱、差现象仍然比较严重，我们的问题到底出在哪里？今天，我心里突然冒出了答案：首先，大家不守规则，更爱特权，喜欢最大限度地满足和方便自己，从而缺乏甚至丧失建立规则和系统的能力；第二，缺少对规则和系统的尊重和敬畏，不按规矩行事，自以为是、我行我素。所以，中国人的'灵活'和'聪明'是制约中国社会真正迈向现代文明和进步的最大障碍。"何伟锋在他的微信中如此表述。

社会这些现状，从企业方面来说，都是因为商业逻辑偏重，而没有注重对生命逻辑的转变。我们从事企业活动，无外乎两个逻辑：一是商业逻辑，二是生命逻辑。人们在从事企业活动中，往往重视商业逻辑，研究企业如何赚钱兴企，往往忽视了最为重要的生命逻辑，研究企业生死存亡。因此，"百年老店"，永远成了人们向往和追求的终极目标。今天如果大家都不顾环保先行、企业生命，那我们还能走多远呢？

所以，比嘉地板品牌拥有力恒做胶合板基材的悠久历史，这是比嘉强于其他品牌的最大优势所在。这也是力恒产业凭借自强不息、坚韧不拔的创业的生命逻辑精神，从无到有，从小到大，励精图治的结果。

据何伟锋介绍，比嘉地板的定位是做专业的品牌，但有了厚邦的影响，比嘉地板也会尽量避免与圣象在企业文化和品牌塑造上的重叠，自然这就给比嘉在品牌塑造上带来了一定难度。但何伟锋相信，多层实木复合地板的追求，是利国利民利己的环保产品，拥有它，比嘉一定会拥有更美好的未来。

后记：

如果没有别的争论的话，我国古代各种思想发展至今，无外乎"释、道、法、墨、儒"五种哲学思想。

何伟锋是一位有思想的企业家，五年前采访他时，他说我国哲学家老子提出了更为直接的判断："知人者智，自知者明；胜人者有力，自胜者强。"

最近采访他时，他强调"得道多助，失道寡助"这一中国儒家思想。

他说，原来我对这方面灌输不够，这几年我对中层干部，特别是注重出生于20世纪80年代的员工的世界观、人生观、价值观的培育。最后问到他从业20多年有什么变化或感慨时，他的回答是：执著和追求。"但是这种追求其实冥冥中也是上天安排的，我很幸运，这种追求，上天还给了我一个很不错的回报。"何伟锋说得十分谦恭。

值得一提的是，他对行业"从机会导向向能力导向转变、从竞争思维向价值思维转变、从商业逻辑向生命逻辑转变"的总结，值得行业思考。

原载 2015 年《中国环保家居》

"未来的传统门店更要做好服务这个角色，积极连接起品牌与电商、品牌与终端消费者之间的纽带作用。"前不久，我们采访组一行专程去浙江嘉善经济开发区采访了梦天木门董事长余静渊。

余静渊：梦天25年来专注一件事——做好门

从1989年9月以30万元资金、22人、300平方米的生产场地创办庆元县玻璃钢厂，到五年后的1995年1月更名庆元县梦天实业有限公司，开始正式进入门业，梦天完全有资格说是中国木门行业的拓荒者、先行者。

记者：当年您是凭借自己的市场经验，在1989年就抢先嗅到了木门行业的发展机遇。就整个木门行业而言，开始发展是2002年，那么您觉得这十几年来我国木门行业发展如何，在每个发展阶段遇到的主要问题有哪些？

余静渊：第一个十年，中国木门生产以年均25%的增长幅度高速发展；这时候我们主要的问题还是解决"供"的问题。进入第二个十年，受国内房地产调控的影响，木门生产放缓了脚步，增长速度在极其困难的结构调整中仍然高达16.7%。中国经济转型、房地产转型、出口转型，家居建材业也面临着转型。现在中国的木门行业呈现两极化发展趋势，一边是供大于求导致大批中小型的木门企业被迫停产，一边是高端木门产品受到消费者的青睐，整个市场极其不稳定。面对世界经济的转型期和我国宏观调控的形势，木门业也面临着转型。

记者：梦天创建于1989年，是国内最早致力于研发、生产、销售木质复合门的知名品牌。2008年之前，梦天一直以外贸为主。国际金融风暴后，外贸市场不景气，梦天果断转向国内市场。然后，在2012年，梦天又果断地将公司方向加以调整，由"产品制造型企业"向"品牌运作型企业"改革。经过几次改革，业内认为梦天像神话般一样一路向前，请问梦天靠什么取得这样的成功？

余静渊：梦天25年来就专注一件事——做好门。做好门需要什么？我觉得有三个问题，今天我就重点分享这三个资源匹配问题。

第一个关键：战略匹配的吻合。有了企业的战略定位方向，就想着如何去为这个方向匹配对应的资源。企业不是我一个人的垄断，是来自企业的商业竞争，来自客户需求、竞争，方方面面平衡关系。所以我首先对梦天进行了长期的规划，三年后、五年后、十年后我们企业将成为什么样的组织。为什么这个规划很重要？因为我们要知道方向，知道乘车往哪边走，知道飞多高，飞多远，飞到哪里。假如没有这个长期的规划，我们就会被短期的利益所诱惑。利益导向会让我们失去焦点，失去方向。

第二个关键：管理资源匹配。这里主要是"人"，人在事前。经营企业这么多年，"人"的问题一直困扰着我们，如何才能留住人，尤其是非常优秀的人？企业的人员稳定了，我们就可以沉淀，沉淀做什么？做企业文化转型。转型就意味着向上升华，向下沉淀。形成潜移默化的潜规则。如果企业文化不转型，不配套，再好的战略战术也会功亏一篑。我们需要努力把很多共识沉淀和固化下来，成为日常工作和生活中的一部分，逐渐升华为每个人自觉自愿遵守的行为准则和价值观念。这是我们每个企业追求的最高境界，也是企业基业长青的保证。

第三个关键：精益生产。精益生产又称精良生产，精，即少而精，不投入多余的生产要素，只是在适当的时间生产必要数量的市场急需产品（或下道工序急需的产品），精说的是"看板式"管理；益，即所有经营活动都要有益有效，具有经济效益，益说的是标准化作业。精益生产综合了大量生产与单件生产方式的优点，力求在大量生产中实现多品种和高质量产品的低成本生产。

记者：梦天木门一直秉持"高档装修"的格调，梦天的"高档"是否意味着品价高贵，意味着一般家庭享受不了梦天优质的产品？在城镇化加速发展的今天，梦天产品未来发展是否趋向大众化？

余静渊：现在梦天的销售网络不断在向纵深渗透，三、四线城市都开设了专卖店，而且很多都做得非常好。这说明什么？第一，我们的生活水平提高了，用得起梦天木门的人也越来越多了；第二，说明消费者的审美品位也提高了。这是品牌发展的需要，也是顺应消费者需求的必然选择。

记者：国务院相关文件指出，2013年年底前，电商形成成熟的商业模式和技术演进路线；2015年，全面增强互联网产业对消费、投资、出口和就业的拉动作用，增强对信息产业、高技术服务业、经济社会发展的辐射带动作用。请问梦天目前在电商建设方面有哪些成就？您对电商发展与传统门店持什么观点？未来传统门店走向如何？

余静渊：2012年，梦天自建了电子商务平台，这是走向电商的第一步；2014年，梦天与金螳螂家装E站进行全方位战略合作，全面打造O2O家居新模式。2015年，梦天将在电商领域投入更多的精力，打通线上与线下，树立梦天高端木门的品牌形象。电商一定程度上是在"革经销商的命"。未来的传统门店更要做好服务这个角色。积极连接起品牌与电商、品牌与终端消费者之间的纽带作用。

记者：线上线下同时交易已经成为这个年代大部分企业的发展选择，线上网络商城和线下服务体验店要如何结合方能优势互补？您觉得梦天的电子商务和大部分企业相比，有哪些优势？

余静渊： 现在有很多加盟商都非常抵触线上网络商城，因为他们觉得网络商城会跟自己抢吃蛋糕。其实他们都没有处理好线上和线下这两者之间的关系，O2O 模式应该来说是家居业与互联网结合最理想的模式，线上负责预定引流，线下负责服务，这样可以把线下商务的机会与互联网结合在一起，让互联网成为线下交易的前台，O2O 模式特别适合像我们木门这种定制型的行业，以前都是被动式的销售，现在逐渐变成主动式购买。线上的品宣和引流，可以为线下节约营销成本。梦天的电子商务和大部分企业相比，最大的优势在于分布在全国范围内的营销网络。目前，梦天已在全国 30 个省份开设 700 多家专卖店，销售网络逐渐下沉至三、四线城市，所以梦天的服务体系是非常完善的。这是所有做上网络商城者的最大优势。以上观点希望能给木门行业一些想探索互联网创新之路的企业带来一些新的思路。

记者： 您如何看待环保家居的品牌观，如何辩证地看待产品环保与管理环保这两个概念？

余静渊： 我还是非常赞同的。产品环保和管理环保一直是组成环保家居不可分割的两个部分，两者相辅相成，缺一不可。像我们木门这种定制型产品，如果光有产品环保，而不注重安装过程中可能出现的问题，那么无论你产品做得多好，你的配套服务跟不上，还是有很多的问题存在。所以，环保家居不光是要产品环保，而且要渗透到生产、销售、售后的各个环节，如果一个环节稍不注意，就有可能功亏一篑，一定要坚持两手抓，两手都要硬。

记者： 梦天的企业文化对品牌环保产生了怎样的影响？两者之间是如何相互渗透的？

余静渊： 品牌之争是现代企业竞争的重点，而品牌的核心因素就是其所代表和蕴含的文化，具体而言是凝聚在企业之中的企业文化。企业文化是企业核心竞争力的凝聚，是企业品牌塑造的灵魂，而品牌则是其外在表现。企业文化在很大程度上左右着消费者的消费取向，企业在激烈的竞争之中取胜需要有先进而强大的企业文化作为基础和支撑。品牌的创建就如同一棵树的成长，一旦长成之后，便会福荫无穷，如果某个品牌达到了消费者的认可，那么它代表的就是一种放心，一种品质，例如宝洁公司的洗涤用品在消费者眼中就是质量和品质的保证，人们购买和使用都会感到安心、舒心、放心。

记者：发育成长、转型升级、成熟衰退可以说是很多企业发展的必经之路。要想长期保持好的发展态势，必须紧跟市场，满足消费者的需求。那么在接下来的 2015 年，梦天又有什么新的发展？

余静渊：终端建设：2014 年，梦天在十个试点城市建立了梦天高端精品馆，收到了满意的效果。为使梦天的高端形象更加深入人心，2015 年，梦天将把新的店装标准贯彻下去，在终端建设这一块，在全国范围内打造越来越多的梦天高端精品馆，落地梦天的高端木门品牌形象，与央视广告的高空投放形成品牌影响的合力。电商建设：2015 年，梦天将在电商领域投入更多的精力，打通线上与线下，树立梦天高端木门的品牌形象。

记者：梦天目前在行业发展中影响深远，您有什么好的管理秘诀供大家分享？

余静渊：顾客经常会说，你的产品确实不错，就是稍微偏贵，是的，路虎很贵，开的人越来越多；夏利很便宜，所以被淘汰了。诺基亚很实惠，已经倒闭了；苹果太贵，用苹果的人越来越多。为什么？因为客户买的永远不是便宜，而是产品价值。所以今天我们要经营好的产品，不是因为它便宜就好卖，而是产品所带来的价值，如今单凭低价换市场的，只能走向不归路。好产品不是贵在价格，而是贵在价值。

记者：20 年后，梦天靠什么吃饭？还是木门吗？

余静渊：是的，还是木门，梦天只专注一件事，就是做好门，做好高档木门。

记者：请您对行业说几句您最想说的话？

余静渊：随着经济社会的发展，低碳、环保理念日益深入人心。在木门行业，低碳环保的概念也逐渐普及，然而在木门市场上，真正做到环保的却不多见。木门市场上的环保认证也是混乱不堪，急需出台相应政策加以整治。消费者将绿色环保视为选购木门产品的重要因素，在相关标准规范的指引下，也就不再容易迷失在选购的浪潮中。

采访手记：

寒冷的冬日，凌晨四点起床赶飞机，好不容易获得个采访机会，我随《中国林业业产·诚信环保家居》采访组一行飞抵上海。虽说起得早，但劲头十足，甚至是有些兴奋。

从北京到上海，刚下飞机时阴云密布，一副即将大雨临门的样子。更何况从虹桥机场到位于嘉善经济开发区的梦天厂区还有不近的一段路程，正当我们担心不好打车之际，接到了来接机的电话。原来余董想人之所想，早早就派人在机场等候我们了。与其说是巧合，不如说是天公作美。从上海驰车到嘉善的一个多小时里，天空一路愈加明朗，到达梦天时居然完全放晴了。万里无云的天空，和上小学写作文时一样的美丽景象，湛蓝湛蓝，与梦天厂区的梦想之蓝遥相呼应，让人看了心情着实大好。

梦天的嘉善厂区占地 400 亩，有员工 1800 多人，是一个集办公与生产为一体的大厂。厂房蓝色屋顶，白色外墙，与天空的颜色如此用心的契合，显示出了梦天人的行事风格：海阔天空，脚踏实地。我们有幸见到了新建不久的办公区，"高档装修，用梦天木门"果真没错，办公区内的门窗、吊顶、墙装，均用自家的产品，装修均出自梦天人之手。放眼望去，仿佛自己来到了一个高级度假村，二楼的空中花园更是让我们赞不绝口。从走廊踏过，宽大的落地窗，窗外树儿挺得正茂，草儿长得正盛，花儿开得正艳，好一派冬日里的春光美景。加之微风拂面，暖阳抚脸，让我原本因马上就要见到余董而紧张的心情舒缓了几分。

余董从早上 8:30 一直开会到中午 12 点多，听说我们到了，扫去一身疲惫，热情地接待了我们。见到余董后才发现自己的紧张是多么的多余。他平易近人，且富青春与活力，很是健谈，完全看不出是一个年过半百的人。由于时间紧，我们的采访只能利用中午用餐的时间边吃边谈。也许很多人会担心，吃饭时都是闲聊，怕聊不出什么实质性的东西。而我并不这么认为，边吃边聊是家常式的，而家常式的聊天让人没有防备，方能看出人性中最本真的东西。于是，一位最真切的、有血有肉有灵魂的企业负责人就坐在我们面前。

1984 年，余董从浙江工业大学无线电专业毕业，之后在县经贸局工作。多少人梦寐以求的"铁饭碗"却让他觉得自己的人生没有了方向，总觉得心里空荡荡的："特别是每月发工资的日子，我总觉得对不起这份工资单。"大丈夫志当存高远，在 1989 年，余董毅然决然地"下海"自主创业，创办了庆元县玻璃钢厂。1995 年 1 月，更名为庆元县梦天实业有限公司。创业初期，他用脚丈量过无数城市的街道，用手叩响过无数人家的门环，顶着风吹雨淋日晒，一步一个脚印地向前、向前、向前。问起这些年来吃过的苦，余董一笑而过："吃苦是肯定的，每个创业者都一样。但不值一提了，我现在很幸福。"

幸福，可谓是人类努力的一切目的。天下的幸福都是相似的，但幸福的来由却各不相同。原本认为余董觉得幸福并不奇怪，企业年销售额破十亿，不愁吃穿，家庭圆满，可不是无忧无虑吗？但余董接下来的一席话让我惭愧得羞红了脸，自己对"幸福"的理解竟是如此狭隘。"有梦天之前都是在为自己而活，创立梦天之后，我开始为企业而活，为消费者而活。"原来，被人需要才是幸福的真谛。梦天的存在，不仅为消费者带去高品质的产品，梦天25年来的发展还带动了庆元县的经济发展，为当地老百姓解决了不少就业问题。余董心系家乡，"梦天是梦天人的梦天，更是庆元人民的梦天。无论是过去、现在和将来，梦天都离不开庆元人民的呵护，我希望梦天能不断发展壮大，不断地为庆元人民造福。"

有着"中国生态环境第一县"之美誉的庆元县，森林覆盖率高达82.4%。所谓"一方水土养一方人"，在庆元县长大的余董比任何人都懂得生态环保的重要性。为做好资源开发和生态环境保护，"梦天"在高产出的同时，也怀着一颗感恩之心在植树造林。2012年3月2日，"梦天"100多名员工义务将1000棵红叶石楠、黄山栾木等彩化树苗栽在了原铅锌矿60亩的山坡上。公司也在不断地投入资金进行技改，提高木材资源的利用率，更好地实现环境保护与企业成长的同步发展。

除去生态环境的保护，余董更明白生产出环保健康的产品对于一个企业的重大意义。"环保可以说是不分男女，老少通吃的。甲醛不超标已经不能被视为环保的一个标准，而是对企业的一项最基本的要求。"国内的家居行业，对于板材的环保要求已经有了E0标准，而木门却一直停留在E1的级别上。余董多次向行业领导提出重设木门的环保标准，将E1级提升到E0级。这样的要求对于很多人来说是不可理解的，检验标准的升级不仅意味着技术的提高，更直接的是生产成本的上升和企业利润的下降。而余董提出这样的要求，不仅是对梦天生产技术上的自信，更是对消费者，对行业高度负责任的一种表现。

25 年前，梦天作为中国木门行业的先行者，披荆斩棘，为行业拓荒，开垦出一片新天地；25 年后的今天，放眼窗外，回首 25 载，梦天所取得的成绩有目共睹，由一个小作坊已成长为现代化木门企业。25 年的积淀，梦天人并没有停下脚步，而是在余董的带领下一直向前，他要让中国有房人都能用上世界高品质木门成为现实。

原载 2015 年《中国环保家居》

在互联网完成对传统家居业改造之前，必然迎来一个百花盛开、百家争鸣的繁荣时期，而当尘埃落定之际，品牌逐鹿的结局必将大白天下，传奇与败局任世人评说。

闫学军：互联网思维的品牌实践

对于整个家居行业而言，2014 年有着非凡的意义，如果说前几年家居企业各种形式的"触电"，还停留在欲迎还拒的试探阶段，过去的一年，家居品牌与互联网无疑步入了全身心投入的蜜月期。以互联网思维整合设计、生产、渠道、营销等产业链资源已是中国家居人的共识。马化腾说"互联网未来也会成为传统行业"，那么，在互联网完成对传统家居业改造之前，必然迎来一个百花盛开、百家争鸣的繁荣时期，而当尘埃落定之际，品牌逐鹿的结局必将大白天下，传奇与败局任世人评说。家居品牌如此，媒体品牌亦是。

红利时代终结，媒体不可再任性

互联网时代伊始，当人们为纸媒的衰落唏嘘不已时，殊不知，这股强大的时代浪潮紧接着强烈地冲击着网络媒体。传统门户网站的红利时代即将终结，随之而来的是新一轮媒体洗牌和变革。

第一个改变的是，自媒体的崛起，传统媒体的话语权受到挑战，传统网络媒体的作用逐渐在消减。"好的内容自己会说话"，二次传播强调的是内容的价值，而内容创作几乎任何团体和个人都可以完成，不再是媒体的专利，而这种自发式的多次传播也不是传统门户的优势。第二个改变的是，从 PC 端到移动端，不是依靠几个 APP 就能解决问题，对于用户有限的手机屏幕来说，APP 的服务功能远比单一的信息传递功能要重要，传统媒体被推到与无数新兴服务商竞争的艰难境地，传统的门户媒体优势如何延续？第三个改变是，网络免费时代的盈利模式的创新，当用户不再为内容买单，企业不满足单一广告形式，传统的门户网站是要抢饭碗还是再开辟一片试验田？

总结起来就是媒体产品、传播渠道、价值实现三个方面的课题，如何从品牌战略端完成一次蜕变与创新，历史已经将传统网络媒体推到了变革的风口浪尖。正是基于这样的一个时代背景，搜狐焦点家居的品牌战略工程将从定位、诉求、沟通方式及产品创新几个方面逐一展开。

颠覆传统思维方式，重新定位品牌

"罗辑思维"的创始人罗振宇说"水生动物不要羡慕陆生动物的四个蹄子，重要是生出一个肺，而不是用腮去呼吸"，所以，品牌的定位首先应该是思维方式的改变。我们把人类群体思维模式称为群蜂意志，在互联网兴起之前，人们的记忆节点的路径是微弱的，强连接是极少的，但是互联网出现之后这些路径瞬间全部亮起，所有记忆节点都可以在瞬间连接。我们创造了搜索，连接人与信息；创造电子商务，连接人与交易；创造社交工具，连接人与人，而这些服务最好都能在一个平台上完成。

作为家居传统网络媒体，搜狐焦点家居的品牌定位必须被重新思考。首先，用户对媒体职能要求不满足单一的家居新闻、产品信息的输出，用户记忆节点瞬间连接的特性更使他们变得越来越没有耐心，要求服务提供的便捷性与成本优化原则，因此基于媒体平台的整合服务提供变得尤为重要，如：360 从杀毒到搜索、导航到服务交易平台，百度从搜索到新闻、地图、影视乃至基于LBS的当地服务分类。因此，搜狐焦点家居第一个改变是从媒体平台到服务商的角色改变，结合十几年来在家居行业的品牌资产积淀和市场需求趋势，我们为搜狐焦点家居提出了"家居资讯第一服务商"的定位，通过受众心理认知的"首因效应"，占领"第一"的品牌高度，突出整合服务商的职能定位。品牌重新定位确立了搜狐焦点家居品牌重塑战略的一个重要的方向。

我为好家居代言，实现共同价值输出

在接受媒体采访时，雷军说过："看不懂的人以为我们是一家手机公司，看懂一点的人以为我们是一家移动互联网公司。其实，我们是一家品牌公司、文化公司。"互联网的传播背景下，品牌将不会是一个大众认知的产品标签（质量好、服务好、档次高），而是一个社群所认可的差异化的品牌价值（价值趋同、产品风格、设计理念），所以品牌价值必须映射用户价值，甚至价值观上要取得高度共鸣，没有粉丝就没有未来。

这就要求品牌沟通模式不再是品牌与顾客的二元对立，而是基于粉丝经济思维，更加开放式、交互式的价值互动。我们通过检索搜狐焦点家居"家居资讯第一服务商"的价值支撑体系，总结为"设计、装修、产品、品牌"四个大基本面，如何将这四个层面通过一个可传递、可延展性的传播话语平台加以归纳，创作与目标受众价值相契合的传播概念？我们发现无论是家居制造企业，设计师、装修公司、消费者还是媒体平台，都在致力于创造"好家居"的价值与梦想。

从制造企业角度，力求生产出高品质、环保的好家居产品；从设计师和装修公司角度，期望创造出时尚、舒适的好家居空间；对于消费者来说，需要好家居实现家的梦想；而对于搜狐焦点家居来说，致力于整合优质资源，推荐用户喜爱的好家居是不变的品牌责任；因此，我们可以说，好家居是归纳了整个家居行业的价值认同。最终搜狐焦点家居的品牌口号是"我为好家居代言"，不仅是搜狐焦点家居的单方面的品牌声音，也体现了家居行业各个层面参与者的共同价值。"我为好家居代言"的诉求体系下，细分出了"好设计、好装修、好产品、好品牌"四个层面的利益点，分别落位于搜狐焦点家居在"设计师圈"、"装修公司"、"产品库"、"品牌商服务"四个优势业务层面。

以互联网思维，重构品牌各要素

搜狐焦点家居新的品牌定位和主张为品牌开启了一个全新战略思路，接下来我们需要以互联网逻辑重新整合资源，推动产品的升级与营销的优化，总结为七个字"专注"、"极致"、"口碑"、"快"。"专注"即大市场、单品思维，"极致"即极致、低成本，"口碑"即尖叫产品社群传播，"快"即用户参与、快速更迭。

作为"代言好设计、好装修"的策略践行，2014年11月，搜狐焦点家居独创的家居装修服务平台——"找装修"正式上线，真实案例、创新服务、免费模式，实现用户与服务商的有效链接与双赢。对于用户来说，可以精准定位到自己的小区与户型，找到装修案例，心仪的设计师和装修公司，并可以获得装修信贷、建材集采、服务保障等多重服务；对于服务商来说，可以借助这个平台免费发布信息，免费发布广告。"找装修"产品专注于大家居领域的装修信息分类市场，将用户实用体验做到"极致"，让用户在装修选择中充分享受"参与感"。在"找装修"的推广过程中，我们更多的是采用自媒体形式，通过趣味性的话题，结合漫画等手法，实现用户及装修社群的二次传播。

在"代言好产品"层面，搜狐焦点家居针对性地推出了"产品导购"、"产品评测"以及"产品知识讲堂"三大栏目。"产品导购"是针对需求的产品购买指南，而"产品评测"是对一项单品综合指标的第三方测评，"产品知识讲堂"是家居产品知识的普及。三大栏目重点强调产品的"话题性"，在选题上很好地捕捉了用户关注的热门话题，获得了用户的好评，也得到了行业的认可。2014年5月份，互联网第三方研究咨询机构艾瑞网监测显示，搜狐焦点家居日均覆盖人数行业排名第一。

"代言好品牌"上的一个重要创新是"家居智库沙龙"，活动定期邀请家居品牌代表、知名营销人士、媒体人员共同探讨家居品牌传播与营销的话题，主题从"拥抱大数据，你准备好了吗"、"家居营销的互联网思维"等战略课题的探讨到家居企业如何玩转"双11"、"如何做好一场发布会"的品牌营销实践的分享。"家居智库沙龙"不仅是提升家居品牌商运营、营销能力的平台，也是充分体现"参与感"和"社群效应"的家居人圈子，有效提升了搜狐焦点家居在企业圈层的品牌专业度和行业口碑。

在互联网技术高速发展的今天，如何去建立一个强势品牌？我们首要是突破传统的产品思维，紧盯用户需求，关注人的体验。品牌最关键的要素在于人以及人与人之间的联系所营造的"参与感"。从搜狐焦点家居的品牌塑造过程中，我们不难发现"我为好家居代言"不单单是一句鲜明的品牌口号，可以在"好设计、好装修、好产品、好品牌"四大层面得以落位和演绎，同时，它也是企业、设计师、消费者等家居行业各层面可以参与的话题和价值主张。在互联网时代，无论是广泛认知的快速消费品，还是认知度相对不高的家居产品，品牌必须被赋予人格特征，并且被话题消费。

原载 2015 年《中国环保家居》

无论走到哪里，有一扇门永远为子女敞开，那是母亲心中的门；

　　现实生活中，有一扇门永远为您守候，其中就有 TATA 木门；

　　心中的门，现实的门，是我们一生的"双项"选择。

　　TATA 木门，在选择的路上，等你！

吴晨曦：做木匠活的艺术大师

> 帅，是军中最高指挥官；帅，是中国象棋全局中最为关键的棋子。1999 年至 2015 年，经过 16 年的发展，TATA 木门已经成为中国木门行业引领者之一，并在 16 年风雨历程中所积累的很多发展经验更是值得行业借鉴。16 岁，TATA 木门正值年少青春，在行业内有着举足轻重的地位，冠以"帅企"之名，TATA 木门当之无愧。
>
> ——题记

TATA 木门品牌始建于 1999 年，以"改变行业，服务社会"为目标，是国内最早致力于成品居室门研发、生产、销售和服务的木门企业。在中国木门研发历程上首次推出"非设计美感""组合式装修""套装门"等概念，也是首家提出并推行"五年质保，终身维修"的木门服务理念的企业。自创立以来，TATA 凭借着"只专注于做木门"的创新精神和扎实稳固的前进步伐，得到了越来越多业内外人士的称赞和喜爱，被赋予中国木门标志性品牌和木门业的领军企业、《中国木门三十强》代表企业、《中国木门协会》副会长单位等称号。

1999 年至 2014 年，TATA 从一个投资额仅为十几万元的小企业成长为现在年销售额过十亿的木门龙头企业，这是一个襁褓中的婴儿在风雨中成长为茁壮少年的过程，其中必定蕴含着不少有趣的发展故事和实用的发展之道。

　　TATA 始终践行"员工第一，客户第二，业绩第三"的发展准则，着实让人钦佩。

企业发展的五大核心原则

员工第一

　　对大多数行业而言，只要是涉及为客户服务的，大多打着"客户至上"、"顾客就是上帝"的旗号，而 TATA 始终践行"员工第一，客户第二，业绩第三"的发展准则，着实让人钦佩。"我们一定是要保持员工是第一位的，只有员工高兴了客服方面才能做好。就比如咱到饭店吃饭，服务员今天都憋屈着，挨骂了，扣工资扣得一塌糊涂，那他肯定是不高兴的。客户稍微有点心情不好，那一定会产生服务纠纷。"TATA 董事长吴晨曦一语就道破了 TATA 坚持"员工第一"的原因。在 TATA 人看来，只有员工是高高兴兴的，客户才能享受到最好的服务。

　　"员工第一"并不是许给员工的一张空头支票，更不只是指员工的薪资待遇，而是要让员工有归属感，要注重对员工生活质量的提高。TATA 员工每年春秋两季享受公司支持的公费旅游，贴近自然，放飞心灵，这对于一个年轻团队创造力的激发与提升有着很大的积极作用。"放手去干！"这是吴晨曦对每一位 TATA 员工的承诺，"只要有想法，只要想去干，上层绝对支持。年轻人需要成长，即使干砸了，能从中学到东西，那么公司对你的付出就是值得的。"很多人无法想象一个小小的营销员就能行使董事长的权力，TATA 就是如此，每个人都有决策权，每个人都是公司的主人，"TATA 一家人"的团队理念深入全国每一位 TATA 人的心里。

笔者了解到，2014 年 TATA 的校招创造了一个新的奇迹。从年初实习、入职至今，已经有半年多的时间，总公司招聘的多名管培生创下了零离职率的记录。原本这些刚走出校门的 90 后想法多稳定性弱，是很容易更换工作的。

"TATA 有专门的培训系统对我们进行最好的培训，了解公司的各项规章制度和企业文化，并且到各个不同部门轮岗实习。除此之外开展很多野外拓展和团队拉练活动，都让我们感觉到了 TATA 的青春活力。"一个 90 后管培生说道。正是如此，TATA 以其独特的企业文化吸引着这些来自五湖四海的年轻人，并用自己非凡的魅力留住了他们，让 TATA 不停有新鲜血液输入，一直保持旺盛的精力和创造力。

专注木门

放眼现在的家居行业不难发现，跨界已经被很多企业定位成自己发展的新方向。从 7 月初的第十六届广州建博会就能看出，不少地板企业开始涉足橱柜行业，家电企业开始做整体家居。而 TATA 十五年来只做木门，且以后还会依然只专注做木门。如今的世界发展机遇很多，卖衣服可以很挣钱，做房地产很挣钱，投资公司也很挣钱。与其五花八门地拓展，倒不如一门心思将一个行业做大做强做深。就如 TATA 创始人吴晨曦所言，"我从不觉得自己是个企业家，我只是个做木门的，是个做木匠活的木匠。"很多人曾劝吴晨曦，作为已经拥有几十万固定客户的大企业，再生产鞋柜、书柜同样会有不小的销量，给每一个客户家里面再卖个柜子就能多几亿的收入。这样的提议每次都被吴晨曦一口否定，"为了利益，不专注是我所不能接受的，做地板的就要做最好的地板，做书柜就要做最好的书柜，而 TATA 做木门，就要做最好的木门，即使是 20 年以后，TATA 也还只做木门。""TATA 要做最好的木门"，就是这样执著而坚定的信念，使 TATA 近几年取得不菲的好成绩。

2008 年奥运会，在众多木门企业竞争中 TATA 因过硬的产品质量和环保等产品实力脱颖而出，成为"鸟巢"工程指定唯一木门供应商，并荣获行业内首个《国家工程鲁班奖》。另外，毛主席纪念堂、中南海、中国电子大厦、中国外交部、中国质量认证中心、德国奔驰汽车厂总部、九华山庄、蟹岛别墅群等高端客户的选择与信任，以及社会名流的喜爱与支持，一次又一次鼓舞 TATA 人奋发前行，同时激励 TATA 木门的研发与技术实力向世界木门行业前列挺进。

轻资产运作

"木门一毛钱都是大钱，土地来的一千万也是小钱。"这是吴晨曦对公司高层说得最多的一句话。让钱越变越多是每个人的梦想，若能最大限度地获得回报那就更好了，相对别的行业而言，投资土地也许就是最好的选择。如今越来越多的企业开始投资房产，将钱换成土地，再在适当的时间把土地换成更多的钱。但资产对于 TATA 并不是最重要的东西，做门才是最重要的。发展至今，虽说 TATA 已经成为木门行业的佼佼者，年销售额年年攀升，但 TATA 几乎没有任何房产投资，就连一手打天下的几位公司高管也只是各有一套普普通通的商业住房而已。"很多企业因为资金链出现问题都是因为土地拿太多，而没有钱投入到生产上去，没有钱投入到渠道系统和品牌系统里去，这样的企业很难有好的发展。"吴晨曦深知这个道理。

许多人在刚开始创业时，理想在云端，怀抱一个坚守之心不负初衷。一段路过后便开始跑偏，做各种新的尝试，最初的理想落到了地上，落到了沼泽里，一切向钱看齐。如果理想放射出来的是铜板的色彩，那还叫理想吗？而 TATA 从未忘记过最初的奋斗目标，那就是要做好门，一心一意只做门。因此 TATA 的轻资产运作给企业带来了非常安定的发展环境。

互联网文化思维

互联网之于 TATA，不单指电商，更多是指使用互联网思维进行思考。TATA 的发展并不是顺风顺水，但确实是抓住了时代抛给它的橄榄枝。1999 年，当"木门"这个词还没出现在大众的视野中时，TATA 敢于第一个吃螃蟹，开创了先河。2002 年木门行业开始形成，而此时却是 TATA 发展的一个瓶颈期。"那时到了发展以来最穷的时候，一点钱没有，也没有钱开拓渠道，快倒闭了。"吴晨曦用这样一段话来形容当时正处于困难时期的 TATA。但对于勇于创新的企业，上天总是会给一个绝处逢生的机会。这个时候恰巧互联网来了，在 2001 年出现的 ADSL 大大加快了文字、图片等的传播速度。这给了建筑行业一个大升级的机会，给 TATA 带来了工具上的变化。

原本就对网络很感兴趣的吴晨曦开始潜心研究互联网在企业发展中的重要作用。"那时候我就知道互联网有一个半仙的作用，它知道消费者需要什么不需要什么，它有一个洞察的作用。"于是 TATA 马上转化思维，将产品、图片上传到网络，供客户选择。"当发现客户都喜欢简约风格的，不喜欢繁杂的，我们就把产品导向转化了。当时价格调节方面也是通过互联网，包括对消费者的服务满意度调查。"

在吴晨曦的一个微信朋友圈中看到其对电商的这样一条感悟——对网络作用有充分认识并不是就能将电商发展好，一个传统、带有服务性质的企业如果想做好电商，需要有三方面的企业基因：一、上下同欲的企业文化，特别是在经销商渠道上，要分利而不是抢利；二、不能贪腐，贪腐的企业利益关系错综复杂，基本无法满足电商利益再分配的可能；三、不能"暴君"独断，电商需要年轻的文化，唯有基层的员工才是核心手段的创造者，"领导"仅仅只是服务者。仔细想来，这三点都是 TATA 具备的。TATA 能一直茁壮成长是和不贪腐分不开的，TATA 至今不让高层家族中的其他人加入 TATA，就怕会出现贪腐的情况。而且 TATA 一直给员工发言权，员工就是领导，领导也是员工，一言堂情况在 TATA 是绝对不会也是不允许存在的。

TATA 敢于自省，善于总结，善于在关键的时候用最好的东西，然后束紧腰带，鼓足勇气，去征服最初的高山，而余下的，就会是平坦的道路。

唯美主义

TATA 产品始终以"简约时尚"的风格著称，推崇"第一创造唯美，第二创造产品"的理念。简约时尚的风格备受白领阶层青睐，然而，简约并不代表简单，而是赋予了产品更深刻的内涵，旨在营造一种家居环境，推崇一种生活理念。

虽说"广厦千间，夜眠仅需六尺；家财万贯，日食不过三餐"，但人类对于高品质生活的追求是没有错的，唯美主义的坚持就是源于 TATA 的文学基因。房间本不装修也能住，那为什么几乎所有人都愿意花大价钱装修呢？很大的一个需求还是为了追求心理美感。"门"在现代汉语字典中的解释是"防风、雨，防盗的遮掩物"。现如今，人们除了考虑门这些最原始的功能，还在意门的外观，门的质感。一个小小的杯子就能体现出主人的品位和追求，更何况是一扇门。就像所有员工着装邋遢的服装企业不可能做出非常时尚的时装一样，一个对自己所使用的木门都没有要求的木门企业是不可能会生产出好木门的。为了生产出漂亮的门，TATA 对自己要求非常严格，哪怕是员工食堂也尽量地把它做得好看。

近几年来，TATA 潜心研究实用又好看的木门，不少新产品都受到消费者的青睐。2012 年，TATA 木门举办行业内首个木门新品发布会，此次，设计理念主打用设计改变生活，更注重功能型的突破，发布会上，提出了"TATA 木门，我的静音生活"的理念，TATA 自主研发的静音门，"呼吁人们关注居室噪音，回归安静家居生活"获得了行业以及媒体的高度关注和广大消费者的认可。

TATA 木门在行业内首次将现代科技融入木门设计中，制造了中国第一款高科技触碰智能门。该款产品可以测量和显示室内外温度及湿度、自动计算开启次数、可测甲醛含量、语音留言等，智能技术的融入，让生活更方便。TATA 还善于从色彩以及搭配效果上体现其价值，提出了法国灰颜色概念，在现代简约风格基础之上融入了当前法式时尚高端别墅主流元素，成为时下最为流行的一种装修风格。即使只是三四十平方米的小房子，只要有了 TATA 的加入，就能让消费者享受到大别墅般的舒适感和唯美感。

TATA 是一支年轻的队伍，平均年龄只有 26.5 周岁。"我们是 TATA，我们正青春"，这是 TATA 人最响亮的口号之一。

独特的企业文化

企业文化是一个团队长时间形成的一种共同信仰和追求，能在潜移默化中影响员工，将个人内心的不良东西控制住，将个人优质的东西激发出来。反过来，优秀的企业文化也为企业的发展开拓了新的发展活力。TATA 历经十六年发展，在这十六年中有过独木小桥的境遇，也有过康庄大道的经历。善于思考的 TATA 人有着自己独特的企业文化。

活力的青春文化

TATA 是一支年轻的队伍，平均年龄只有 26.5 周岁。"我们是 TATA，我们正青春"，这是 TATA 人最响亮的口号之一。大多数企业对刚毕业的大学生可谓是"避之唯恐不及"，二十几岁的年轻人，心境浮躁，难以沉淀，很容易干了几天就撒手走人。TATA 和其他企业不一样的是，TATA 喜欢应届生，因为他们和 TATA 的企业文化一样，简单、青春。青春，意味着无限的活力，更意味着无限的创造力。

"我们是 TATA，我们正青春"这几个大字刻在 TATA 的每一个工厂、每一个店面里，时刻提醒着青春文化。TATA 的青春文化并不意味着年龄大了就要辞职，每一个企业都是看重老员工的，TATA 更是如此。年龄大了就开始培养新人，做一些管理和技术性的工作。同时 TATA 给长工龄的员工足够的物质保障，TATA 已经开始实行股份制改造，拥有公司的股份并不是一个遥不可及的梦。"给想干的人机会，给能干的人舞台，给干得好的人位子，给干得久的人股份。"这是 TATA 总经理纵瑞原对每一个 TATA 人的承诺。并且，青春的定义并不是年龄小，只要充满活力，心存希望，都可以是青春的。"在 TATA 快乐地工作，快乐地生活，这让办公的环境，无论多忙，也是特别欢乐融洽的氛围，让我变得开朗起来。"一位在 TATA 工作了两年的员工谈起 TATA 的青春文化对她的影响，就是让原本内向封闭的自己变得开朗快乐了。

宽阔的胸襟让 TATA 有着无限的包容性。况且，青春，原本就意味着无数的尝试。

快乐的学习文化

TATA 注重自身整体水平的提升，倡导学习为先的理念，每年投入高额经费组织员工内研外训，以达到人才再造的目的。除了刚入职时有时长 36 天的新员工培训，了解公司的各项规章制度和企业文化，到各个不同部门的轮岗实习之外，TATA 还有许许多多针对员工的培养学习活动。其中值得一提的就是针对年轻员工的"成长计划"活动。大学毕业后一年至三年的员工都有机会参加培训，不管天南海北，每个月三天到总公司进行封闭式的学习。学财务，学管理，学品牌，学生产的综合性学习。"我们没有固定把员工培养成什么人，而是公司给学员有充分的发挥空间。"

"我们的任务是学习，工作只是练习题"，是 TATA 人重视学习，关注员工成长的铿锵心声。"公司给予每一个员工充分的空间去发挥，从不压制我们的创新想法，允许我们犯错，在错误中总结经验，这让我们很能放开手和心去工作，工作能力提升得很快。使得我一直保持着简单、快乐、平和且积极的心态，我觉得是在我的大学毕业同学中的很难得的健康心态。"一位青年员工表达了对 TATA 这种快乐的学习文化的喜爱之情。原本就是如此，错误往往比真理更加普遍，因为每个真理都是由上千个错误换来的。TATA 人秉持着不怕犯错的精神，十几年来总结出了专属于 TATA 的发展之道。

慈善的助人文化

"有福同享有难同当"才是好兄弟，同样的，在困难时刻最早伸出援手的才是自家人。为了能让来自全国各地的员工感觉到 TATA 家的温暖，TATA 成立了一个几百万的援助慈善基金会。正是有了这样一个基金会的成立，使得离总公司最远地区的经销商店里的员工，只要有困难，TATA 必定二话不说，伸出援手。"人都躺在手术台上呢，你还这里核实那里盖章的，浪费了多少宝贵的抢救时间，生命才是最重要的。"吴晨曦要求申请基金援助不能有繁琐的程序。

"TATA 一家人"绝不仅仅只是一句口号而已。

特有的"小卖部"文化

在 TATA 的总公司设立了一个特殊的小卖部，之所以说这个小卖部特殊，是因为这个小卖部并无人看管，员工要什么拿什么，拿完之后自己自觉将钱放进抽屉。这样一个小卖部的存在，可以说是人与人之间的信任发展的缩影。它一方面是使大家方便，另一方面是使人们保有对 TATA 员工的一份尊重。"若周围的小卖部丢了点儿什么东西，肯定不会怀疑到我们公司来，你想想，我们的东西都摆着自己自觉付钱的，公司一点小小的付出，买到了这么多人对我们的尊重，值得呀！"吴晨曦鼓励这样的小卖部存在，将来有可能还会推广到各个工厂去，方便工人。

小卖部文化只是TATA诸多特殊的企业文化之一，"大道之行，天下为公"，这只是TATA人将TATA当做自己家的一个小小体现。

TATA一直观全局，将产品的环保、质量、消费者的满意度放在利润之前。

TATA 的社会责任与环保责任

在TATA看来，要承担起社会责任首先就是把自己做强，企业没发展就做不了任何事情。如先富带后富一样，把自己做强以后带动这个行业做强，同时还要把这个行业做得健康，反过来，行业健康了，企业自身才能有更多更好的发展机会。TATA可以说是木门行业首屈一指的榜样，"助推行业发展，成就自身前行"一直是TATA木门的发展方向，TATA老总吴晨曦经常挂在嘴边的一句话就是：行业好，企业才会好，所以他愿意多做有助于行业发展之事。"将企业责任、行业责任做好才能尽好社会责任，比方说企业不存在了，社会责任也不存在了。"吴晨曦实事求是地说。

有一个小故事。拿一个高腰玻璃瓶，拔去木塞，放两粒花生米进去，花生米自然落到瓶底，从玻璃外面可以看见。把玻璃瓶递给猴子，猴子接过，乱摇许久，偶然摇出花生米来，才能取食。此科学家又如前放进花生米，并且教它只需将瓶子倒转，花生米立刻出来。但是猴子总不理会他的指教，每次总是乱摇，很费力气而不能必得。猴子没能领受人的指教，原因很简单，猴子的眼里只有花生米，一心急切求食，就再无余暇来理解与学习了。TATA 深知一个企业最忌讳的就是只盯着利益，想要企业发展好，就要移转视线，必须静下心去，不为欲望冲动所蔽才行。"利润是企业再发展、再壮大的工具，但它绝对不是一个企业的集中目标。"吴晨曦在说完故事后补充道。因此 TATA 一直观全局，将产品的环保、质量、消费者的满意度放在利润之前。凭着这样的坚持，现如今，TATA 已经发展成为一个肩负起众多社会责任的良性企业，除了引领行业健康的方向发展，TATA 人还时刻关注弱势群体，多次同多家媒体合作，对贫困山村、失学儿童等方面做出积极的努力。

现如今 TATA 所拥有亚洲最大的现代化木门生产基地坐落于北京市通州区经济技术开发区，花园式工厂总占地面积达 200 亩，另外北京总部分设 12 个现代化工厂。2006 年亚洲最大的 5000 平方米 TATA 木门艺术展厅在北京十里河建成完工，引起行业轰动。它的创意布景灵动地展示了门的个性风采，成为中国最大的木门体验式展厅。截至 2011 年年底，TATA 木门在全国 500 多个城市设有店面 1000 多家，其中全国省市级城市覆盖率 98%，地县级城市覆盖率也达 60%，在全国形成了点对点的渠道销售网络。

传奇总不会让卓越的人得到平庸的结局，而奋斗会让一个优秀的企业愈发光芒万丈。相信在 2015 年，TATA 必定会缔造行业内新的传奇！

后记：

去年年底，《中国林业产业·诚信环保家居》一行 4 人去 TATA 总部对 TATA 木门董事长吴晨曦进行采访。采访之前便在网上了解过他的信息，知道已过不惑之年的他有帅气的外表、睿智的头脑。但第一眼见到他的时候还是很震惊，他显得这么年轻，活力四射，感觉就像一个二十几岁的小伙子。

采访开始前他很热情地和我们一一握手，并张罗起给我们沏茶，完全没有一点儿大企业家的架子。他身着蓝色亚麻衬衫，一条白色七分裤显得干净而休闲时尚。他说最近西装革履少了，多了些休闲范儿，"TATA 的员工都比较年轻，TATA 也一直坚持青春文化，所以我也必须年轻点儿啊！"办公室没有什么昂贵的摆设，书架上堆满的各式各样的书倒是很"高调"，看得出来，他平常很喜欢看书。

吴董坦诚自己近两年没有接受过媒体的采访，这让我们一行人受宠若惊，所以我们也很珍惜这次采访的机会。采访刚开始我们就被他儒雅的魅力、津津乐道的 TATA 文化所吸引。采访很轻松，没有固定的模式，没有严肃的氛围。吴董与我们分享了创业故事，回顾了 TATA 十五年的风雨历程。轻松不代表肤浅，深刻不一定要严肃。近五个小时的采访，没有中场休息，吴董的敬业精神让我感动。采访过后，我更加了解 TATA，我更加喜爱 TATA，我也明白了 TATA 能有今天的成就绝非偶然，背后是一群 TATA 人的艰辛付出。

可以看出吴董是一个积极乐观的人，在采访中，吴董回忆起小时候家里拮据的生活，说起 TATA 发展过程中的艰辛，依然面带微笑，没有抱怨，没有唉声叹气。痛苦有时是美好的，许多人就是在痛苦的洗礼中，完成了自己人生的蜕变。那是一个婴儿的胞衣，从那里他可以吸收真正的营养，或者说学会吸收真正的营养。等到痛苦过去时，他已经长大。小时候的艰难岁月磨砺出了吴董坚韧的性格，而 TATA 在发展当中所遇到的困难，也都经过睿智的 TATA 人的思考而成了财富，从而让 TATA 变得更加强大。

在吴董看来，TATA 的发展机遇是时代给予的，TATA 的发展材料是自然馈赠的，TATA 的发展之道是消费者铺开的。所以 TATA 一直怀着一颗感恩的心做木门，只做木门。我相信，懂得感恩的人，懂得感恩的企业必定会得到消费者，得到社会的丰厚回报。

原载 2015 年《中国环保家居》

新标家居以时尚、个性、艺术的家居体验满足新时代消费者的家居需求，为快节奏生活中的消费者打造专属空间，更将家装方案极尽简化；致力于成为中国集成家居定制行业最畅销品牌的愿景，新标专注产品，提升服务，让更多家庭享受门窗衣柜整体定制带来的品质生活。

黄东江：抢滩集成定制市场

近年来，定制家居还停留在单品牌、单类产品时代，如今，则正朝着多品牌融合、整体定制的方向发展，国内品牌林立的广东、江浙等发达地区是最早感知这一行业的发展趋势。卫浴、橱柜品牌较早涉猎整体家居领域，并取得了不俗的成效，引得不少家居建材企业纷纷向"整体家居"或"大家居"领域拓展。

跨界热潮也折射出了行业发展方向，见证了无数成功的微笑和暗淡离去的背影，行业资深人士不禁叹曰：泛家居不易，且跨且斟酌。

新标模式：深剖消费需求·门窗衣柜定制模式诞生

作为一家广东本土家居企业，新标家居走过十五年里程，见证并推动着家居业的发展，从最初的门企领头羊进军到门窗衣柜全屋集成化定制，并成功荣获"泛家居发展中企业500强"称号。早在泛家居模式初现之时，新标便开始布局整体定制战略，经过多年的沉淀与历练，于稳步前行中收获了自成一套的门窗衣柜定制体系。

新标家居董事长兼总经理黄东江先生认为，定制家居企业作为筑梦者，承载着为消费者构筑理想中的家的伟大使命，在单品类产品时代，消费者装修采购问题十分繁琐，家居整体风格的确定又更为复杂，想要拥有一个梦想中的家是一件不简单的事，将这一系列琐事连接起来的关键点就是产品、设计和风格；经过对消费市场的深入分析，黄东江先生毅然决定增加窗、整体衣柜两大类产品线，打开了国内新标门窗衣柜一体化定制的先河，逐步向整体大家居的方向去靠近。

集成定制不易·难点逐个突破

1. 集成不易做产品线过长。

理想状态下的集成定制家居，消费者于一个品牌可买到所需的全部家居产品，但是一个单一品牌想要实现是非常不易的，因此，如何进军泛家居又能保持企业原有的优势，就成为跨界企业首要思考的问题。如果一个企业既生产瓷砖，又生产卫浴产品，比如东鹏这样的企业，产品线够长，品类够多，做整体厨卫比较有优势。

2. 资金、专业管理人才、技术人才、决心。

新标家居前身新标门业，作为业内门品牌领头企业，凭借对铝型材的深厚理解，在建设窗以及阳光房产品线上拥有得天独厚的优势；虽然整体衣柜是新标从未涉及的全新品类，为了实现门窗衣柜整体配套定制，新标投入巨大财力和精力全力与赴构建起整体衣柜产品线。

对跨界泛家居，黄东江先生总结出几个关键点：专业管理人才、技术人才、资金和信念，在品类整合初期，新标面临着各界压力，但是就是这份信念让支撑着这个门窗衣柜整体定制模式突破层层困难，一路摸索前行，并被业界人士誉为"门窗衣柜一体化定制首创者"。

3. 扩厂房，增设备，添人力。

经过多年的准备，新标门窗衣柜整体定制已越发成熟，2014年将是新标承前启后的一年，筹备建设的现代化衣柜生产基地，已基本落成，技术人员翻番计划也已落实到位，新增两条德国进口豪迈生产线，新标下一个五年从这里开始，供向全国千千万万个家庭的全屋定制产品将从这诞生。

4. 衣柜软件开发。

硬件设备仅仅是物质上的优势，软实力则是新标新开发的衣柜设计软件，新标经销商可以利用设计软件，根据消费者的家居户型实现快速地设计、出图、报价、下单，并直接转到工厂的豪迈生产设备生产线进行生产，全套程序数字化完成，缩短货期、减少出错率，避免很多售后问题。

有了这套软件，轻松就能为每位消费者做全屋家居定制方案效果图，不仅帮助专卖店节约成本，让经销商省力省心，还能让消费者对自家的装修风格、效果有一个形象的感知，帮助促成订单。

5. 加强经销商培训，完善服务系统。

定制企业最讲究服务，新标的服务从售前就开始，包括产品研发到投放市场以及售后等系列工作。因此，对经销商进行技术培训乃重中之重，他们直接面对接触消费者，服务好坏成为企业的活广告，只有完全掌握产品的性能，具有专业素养的经销商才能更好地服务我们的每一位客户。目前新标家居更应该称得上是在经营一个整体技术，所有经销商和运营商对所有产品的技术掌握得越精湛，就更能为广大消费者提供完美的服务。

新标家居以时尚、个性、艺术的家居体验满足新时代消费者的家居需求，为快节奏生活中的消费者打造专属空间，更将家装方案极尽简化；致力于成为中国集成家居定制行业最畅销品牌的愿景，新标专注产品，提升服务，让更多家庭享受门窗衣柜整体定制带来的品质生活。

一扇门和一个家族的历史，一个品牌和它

所守护的幸福。

王跃斌：开启幸福之门

家是人一生情感的维系，门是捍卫家的第一道防线。

门的安全与否，关系到千家万户的安全和幸福。作为中国门业的领军企业，王力集团自1996年创办以来，始终不负客户的信任，坚持"质量为生命，用户为上帝"的经营理念，以"提供让客户感动的服务"为准则，通过十七年的不懈努力和经营，2014年王力品牌价值139.18亿，成为同行业唯一一家品牌价值超百亿的企业，是中国安防行业的典范。

在王力，质量就是生命，品牌就是价值。为了确保产品质量，王力集团实行责任追溯，首创防盗门身份证钢号管理制度，大大提高了产品的合格率和客户满意率。在产品的技术研发上，王力集团把"向科技要市场，向科技要质量，向科技要效益"作为重要的战略目标，加大研发经费投入，聘请国内外一流专家，组建了一支强有力的高新产品研发队伍，先后荣获390多项国家专利，并连续多年获得国家、浙江省专利示范企业荣誉。

购买过王力产品的消费者都知道，王力的商标是由"王"和"力"组合形成的泰山和一棵迎客松。董事长王跃斌解释说，"王"字代表的是王力产品的质量，"力"字象征着王力的品牌。只有产品的质量像山一样稳固，王力的品牌才能如松一样四时长青。

幸福的起始：创新驱动，品质为王

王力集团董事长王跃斌常说："万分之一的产品质量问题，对消费者来说，就是百分之百的不满意。"

为追溯每道工序的质量问题，王力集团从 1999 年开行业风气之先，首创防盗门身份证钢号管理制度。公司从接到订单开始，就编好了每樘门的号码，生产车间员工在每樘门的门扇和门框的固定位置上都打上防伪钢号，就像人的身份证一样，每樘门的防伪钢号都是唯一的。一旦门的质量发生问题，只要在公司输入钢化编号，就可以十分完整地查询到这扇门的各生产工序责任人及品质管控责任人，从而追究责任。

"有了这样有本有据、赏罚分明的奖惩系统，没有员工敢偷工减料，产品的质量自然提升了。"王跃斌说。据他介绍，在王力，产品质量是绩效考核的重要指标，如果员工生产的产品质量不合格，该员工的主管也要承担责任。正因为产品的质量跟每个员工的利益息息相关，所以对员工来说，提升产品品质从"要我做"变成"我要做"的事情。

科学的管理是企业发展的保障，但是要在防盗门行业这个竞争激烈的市场中立于不败之地，还必须依靠科技的创新。自王力创办以来，一直以引领行业潮流为目标，以"品质领先、功能第一、荣誉第一、品牌第一、销量第一、行业纳税第一"为蓝图，致力于技术的不断研发和持续创新。

这跟王力的历史是分不开的。王力在 1997 年下半年才涉足防盗门的生产领域，比盼盼等国内同行品牌整整晚了 10 余年，面对"三分天下"的格局，王力集团推出了"向科技要市场"的策略。为打破防盗门市场中机械锁具一统天下的格局，王力果断筹集数十万元的资金，进行防盗门全自动锁具的研发，并最终于 1998 年初开发出了"全功能多向自动锁"，向国家申请了专利。

"在王力，我最重视的就是研发。我们的目标是引领世界门锁行业的潮流。为什么我敢这么说，就是因为我们有一支强大的研发队伍。没有核心技术，一切都是空话。"王跃斌如是说。

为了避免同质化竞争，王力集团致力于技术创新，提升产品的功能，把"向科技要市场，向科技要质量，向科技要效益"作为王力重要的战略目标。为了建设一支强有力的科研队伍，王力不惜重金聘请国内外的资深专家，每年都要投入几千万元用于新技术新产品的研发。

目前，王力集团各类科技人员的数量已经达到 480 余人，先后荣获 390 多项国家专利，并连续多年获得国家、浙江省专利示范企业荣誉。

幸福的维系：诚信于心，服务于行

门是捍卫家的第一道防线，关系到千家万户的安全和幸福。对王力集团来说，消费者选择王力，就是对王力的一种信任，是把自己家的安全和幸福托付到王力的手上。作为回报，王力当然要秉持诚信经营的原则，生产让老百姓放心、实用的产品。

可以说，王力集团之所以能够到达今天"中国门业领军企业"的行业高度，很大程度得益于这一路走来与诚信相伴。关于诚信二字，王跃斌董事长可以说有切身的体会："对于诚信，我的理解是，不诚信等于自己卖自己。为什么这么说？你做生意，可能骗到别人一两次，但是能一直骗下去吗？短期来看，你觉得自己占到了便宜，但是你的名声臭掉了。所以我说，愚者以为骗别人，智者知道害自己，就是这个道理。"

王力集团还是把消费者的利益放在企业效益之前的企业，如何为消费者提供更好的产品，提供更舒心的服务，一直是王力一以贯之的命题。早在2003 年，商务部在全国开展的名优产品售后服务先进单位评选活动中，王力就荣获了"全国名优产品服务先进单位"。

"在王力，客户满意只是做了该做的事情，我们的目标是让客户感动。"王跃斌如此阐释服务的内涵。从 1996 年创业至今，王力从小到大、从弱到强，但是尊重用户的观念始终不变，"用户永远是上帝"的理念得到了不断巩固和发展。为此，王力建立了包含售前、售中、售后三位一体的星级服务体系。

售前服务，真实地介绍产品特性和功能，通过耐心地讲解和演示，为顾客答疑解惑，便于客户进行有效的比较和选择。售中服务，有条件的地方实行"无搬动服务"，向购买王力产品的用户提供送货上门、安装到位、现场调试、月内回访等项服务。售后服务，通过 DRP 管理等先进手段与用户保持紧密联系，出现问题及时解决，以百分之百的热情弥补工作中可能存在的万分之一失误。

为了保证星级服务的全面落实，王力还提出了服务的"一、二、三模式"，即一个结果——服务圆满；二个理念——带走用户的烦恼，留下王力的真诚；三个不漏——一个不漏地记录用户反映的问题，一个不漏地处理用户反映的问题，一个不漏地将处理结果反馈到设计、生产和经营部门。

根据不断变化的用户需求，王力也在不断地调整自己的服务内容。依靠良好的客户体验和贴心的服务，王力最终赢得了市场，赢得了客户。

幸福的共享：富而思源，义行天下

跟大多数白手起家的浙商一样，王跃斌在创办王力集团之初，也经过没有钱、没有人才、没有技术的艰难岁月。从当年一个乡镇小厂，发展到如今中国门业一流品牌，这十七年走来，王力的成功离不开消费者的信任，也离不开社会各界的支持。

因此，王力集团始终怀着感恩之心，用董事长王跃斌的话来说，就是"王力的财富来源于社会，理应回报社会"。无论是"非典"时期还是汶川地震期间，都能看到王力集团作为行业领军企业的担当和身影，至今累计向社会公益事业投入数千万元。近年来，王力集团积极赞助永康新农村建设和中国体育事业，2014年10月份在杭州启动"安防进社区·平安你我他"公益活动，为社区的平安献策献力。

因"引领世界门锁行业潮流"的企业使命，王力集团不仅在公益上积极投入，在环保领域更是奋勇争先。在王跃斌看来，一个企业如果对环境有危害，是没有存在价值的。2011年，王力集团投入2亿多元，在能诚门锁业建成年产60万樘防盗门、钢木门的生产线，采用纳米无磷皮膜工艺替代传统磷化、钝化工序，不含磷酸盐、铬酸盐、镍、挥发性有机成分等污染物，无沉渣，且可重复使用，实现循环水回用零排放。

该工艺简化了前处理流程，且生产用水封闭处理后循环使用，循环利用率超过95%，年节水1.2万吨以上；传统磷化工序需要锅炉加温，新工艺在常温下进行，可节能90%；新工艺中脱脂、水洗、皮膜与烘干都在一个喷洒房里进行，简化了表面处理和钝化封闭两个流程，产量可提高80%，人工减少60%。

王跃斌说："你想让别人尊敬你，凭什么？在这个社会，有钱不一定能受人尊敬了，因为暴发户有很多。你要受人尊敬，做的事情必须要有益于社会。对王力来说，王力这个品牌能让多少人更幸福、更快乐，这是王力的价值。"

《孟子·公孙丑下》云："得道者多助，失道者寡助。寡助之至，亲戚畔之；多助之至，天下顺之。"或许如王力的商标所预示的那样，因为十七年来王力的品质始终如山一样稳固，得到了消费者、经销商、地方政府等各方面的支持，所以王力的品牌才能像松柏一样四时常青。

天华木业集团创立于 1995 年，是引领中国整体家居消费潮流的，集科、工、贸为一体的现代化家居建材企业，是国内首家木门、实木门、定制衣柜产品多线自主生产的大型木业企业，在中国家居业内实力遥遥领先。天华木业集团全面引进欧美先进生产设备，技术力量雄厚，集团精英设计团队致力于为用户营造环保、高贵、典雅、舒适的居家生活环境。

刘富鑫：展做木门之志，添木门界之华

    天华木业集团创立于 1995 年，是引领中国整体家居消费潮流的，集科、工、贸为一体的现代化家居建材企业，是国内首家木门、实木门、定制衣柜产品多线自主生产的大型木业企业，在中国家居业内实力遥遥领先。天华木业集团全面引进欧美先进生产设备，技术力量雄厚，集团精英设计团队致力于为用户营造环保、高贵、典雅、舒适的居家生活环境。历经近 20 年的跨越式发展，天华木业集团已经成长为中国门业、整体家居行业极具影响力的企业之一，并荣膺"中国木门领军品牌"，"中国木门制造企业十强"、"中国木门十大品牌"、"第十二届全运会木门产品供应商"、"中国衣柜十大品牌"等殊荣。

    迄今为止，天华木业集团旗下产品已遍布国内 32 个省市、自治区、港澳及台湾等地区，并广受赞誉；同时，由天华木业集团国际营销中心主导的全球业务，已和世界多个国家的客商建立了良好的合作关系，产品已出口至世界 14 个国家和地区，备受世界各国消费者青睐。

"净味到底，回归生态"，做环保木门领导者

    在当下低碳环保理念盛行的市场大环境中，木门和定制家具行业正悄然

发生着变革。绿色、环保、低碳、净味将成为木门、定制家具主旋律，各木门企业正在努力践行行业责任，加大研发和推广环保型、功能型产品的力度。油漆涂料作为木门和定制家具行业重要原辅料，其质量直接影响着产品的低碳环保水平。

木门尤其是实木门涂装如何做到真正环保？如何能在环保涂装过程中完美表达实木材质的自然属性？如何在涂装过程与使用过程中真正做到净味？怎样使环保涂装既环保又不增加制造成本？这些困扰行业的技术难题，展志天华通过不断求索和反复实验，用雄厚的技术实力一举攻破。找到了产品制造与环保涂装的最佳配置和解决方案。让消费者使用上真正意义上的环保木门和定制家具是展志天华孜孜不倦的致力追求，通过不懈地产品工艺创新以及试用大量的涂装效果实践，2014 年 8 月展志天华终于将成熟的环保净味产品正式推向市场。

众所周知，劣质涂料油漆中含大量的苯、TDI 等有毒物质，吸入或摄入过多的苯、TDI，将严重影响人体的健康，会导致皮肤过敏、头痛、咽喉痛、乏力等，严重的会引起过敏性哮喘、肺炎甚至致癌。展志天华选用的全能型水性健康涂装材料，全新的净味配方技术，将最佳质量的原材料与世界领先的工艺方法组合，大大降低油漆中的挥发性气味，产品中不含纯苯、甲苯、二甲苯、醛类等有毒物质，世界领先的工艺方法将游离 TDI 含量降到超低，远优于中国国家规定标准，有效实现健康家居。展志天华实木门和实木定制家具系列产品，除全面采用净味涂装技术之外，更在净味之上，让实木肌理效果完美表达，外观更美观更亮丽，也使木门、家具不再受气候与干湿变化影响，起到保护养护木门、家具的作用，实属叹为观止。展志天华选用的全能型水性健康涂装材料，还在涂装施工过程中也把气味降至最低，让木门、家具产品附加值大幅度提升的同时，也实现了企业对员工的关爱。

文化与创新并行，坚持"让客户舒服"

随着人们生活水平提高，在选购产品时，除了质量，现在消费者更看重的是购物体验。具有广泛影响力的品牌，必然是能够给客户带来良好购物体验的。2014年，展志天华木门将企业文化发展与创新营销方式相结合，加强服务渠道建设，提升客户的购门体验，让他们找到"舒服"的感觉。

一个知名品牌的成功，必然有良好的企业文化支撑，消费者对家居生活品质越来越重视，消费需求随之升级，文化营销正好满足了消费者的高层次心理需求。展志天华木门在夯实产品的基础上，踏踏实实赋予品牌更丰富的文化内涵，在客户心中形成了深刻印象，建立了良好的产品口碑。

2014年，展志天华木门全新推出的"女神开门"系列活动，以展志天华"为梦想而改变"的品牌文化核心理念为指导，传播关注家庭幸福，追求美好人生的正能量内容，让快乐走进每个"家门"。桃李不言，下自成蹊，正能量的企业文化让客户舒服。

微信的首要功能是沟通，除了推送与家庭生活有关的正能量内容之外，展志天华木门微信公众平台组织了丰富多彩的互动活动，以朋友的角度为客户服务，增进了跟粉丝的感情，让客户玩得开心，从而坚定了受众的品牌忠诚度。2014年，展志天华木门还将进一步开发探索，让微信成为客户随时都能联系上的"客服"，为用户创造价值，用精细化的服务，获取用户满意度和口碑。微信平台，服务为本，展志天华是客户的"微信好友"。木门企业想借助微信公众平台打造自己的品牌，就应该有创新意识，通过更好的服务提升品牌形象，增强品牌认知度和美誉度。

"声学"加厚木门，与世界静距离

展志天华精研木门20年，始终以"将心比心，厚道做门"的天华门德鞭策自己。2014年7月展志天华独创研发的"38分贝声学加厚木门"造门新理念首次公开，重磅推出木门的最佳厚度——45毫米黄金厚度木门。45毫米何以被称之为最佳厚度，这是展志天华基于在测量、实验、实践的基础上得出来的结论，木门厚度在45毫米的时候，既能够节约木材、又能够保温、隔音、达到最佳的耐用效果,使木门制造在成本和功能方面和谐统一达到最完美匹配。

人类祖先在穴居时代就产生了家居意识，也就产生了门。如今门在家居生活中的功能不再是"为避禽兽，以待风雨"，简单的内外空间分隔的标志，更代表了家居文化和生活品位、是家庭必不可缺的忠实守卫。尤其是在科技日新月异的今天，人们的消费水平和消费理念都在不断提升，在家居生活中，人们对于木门产品，不再只关心价格，而是更注重品质、设计、环保、静音和隐私安全等综合因素，加厚木门就是近来由于市场需求应运而生的。展志天华加厚木门比国家木门标准的40MM厚度整整提高了5MM。不能小觑这5MM的厚度提升，它比普通厚度木门带来5项重大升级：首先，它代表了未来木门的发展趋势，品位更高工艺更好；第二，它使门体结构更稳定，抗变形能力增强，耐用稳定性提升了50%以上；第三，它密闭效果更好、隔音效果最高达到38分贝以下，比普通木门隔音效果提升了近35%以上，能够更好保护用户的静谧空间；第四，密闭性强，保温节能效果也更好；第五，在外观体感上加厚木门也更加稳重，安全性强。展志天华木门"38分贝声学加厚木门"作为独树一帜的产品理念，等于重新定义了中国木门新标准。

展志天华自1995年成立以来，精研家居建材市场需求和动态，一直致力于制造技术的创新研发。1995 年至 2015 年，展志天华与中国环保家居同步风雨 20 年。20 年，于历史的长河中实属沧海一粟，但却贯穿环保家居使的始末。新的篇章开启，展志天华将继续坚持环保，不断推出环保、耐用、新颖的产品，为消费者营造更加环保舒适的健康环境。

诚信是金，沟通是桥。金桥地板集团正是带着这恒久不变的承诺，以绿色环保、创新发展为己任，开创了中国实木复合地板的历史，成为最早获得欧盟 CE 认证的中国地板企业，并连续五年，被甄选为北京人民大会堂地板。金桥地板不仅是中国地板的骄傲，更是全球客户信赖的品牌。

陈志：携绿色之梦，筑世界金桥

吉林森工金桥地板集团隶属中国吉林森工集团，是首批国家林业重点龙头企业，国内首家专业地板集团企业，亚洲生产规模最大、综合实力最强的三层实木复合地板生产企业之一。拥有一座占地面积 18 万平方米的三层实木复合地板工业园和七家专业地板工厂，年产能 600 万平方米，资产总值 22 亿元。现已形成"金桥"地板、"北欧格林"木屋和"金露"橱柜及板式家具三大品牌产品系列，产品畅销全球 35 个国家和地区，深受客户信赖，是具有行业创新力和领导力的优势品牌之一。

创新，腾飞梦想

20 世纪 90 年代初，身处长白山腹地的金桥地板集团，以大山一般的质朴胸怀和产业报国梦想，着眼世界，着眼未来。谈起中国地板，行内人会介绍说："要了解中国三层实木复合地板的历史，就看金桥地板。"22 年前，以技术、产品创新为先行力的金桥地板，开始腾飞梦想，成为了中国实木复合地板诞生的摇篮，从第一家引进德国豪迈三层实木复合地板生产线，第一块三层实木复合地板从金桥地板下线，金桥地板集团作为中国实木复合地板的先行者和拓荒者，开创了中国地板行业新的发展时代，"金桥"地板的绿色之梦终于插上了翅膀，飞出大山，飞出国门，飞向了世界。

创新是一种精神，一种能力，更是可持续发展的一种动力。20 多年来，金桥地板集团作为国家实木复合地板的国标起草单位之一，时刻将产品研发与技术创新放在首位，并与中国林科院木材工业研究所联合成立研发中心，以保证产品技术始终处于行业领先地位。截至目前，金桥地板集团已获得技术和产品专利 24 项，一项吉林省优秀新产品，并已顺利通过国家林业局"全国林业知识产权试点单位"的审核，2014 年荣获了"中国地板行业环保创新奖"，并被国家林业局授予首批"国家林业重点龙头企业"。

2010 年，"金桥"地板作为中国地板的骄傲，力拔头筹，被甄选为北京人民大会堂宴会厅地板，再次彰显了金桥地板集团的卓越品质与创新实力。仅仅 100 天的时间，金桥地板集团就以强大的自主创新能力，攻难克艰，不辱使命，顺利完成了地板铺装任务。共安装地板 73 万块，将 7320 平方米人民大会堂宴会厅地面改造一新，赢得了人民大会堂专家组"中国最好，世界一流的"的美誉，被上海大世界基尼斯总部评为"中国单间室内铺装木地板面积之最"，同时还荣获中国林产工业协会授予"中国林业产业科技创新奖"，中国木材流通协会授予"优秀工程奖"。

环保，让绿永恒

根系长白，韵自松水。每一块金桥地板都浸透着金桥人对森林的无限热爱，浸透着对人与自然和谐共生的美好愿想。金桥人已经将绿色环保理念，深深融入并浸透在企业发展的血脉当中。2006 年，金桥地板集团成为了中国木地板行业最早获得欧盟 CE 认证企业，并先后通过了质量、环境体系认证、FSC 森林认证（是国内首家完整产业链通过 FSC/COC 认证企业）、美国 CARB 认证、德国 DIBT 认证及日本大臣认证等。2010 年金桥地板集团被吉林省商务厅确定为省级金桥地板出口加工基地；2011 年通过了中国国家质检总局审核，获得了地板出口免验资格，金桥地板集团也当之无愧地成为了国内三层实木复合地板出口创汇最多企业。

如今，站在投资 4.78 亿元，占地面积 18 万平方米的金桥地板集团工业园里，你看到的不仅是被绿色环绕的亚洲规模屈指可数的现代化地板单体工厂，映入眼帘的还有世界一流的地板生产设备和生产线：国内首条引进的世界最先进的日本安田自动化无醛地板生产线，最先进的德国贝高地板油漆线，十七孔意大利纳迪干燥窑等，还有国内首条引进的德国木结构房屋生产线，以及德国橱柜生产线。作为最早获得木地板行业"国家免检"产品企业，吉林省最早获得"出口免验"的木地板集团企业，金桥地板集团依托母公司中国吉林森工集团丰富资源优势，率先完成了绿色产品产业链的整合，从无醛地板、橱柜、板式家具到木结构住宅全系列绿色家居产品的一站式服务与解决方案，让金桥地板集团再次引领了中国"绿色大家居"时代的风潮。

品质，基业长青

20 余载，"金桥"地板已畅销世界 35 个国家和地区，国内营销网络遍布 28 个省市地区，并与多家知名地产商建立战略合作伙伴关系，形成了国际与国内市场并重发展的良好局面。

良好的企业信誉，全球客户的信赖，都源于"金桥"地板品牌矢志不渝的卓越追求，从产品到服务，从"五优"到"无忧"，以"客户为中心"的绿色文化与品质化管理贯穿了企业经营发展始终，也让金桥地板集团连续斩获殊荣。2010年至今，"金桥"地板以卓越的品质，连续五年圆满完成了北京人民大会堂宴会厅、万人大礼堂主席台、分组会议室、新常委会会议厅、天津厅等地板铺装任务，见证了祖国六十华诞，也见证了党的十八大胜利召开。

"诚信是金，沟通是桥"这是金桥地板集团的座右铭，更是"金桥"地板基业长青的信誉保证。五年来，金桥地板集团先后被中国木材流通协会评为"诚信出口企业"，被国家质检总局评为"出入境检验检疫信用管理AA级企业"，被吉林省信用评价认证中心评为"AAA级信用企业"，被吉林省政府评为"吉林省质量奖"，同时还先后获得了"中国地板十佳品牌"，"中国装饰建筑材料百强企业"；"全国木地板行业产品质量和售后服务双承诺单位"，"中国质量诚信企业"等多项荣誉称号。

追求，永无止境

大浪淘沙，方显英雄本色。2008年以来，即使经历了金融危机、欧债危机以及连续的汇兑损失等不利因素影响，金桥地板集团仍然实现了稳步健康发展，但金桥地板集团追求卓越的脚步始终没有停歇，为了不断提高企业在全球化市场中的竞争优势，金桥地板集团积极进行战略调整，坚持以深化企业改革为动力，以"产业结构优化、产品结构科学、产品市场结构合理"为发展方向，通过加快产品、产业、市场结构调整，加快产品创新和品牌建设步伐，优化企业管理机制，企业经济效益出现了较快增长，2014年前三个季度企业营业收入较去年同期增长25%，实木复合地板产销量较去年同期增长20%，企业各项经营指标较去年同期有了大幅提升。2014年10月23日金桥地板集团再获殊荣，荣获了中国木材与木制品流通协会颁发的"中国地板行业成就大奖"。

携绿色之梦，筑世界金桥。展望未来，金桥地板集团将不辱历史使命，继续奉行"诚信、创新、合作、共赢"的经营宗旨和"服务于客户、奉献于社会、激励与员工"的经营方针，倡导低碳环保理念，提高自主创新能力，加快产业升级步伐，并向着结构优化、管理科学、效益显著、具有国际竞争力的世界一流企业目标迈进！

原载 2015 年《中国环保家居》

原木整装不仅有保值功能，同时能给家居环境带来温润的"木香"，它体现自然的纹理，多变的形态。其集自然精华于一身，真实展现原木家具的独特品位与个性，给人们打造健康环保的生活环境。

杜延金：打造原生态的绿色环保家居珍品

逝者如斯，随着美好新年的到来，成立于 1996 年的豪利集团已栉风沐雨走过了 18 个春秋。经过近几年的飞速发展，具备了雄厚的生产实力，集团拥有五大生产基地，分别坐落在深圳、东莞、重庆、江苏，总占地面积 200 余亩，正式员工 2000 多名，年产值超过 5 亿。基地各生产线均配备国际先进木工设备，从意大利引进全套成熟的原木制品工艺技术，充分保障了产品质量、加工精度、生产效率及环保的天然性，为全国经销商提供强有力的支持与点对点的服务。公司自成立以来就一直以健康环保的理念给人们创造绿色环保的生活家居，经过十余年的发展与沉淀，如今豪利已成长为一家集原木定制家具、原木门、原木楼梯、原木套房家具、原木橱柜、原木浴室柜、原木墙板、原木吊顶等原木家居产品为一体的集团化企业。

以"原木"诠释环保

豪利集团专注于研发与制造高端住宅整体空间的木制品专业定制系统，原木整体家装用材天然环保，零甲醛且提供的是全方位、一站式服务，全套成熟的原木制品工艺技术，通过定制化设计，为消费者营造舒适、个性化的绿色环保居室空间。

豪利原木整体家居有着它独特的特性及优势，其主要特性在于美观自然、环保性、耐用性、天然芬芳四大优势。原木家居产品选材取自纯天然珍贵木材，从源头上杜绝了污染；然后再经过大师的精心设计、工匠的纯手工打造而成，品质有保证，一问世就受到了消费者的追捧。豪利原木整体家居之所以在市场上成为焦点，与它具有一些不可替代的优势不无关系。

美观自然：木材是天然的，其年轮纹理往往给人一种回归自然，返璞归真的感觉，无论质感与美感都是独一无二的，这是其他家装产品无论如何所不能达到的品质。

环保性：由于其取自于天然木材，没有放射性，不含甲醛，对人体没有任何危害。只要是正规厂商生产的产品，大家基本上不用考虑环保性，这一特点也正是很多家庭看重整木家装的原因。

耐用性：整木由整块木料加工而成，现在市场上的整木家装厚度统一，相对的厚度确保了它的耐磨性。直到现在，不少老房子的整木家装依然结实耐用，就是很好的例证。

天然芬芳：有些名贵木材散发出天然的芬芳，仿佛回到大自然中，令劳累后的您心旷神怡。并且这种芳香并不因使用时间而消散，能持久散发。

原木整装有保值功能，同时能给家居环境带来温润的"木香"，因而颇受中高档消费者欢迎。它的优点是体现自然的纹理，多变的形态，家居产品表面一般都能看到木材美丽的木纹。原木家居产品原材料来自于自然，集自然精华于一身，真实展现原木家居产品的独特品位与个性，给人们打造健康的生活环境。

凭经验授消费者以鱼

在 21 世纪的中国，原木整体家装绿色环保深入人心，成为人们生活上的拥趸。家居产品对于健康的影响不容小觑，环保成为消费者购买产品时重要的考虑因素，绿色消费风潮也推动了环保家居的发展。豪利集团在十多年的探索与思考中不断总结，明白在未来家居业的发展中，绿色环保依然是主旋律。

家庭装修必须营造一个绿色环保的室内环境，做到无污染、无公害，有助于人们的身体健康，绿色环保家居产品是指那些立足于生态产业的基础上，合理开发、利用自然材料生产出来的能够满足使用者特定需求，有益于使用者健康，并且具有极高文化底蕴和科技含量的家居产品。其中包含几层含义：

一是家居产品本身无污染、无毒害；

二是要具有较高艺术内涵和审美功能，与室内设计相呼应，创造一个和谐优美的居家办公环境；

三是便于回收、处理、再利用，当家居产品不再使用进行处理时，不会对环境造成污染。

甲醛是室内空气的主要污染物

目前个别家居产品生产商为降低成本，选用非环保材料，需大量使用毒性高的甲醛为原料制造的胶粘剂，在加工中存在板材封边不严，释放出有害气体甲醛，由于胶粘剂中的甲醛释放期很长，一般长达 15 年，导致甲醛成为室内空气中的主要污染物。

家居产品的环保不容忽视

家居产品的环保，甲醛是主要污染物，但家居装修的环保也不容忽视，消费者在选择环保家装时，也要注意家居产品是否环保。最好选择专业的家居大卖场，选择知名的品牌，购买时还要注意家居的相关环保和质量标识等，以及装修中的环保意识。

如何才能保证装修中的环保

从装修流程的第一步开始，从"事前、事中、事后"三个环节进行污染预防，形成一套完整全面的家装环保防护体系，从而让居室环境更加环保。

用行动授消费者以渔

环保家装随着近年来各种因装修污染导致的健康问题屡屡发生，设计方案不满意可以修改，工程质量不合格通过验收同样可以返工，但是环保如果不达标则会对居住者的健康产生无形的危害。豪利凭借多年为消费者服务的经验得知家庭装修中的污染主要来源于三个方面：一是装修材料不达标，二是施工中材料的不科学或过度的使用，以及不规范的施工现场；而第三点大部分消费者都会忽视，那就是装修后家用电器与家居产品配饰等产生的污染。那么，如何才能保证装修中的环保呢？

设计：家庭装修设计要简洁、实用，应尽可能少使用人造板材，如细木工板（也叫大芯板）中甲醛含量非常高，设计中就要尽量减少用细木工板做基材的造型、家居产品等。设计时还要充分考虑室内的空气流通，因为像正规厂家生产的油漆、乳胶漆中的甲醛，只要通过一定时间的通风释放，其含量都会降到规定标准以下，而如果居室设计封闭，通风不畅，就不利于有害物质的排出。

选材：要严格选用安全环保型材料，如选用不含甲醛的胶粘剂、细木工板和饰面板等，都可以减少污染。选材时一定要注意看是否有环保产品的绿色标志，尽量选刺激性气味小的材料。一定要向商家索取产品的检测报告，看它是否通过国家专业机构的检验，要尽量选用名优及享有一定市场信誉的产品。

施工：要选用无毒、少毒、无污染、少污染的施工工艺。有的厂家工艺还停留在很低的水平，像粘胶、刷漆等，本身就很容易造成污染；已被国家建设部列为淘汰建材，禁止使用。另外，施工工艺的不规范，也使室内污染大大增加。因此，应选择正规的装饰公司施工，确保施工过程中绿色、安全。

在室内多放置一点绿色植物，净化空气，美化环境，也是一种有效的方法。

靠人才、技术谋发展

豪利的品牌地位之高在国内不言而喻，如今更是加快了迈向国际化的步伐，真正实现了与国际接轨，为整个行业设计水平的提高注入了新的活力。2013 年，豪利携手新加坡设计名师 Peter 开启新的发展之路。曾在意大利深造多年的新加坡设计名师 Peter，率领其工作室全部人员"入编"豪利，为本土高端业主演绎意式家居设计精髓。Peter 及其团队集体"入编"豪利后，这些流淌在他们血液里的灵感与文化，将在为豪利顾客的设计中得到延续：不做复制品，每个业主都有自己的性格，整装设计也要打磨出这种个性差异；设计以人为本，满足使用者的实际需要，同时又不放过每一处可以张扬的视觉冲击，实现舒适功能与整装艺术完美结合；尊重东方人生活习惯，同时又做出引领和设置，营造强烈的仪式感和尊崇感，传递意式生活的古典优雅，真正与欧洲高品质生活接轨。豪利通过引进 Peter 设计工作室的成员，作为集团旗下的核心设计团队，其服务水平将全盘"西化"，打造真正意义上的国际化服务团队，承揽世界各国大型整装项目和中国本土高端家装业务。

为了使产品充分保持原材料天然、环保的特性，豪利集团还引入了世界上最先进的德国贝高生产线，以高科技保证资源的充分利用。除了生产设备的先进技术，豪利集团聘请了在整木生产界工作多年，经验丰富的雕刻师傅，精通各种手工艺雕刻，工艺精湛，纹理细腻，精美绝伦。团结协作的员工，每一位工人都是工艺品的创造者，在细节之处，更是精益求精，无论是漆还是胶，所有配料都保证绝对零甲醛，保护了原木的天然与健康。从建筑构造到室内陈设都具有强烈的延续性与贯通感。被现代分工强行割裂的家居审美，可以在原木上得到至臻的修复，突破现代定制家居的局限，还原一种至尊的私享个性定制，打造原生态的绿色环保家居臻品，使豪利原木定制家居给每一位客户最满意的效果。

现今，豪利的品牌影响日益扩大，在市场上获得了合作伙伴、经销商与消费者的高度认可与良好口碑。目前在国内100多个城市已开设200余家品牌旗舰店，旗下产品以设计新颖、原材优质、做工精细闻名业界，在全国各地的高档住宅区、别墅区及各种商业空间内得到了广泛应用，已完成大型工程项目上千项。在满足国内市场需求的同时，豪利产品已走出国门远销马来西亚、澳大利亚、俄罗斯、新加坡、加拿大、美国、英国、法国、迪拜等50多个国家。豪利正朝着"铸造国际整木家居顶级品牌"这一崇高目标一步步迈近。

一个行业，必须有产品，而产品一定要有销路——市场。市场由萌芽→培育→拓展→发展→国内→国际→创新到发扬光大，如日中天、经久不衰。

高志华：中国地板行业发展史上之"最"

20 多年前，一个咿呀学步的幼儿迈着稚嫩的脚步蹒跚地向我们走来。如今她已长大成人，她就是我们的中国地板行业。让我们回顾这段并未远去的过往，看看这些清晰的脚印，并将之载入史册。

一个行业，必须有产品，而产品一定要有销路——市场。市场由萌芽→培育→拓展→发展→国内→国际→创新到发扬光大，如日中天、经久不衰。

地板行业快速发展史也是如此！小小木地板，勇创大市场！但道路从来都是曲折崎岖的，必然会有同路人半途倒下。而这期间，绝大多数地板企业家受到挫折，磨难，甚至跌倒，又爬起来继续前进。

● 鉴于我国是缺林国家，为了生态平衡，资源可持续利用，最早于 20 世纪 60 年代国家部委下文禁止民用住宅铺装木质地板。

● 1983 年上海凤城路的地板市场是我国最早形成的第一个地板市场，东西长 400 米，售卖采用编织袋装。商户沿街叫卖，后店皆平房。

证明人：邬健康、高志华、周福沪、钱芳萍。

● 北京最早销售木地板的是 1985 年北京林业大学京伊林业新技术公司，然后才出现西直门外、西四、东土城地板市场。

证明人：王桂兰。

● 木地板由素板演变到漆板，最早采用 UV 光固化淋漆地板的是 1991 年在深圳使用台湾设备生产。

证明人：曾志文、袁树添。

● 1992 年从深圳进口的瑞典"康树"地板，是最早进入中国的三层实木复合地板。

● 中国最早开始生产三层实木复合木地板是在 1994 年；山东青岛海洋局下属的地板企业生产的"达木"牌是我国第一家三层实木复合地板生产厂。

● 最早通过外商投资设计装饰工程进入中国的是 1984 年美国"阿姆斯壮"地板，铺入北京长城饭店。该建筑后来被评为"八十年代北京市十大建筑"。

● 最早进入中国市场的进口强化地板是瑞典"柏丽"，1992 年从香港进口到深圳。

● 国内最早生产强化地板是上海"汇丽"，时间是 1995 年。

● 中国最早进口的多层实木复合地板是日本"东洋"牌。

证明人：刘佩敏。

● 国产多层实木复合地板最早是 1993 年大福集团出产的"福满地"。

证明人：张雨生、刘清枝、杨美琪。

● 国产竹地板最早出现在 1993 年 3 月的安徽。台商吴武田与当地合资生产了"明信"牌竹地板。

证明人：李思久、卢伟光。

● 最早国产软木地板是由 1995 年西安林化厂生产的"骊山"牌软木地板。

证明人：李大年。

● 第一本木地板专著是 1999 年《中国木地板大全》。王娅苏主编，高志华供稿。

● 发行量最大木地板专著为 2000 年《中国木地板实用指南》。彭鸿斌主编，高志华、杨美鑫供稿。

● 第一本强化地板专著为 2002 年《中国强化地板实用指南》。苏克主编，高志华、杨美鑫供稿。

● 第一本实木地板专著为2003年《中国实木地板实用指南》。孟荣富主编，高志华、杨美鑫供稿。

● 第一本针对经销商培训用教材为2008年《中国木地板300问》。荣慧主编。

● 第一本对针对地暖地板专著2013年《中国地暖地板》。荣慧主编,高志华、杨美鑫供稿。

● 最早专为地板行业指导、公告"中国市场常见木地板树种规范化商用名"于1999年，共66个材种，到2001年扩大到128个材种。

证明人：刘鹏。

● 中国最早的木地板国家标准是GB/T15036《木地板块》1993年审定，1994年执行。

● 最早在中央电视台"木地板消费知识普及"是1992年CCTV-1《为您服务》栏目，张悦主持，高志华主讲。

● 全国3.15消费者权益保护日"欧典"地板首次被曝光于2006年3.15晚会。

● 地板率先在建材行业中夺得央视广告标王是在2005年11月18日，"德尔"地板以1.08亿元成功夺标。

证明人：杨志明。

● 最早地板企业间发生地板营销纠纷，是号称20世纪的商界大战——"狮象之争"。最终于1997年付诸司法程序，由"圣象"、"汇丽"、"吉象"状告"森林王"，索赔分别为：400万元、250万元、500万元。北京林业大学高志华教授以专家身份出庭作证，庭审时上海电视台现场直播。最终上海市高等人民法院判决：被告向原告公开赔礼道歉；被告向原告赔偿经济损失费、律师费、调查费共计12.5万元。

● 1988年3月11日，中国林产工业协会正式成立。全国著名地板企业家：

彭鸿斌、刘绍喜、刘于文、涂季冰、卢伟光、刘润、管建华等人纷纷要求尽快成立行业协会。经林产工业协会会长朱元鼎、秘书长胡祖荣的努力协商，决定成立二级协会。

● 自 1999 年春季开始的，以万耀企龙董事长仲刚为首的"中国国际地面材料展览会"经营超 15 年。现已成为世界最大的地板展会，地板展览面积最大，超过了业界闻名的德国汉诺威，美国拉斯维加斯地板展。

● 自 2006 年起，中国已成为全世界地板大国，表现在生产销售量最大，品类花色最多，外资企业渗入、民族地板企业骤然增加。

● 2006 年成立了 3 个地板之都，按次序是：中国竹地板之都——浙江安吉，中国强化地板之都——江苏常州横林，中国实木地板之都——浙江南浔，2008 年成立了中国实木复合地板之都——浙江嘉善。

证明人：高志华、陈永兴、吕斌、沈鸣生、蒋雪林、胡明浩。

● 经过 3 年的研发，地板营销现代化手段——中国最早《地板电脑导购指南》触摸屏于 2006 年出现在建材市场。

证明人：佘学彬、徐六峰、张晓强、徐衡。

● 自 2003 年开始连续 8 年，全国 30 家率先在行业内集体每年捐献 50 万元用于"取于自然，还于自然"公益植树造林，是我国协会倡导下时间最早、最长、反响极大的公益活动。这也使得中国地板企业家纷纷在各种自然灾害、生态环境保护中做出贡献。如：2008 年春季雨雪灾害，四川汶川大地震等。

证明人：佘学彬、刘硕真、荣慧、徐衡。

● 中国地板行业对濒危动物保护做出贡献第一人——荣慧。他在可可西里生态自然保护区对珍稀动物藏羚羊保护做出贡献。身为地板企业家，从地板微薄利润中，慷慨解囊，连续数年捐资。

● 中国最早公布的地板铺装标准是 WB/T1016~2002、WB/T1017~2002。

● 自 2001 年开始地板行业拓荒者高志华提出《地板经营者须知》。核心是：一个宗旨，二个承诺，三方利益，四句格言，五个不铺，六个签字。对规范地板市场起到导航作用。

● 传统的消费习惯买地板就是要买实木地板。1999 年开始强化地板销售量超过实木地板，自 2006 年开始实木复合地板销售量超过实木地板。

证明人：徐六峰。

● 地板行业中曾请影视明星作为形象代言人的比比皆是。最早是 2005 年"德尔"聘用关之琳为形象代言人，其后是"菲林格尔"聘用朱茵。这对经销商扩大销售起到一定作用，但这两家现已停用形象代言人。最多时形象代言人超过百位。

证明人：王启富、顾军荣、汝继勇。

● 最早提出《地板质量售后服务》双承诺是在 2000 年。自 2001 年开始组织全国实木地板 30 家，2003 年又组织实木复合地板 30 家。对规范市场，提升地板品牌市场竞争力起到巨大推动作用，并在全国建材行业中，首次开通咨询投诉电话。

证明人：佘学彬、孟荣富、卢伟光、荣慧。

● 中国商界最权威产品"驰名商标"于 2009 年后被国务院发文取消。

证明人：昌孝润、高志华。

● 1998 年在沪建材协会地板企业家座谈会上高志华教授提出，地板经营企业要管铺装"三分质量，七分铺装"，"卖地板，铺地板，不分家"。自 2010 年开始进一步强调铺装并提出"一分质量，九分铺装"。

证明人：沈美云。

● 2005 年加拿大政府对原产中法两国复合地板征收反倾销反补贴税。

证明人：李成刚、刘硕真、金月华。

● 最早地板专利侵权是 2005 年美国 337 调查起诉中国地板 17 家大地板企业侵犯知识产权，中国企业分四批应诉。规模之大，耗时之长，耗费之高，前所未有。

证明人：高志华、李成刚、翁少斌。

● 2005 年我国首次实施地板生产许可制度，无证企业将不得再从事相关地板的生产；而在销售环节中，产品也必须标注生产许可证编号。

证明人：吕斌。

● 2009 年，中国木材流通协会颁布实行《木地板包装箱中放置短板》的通知，提高了出材率，降低了损耗率。

证明人：孟荣富、卢伟光、倪方荣。

● 最大单间铺满实木地板是北京人民大会堂万人宴会厅。1959 年上半年完成。国产柞木地板重新铺设，打破世界吉尼斯世界纪录。

证明人：高志华、曲丕良、宋建龙。

● 中国最大的危机公关事件要数"毒地板"风波。

证明人：王石、卢伟光、高志华。

● 我国地板第一块王牌获得者是"久盛"。于 2011 年 2 月在北京长城饭店，经过十余位国内知名地板专家严格评估。通过后朱光前会长挥毫墨宝：中国实木地板王牌。

同年中又评选出"柏尔"获实木地热地板王牌、"福马"获地暖地板王牌、"美丽岛"获实木复合地板王牌、"新绿洲"获曲线地板王牌、"徐家"获防潮地板王牌、"融汇"获版图地板王牌。

证明人：潘耕云、王军、方崇荣、黄河浪、赵广杰、梁米加。

● 中国第一家股票上市地板企业：宜华木业（sh600978），2004 年 8 月 24 日于上海上市。

证明人：佘学彬、江昌政。

● 最早举办地板工程监理师培训班的是中国木材流通协会和中国建筑装饰协会。

高志华（北京林业大学教授）/ 文

后记：与高老相期以茶

80 年的人生大道，路旁有深山大泽，也有平坡宜人；有杏花春雨，也有塞北秋风；有山重水复，也有柳暗花明。他教给我们的，不仅是行业知识，更是做人的道理。

为确保文章的准确性和权威性，我们需要采访一些行业的专家，以便对行业这 20 年的发展有更详细和准确的了解。而现年 81 岁高龄的高志华老师成了我们采访第一人的不二选择，作为中国地板行业的拓荒者，从 1985 年至今已整整 30 年的耕耘，地板业的发展浸透了这位行业老人的汗水，行业内的专家实罕有其俦，对于行业的发展变化，他比谁都更有发言权。

作为 80 多岁的老人，他的生活习惯，他的身体状况，都是我们选择采访时间和采访地点的考虑因素。电话征求他的意见：是在咖啡厅好，还是茶馆好？一句"不用去外边，就来我家吧，我这儿有咖啡有茶，能满足你的一切需求，酒也有"，让我们在不见其人先闻其声时就感觉到了高老师的亲切随和，还有些许的幽默。这让我心情放松不少，在登门采访时为表礼貌为他买了点水果。按响门铃，房门打开，高老师比我想象中的更有精气神。头发已花白，但气色很好。可能是刚刚午休完，穿着很随便，他有着孩子般的可爱和害羞，问："这样行吗？不行的话我去换个衣服。"这样对话的开始，注定了此次采访就如家人相互唠嗑般的愉快。

采访中一些重要的行业信息，都已零星点缀在了杂志的多篇文章里，给不少文章增了色添了彩。而我这里所要呈现的只是一位敬业的专家，一个平凡的老人。

进了门，他带我们来到了他的"办公室"，来采访之前他就说过，这儿是他的家，也是他的办公室，我们这里就暂且称这个十一二平方米的房间为高老师的"书房"吧。书房的摆设很简单，一张书桌，几张椅子，一个书架。书架上整整齐齐放满了书，几乎都是行业书籍。有的已经泛黄，定是被高老翻阅了成百上千遍；有的还是新书，散发着墨香，爱书如命的高老师也在不断汲取知识，把握动态。无数个日日夜夜，高老师就这样运筹于斗室之中，奔波于企业之间。高老师很勤奋，不仅通过各种渠道获得知识和信息，而且勤于思考，善于思考。他告诉我们坐在家里是得不到好信息的，必须往外跑，不断搜集，不断求证；他告诉我们永远不要让脑子停摆，永远在思考着些什么，材料和知识积累得多了，一旦用起来，自然就驾轻就熟了。别看他已过古稀之年，倒比大多数年轻人勤奋，晚上看书整理资料到 11 点多，早晨七点就起来，谈得上焚膏继晷、兀兀穷年呀！书架上还有好些高老师参与编著的书，如《中国木地板大全》（1999）、《中国强化地板实用指南》（2002）、《中国地暖地板 300 问》（2013）等。

采访中，高老师毫无保留，把我们想要知道的，把他认为有价值的，统统告诉了我们。当然一位心系行业的好老师，自然也有忧心忡忡的时候。谈及行业的现状，谈及未来的发展，高老师几次面露忧色。现在不止是地板行业，整个家居行业都已步入发展的缓慢期，这是市场发展的客观现实，但同时也是企业自身造就的命运。行业的诚信问题，产品的质量问题，都让消费者对于家居业不再有满满的信任。技术创新不够，服务完善不够，这些也都成为制约行业发展的主要因素。高老师惋叹："地板行业很难再出现大自然、圣象这样的大品牌。"这是时代的原因，更是行业自身发展中的问题所导致的。

高老师多年来为地板行业所做的贡献不胜枚举，他为商家解决纠纷，为企业发展出谋划策，为行业建立标准，为消费者答疑解惑，为无数好学之人开办讲座。而这些，他从不收取一分原本就应得的报酬。采访过程中我不禁感叹："要是行业内的专家都如您这般负责并且有奉献精神，那么行业的健康发展也就有希望了！"听了这些话，高老师坦言，行业中有很多敬业的专家，但也有不少专家以利益为导向，做一些危害行业的事情。"现在不都说专家是'砖家'，教授是会叫的野兽嘛！"高老师幽默地说道。确实，我们无法要求每一个人都如高老师这般"仰不愧于天，俯不怍于人"，但我们依然期待着，行业中能有越来越多如高老师这般一心为行业谋发展的人出现。

近两个小时的采访，当夜晚随着黄昏走来，我们才意识到自己已经打扰多时。临走之时，他特意选了几本书，让我们带回家看，说希望我们此次采访能有收获。回去重听录音时才发现，高老师已讲得喉咙沙哑，聊得太投机，都未注意到，这让我心里愧疚不已。80年的人生大道，路旁有深山大泽，也有平坡宜人；有杏花春雨，也有塞北秋风；有山重水复，也有柳暗花明。他教给我们的，不仅是行业知识，更是做人的道理。希望高老的身体能一直硬朗，我期待与他相期以茶，能不断向他学习，让我成长。

原载 2015 年《中国环保家居》

世友以"人为本、质立世、诚汇友"为企业核心价值观，坚守"品质"立业，不断以前瞻性的自主创新技术推动行业前行。

倪方荣：人为本、质立世、诚汇友

世友地板创立于2001年，从行业初入者成为行业典范和领军企业；从区政府质量奖到全国质量奖，世友坚守品质，不断创新，从数千地板品牌中脱颖而出，走过风雨十五年！

截至2015年年底，倪方荣领导下的浙江世友木业有限公司已发展成为占地面积500亩，木地板年生产能力2000万平方米，销售网络遍布全国，拥有2000余家专卖店，形成以实木地板、实木复合地板、强化地板为主，楼梯、木门、整木家居多角化发展的品牌格局。

浙江世友木业有限公司先后荣获全国质量奖、浙江省政府质量奖、国家高新技术企业、中国专利优秀奖、中国驰名商标、浙江名牌产品、浙江省著名商标、浙江省知名商号、浙江省诚信企业、浙江省绿色企业、浙江省专利示范企业等荣誉。

世友以"人为本、质立世、诚汇友"为企业核心价值观，坚守"品质"立业，不断以前瞻性的自主创新技术推动行业前行。

质立世：加强科技创新，提升产品质量

当世友进入地板行业之时，中国的家装产业正方兴未艾，巨大的市场让

生产厂家更专注于如何满意市场的需求，而从"兔毛大王"华丽转身的倪方荣仍痴迷于当初兔毛出口注重质量所取得的辉煌，率先提出了"打造行业第一品质"口号下，坚持走"技术、质量、品牌、服务"的发展之路。为此，公司建立与加强质量诚信建设，做到向卓越品质跨越。

倪方荣始终把实现消费者满意作为企业经营的重要目的之一，向员工灌输"质量第一"的理念，形成了质量管理"自上而下、全员参与"的良好局面，树立质量诚信理念，打造企业软实力。

提高质量，科技是不容忽视的重要力量。因此，世友公司着力将现代科技植入传统制造业。公司先后同中国林科院、南京林业大学、华南农大等院校建立了产学研合作，创立了博士后工作站和南浔地板科技创新服务中心，开展新技术新材料的开发与应用。世友先后承担国家级、省级科技项目30余项；已获包括美国及欧盟专利100多项，其中发明专利30余项。参与制定国家、行业、地方标准18项，并以第一起草单位主持制定《高温热处理实木地板》国家标准。

在品质道路上，世友无数明星产品熠熠发光。世友地热王实木地板、世友钛晶面抗刮痕地板、E0级实木复合地板、桃花心实木地板、木立方实木三层地板等多项技术和产品填补了行业空白，奠定了自身在行业的标杆地位。

2006年，世友"地热王实木地板"隆重上市。为了满足消费者既喜爱实木地板，又想铺设地热的需求，世友历经三年，成功研制出高温热改性工艺，首创实木高温热改性技术，开创了国内实木地板应用于地热环境的先河，解决了传统实木地板在地热环境下易变形、易开裂的技术难题，且木材超高温热处理过程不添加任何化学药剂，产品天然环保，为消费者选购实木地板用于地热提供了整体解决方案。

2012年，世友"E0级实木复合地板"荣耀上市。国内安信毒地板事件的出现，让世友更坚定了走环保之路的决心。为了更好地为消费者健康保驾护航，世友将全线实木复合地板升级为 E0 级地板，将地板甲醛释放量控制在 E0 级（≤ 0.5mg/L）以内，不到国家现行最高标准 E1 级（≤ 1.5mg/L）的 1/3；并且拥有国内四家权威质量检测机构出具的检验报告，实现了"人—家居系统—环境"相互和谐，为消费者开启健康环保家居新生。

2015 年 3 月，世友"桃花心"实木地板隆重上市。桃花心木质地坚硬，密度大，有极好的稳定性，不易变形，抗腐蚀性很强。世友甄选全球顶级产区——爪哇岛稀有木料，印尼政府专供一年 50 万方，制成独一无二的"桃花心"实木地板。

2015 年 11 月，世友仿古钛晶面抗刮痕地板突破上市。世友在克服普通平面地板不抗刮不耐磨之后，再次攻克仿古地板这个难题。历经全新 12 道钛晶面涂装工艺，世友仿古钛晶面地板除了在抗刮耐磨方面表现出色之外，在硬度、漆膜附着力、漆面透底性和饱满度上也有上佳表现，且兼具仿古地板的艺术纹理和质感，轻松化解传统仿古地板易刮花、易爆漆、易磨损、抗冲击性差、硬度差等难题。

在消费者领域，"经得起考验的好地板"是对世友的一致评价；在社会行业领域，世友的科研成果起到领航人的作用。

诚汇友：建立卓越绩效管理机制，打造世友品牌优势

南浔作为中国木地板之都，同时也是全国最大的地板生产基地，聚集了数百家地板企业，产品同质化严重，企业间竞争无序，以打价格战为主，不良厂家以次充好，严重影响了南浔地板产业的声誉。如何在没有森林的地方发展木业产业，如何在数百家地板企业中脱颖而出，如何使传统的木地板企业发展成现代管理企业，这是倪方荣一直在考虑的问题。

2001 年，世友初创就开始着手于 ISO9000 的工作，2002 年获得了 ISO9000 质量管理体系认证证书，很偶然的一次，倪方荣旁听了全国质量获奖企业经验交流，深有感触，决定在企业推行卓越绩效管理模式，在具体创奖过程中，他亲自挂帅，在外部专家的指导下，导入日常管理、QCC、6S 管理，坚持全员观念培训，管理人员"送出去学习"，坚持不懈开展各种群众性质量活动，按 PDCA 法则，开展卓越绩效自评，并持续改进。

多年的努力，形成了世友鲜明的卓越绩效的特点：

独特的树形企业文化：世友根据自身所处行业特点，致力打造"以人为本，以质立世，以诚汇友"的树形文化。

科学的战略规划管理：世友通过对内外部环境分析，结合自身优劣势，使用 SWOT、PEST 等战略分析工具，制定公司总战略及相应的职能战略。

兼顾各方利益的指标体系：世友将涉及相关方的指标纳入绩效指标体系，实现对相关方利益保护依靠技术驱动的创新模式：世友以"高素质的研发团队、良好的校企合作关系、博士后工作站"为依托，在木地板制造相关核心技术方面不断实现突破。

全方位的绩效指标体系：世友以绩效为导向，通过对战略指标的层层分解和落实，并将其作为公司各部门及人员的绩效考核指标，实现对绩效指标的有效管理。

贴心的 5A 金色木匠服务：世友在行业内首家提出了 5A 金色木匠服务，该服务涵盖了 5A 级安装，5A 专业铺设等内容。

高效的反馈与相应机制：世友通过组织机构扁平化、信息传递 IT 化、顾客沟通便捷化，建立了自己快捷的沟通与交流反馈平台。

全方位的社会责任观：世友从法律责任，发展责任，道义责任三方面形成了自己的社会责任观，并将其融入到企业日常经营管理中。

人为本：加强员工权益保护，从公司内部文化崛起

世友文化是企业的灵魂和精髓，也是倪方荣一直传播和履行的经营之道，在企业经营的各个环节已形成了浓厚的文化氛围。

为了强化企业文化的宣传，倪方荣亲自为大家演讲，还编辑出版《企业故事》这一优秀企业文化成果。利用文化发布会、培训班、各类会议、网络、内刊等载体进行传播与宣讲，加深员工的学习和理解，逐步转化为员工自觉行为。

公司在企业内部建立了党支部、青年团、工会及职工代表大会，通过实施民主管理和民主监督机制，有效地保障职工的权益，促进了企业的发展。近年来，公司未发生安全生产事故和环保事件，公司先后荣获"全国模范职工之家"、"先进职工之家"、"湖州劳动关系和谐企业"、"湖州市职业病防治示范企业"、"平安企业"等荣誉。

倪方荣带领下的世友极具强烈的社会责任感，坚守职业道德，热心公益事业，兼顾创富为民，积极承担社会责任。公司连续多年资助当地大中专贫困生，连续多年资助北京大学生奥运植树活动，多次捐助行业协会进行国际知识产权应诉。公司为湖州百万慈善捐款单位，在湖南安化、遵义捐建了两所"世友希望小学"。在汶川地震和玉树地震时，公司和员工积极开展爱心捐赠，表达了世友人对灾区人民的关心和支持。公司也是行业内首家发布企业社会责任报告，引起行业协会的赞许和同行的关注，体现了世友人"取之于社会，还之于社会"的公益决心和行动。

人为本、质立世、诚汇友。对世友来说，品质是一份承诺，也是一种动力；创新是一份责任，也是一种信仰。世友"打造行业第一品质"不再只是将产品做得稳定和漂亮，而是以科技创新，引领消费者产品体验的不断升级，并积极倡导绿色环保低碳的消费理念。

企业此时必须认清现实，丢掉幻想，立足于自身，稳增速，挖潜力，练内功，降成本，争创新，强服务。这才是企业求生存之道。天道忌巧，真到了强者胜而非勇者胜的阶段了。

张森林：以凤凰涅槃的决心，尽快适应新常态

　　2015 年是中国林产工业企业顶住前所未有的压力，艰苦适应新常态的一年。有效需求的明显萎缩导致企业分化严重，为数不少的企业处于停产半停产的状态，有些甚至沦为了所谓的僵尸企业，只有注册，很少运营。只有少部分企业在困难中找到了扩张的方向。那么，2016 年行业前景如何呢？我们认为其会呈现如下一些变化。

　　首先，未来的市场竞争格局仍处于企业可有所作为的重要机遇期。

　　一方面我国经济发展基本面是好的，潜力大，韧性强，回旋余地与空间足够；另一方面确实也面临着很多困难和挑战，特别是结构性产能过剩已经非常严重。中央提出，要在适度扩大总需求的同时，去产能、去库存、去杠杆、降成本、补短板，实现"十三五"的良好开局。

　　1. 中央"十三五"规划提出到 2020 年人们的人均收入要比十年前翻一番。人民生活水平和质量应有普遍提高。这将全面提升社会总需求，也就是说增加收入，提高消费能力，直接利好家居类企业。

　　2. 改革红利。中央经济工作会议提出：要降低制度性交易成本，转变政府职能、简政放权，进一步清理规范中介服务。要降低企业税费负担，进一步正税清费，清理各种不合理收费，营造公平的税负环境，研究降低制造业增值税税率。要降低社会保险费，研究精简归并"五险一金"。要降低企业财务成

273

本，金融部门要创造利率正常化的政策环境，为实体经济让利。要降低电力价格，推进电价市场化改革，完善煤电价格联动机制。要降低物流成本，推进流通体制改革。以上措施的落地，都可将其视之为深化改革给企业带来的红利。

3. 新型城镇化拉动房地产持续发展城镇化的短板主要体现在户籍人口城镇化率不高。城镇现有7.5亿常住人口中，有2.5亿左右的人没能在城镇落户。为加快农民工市民化，推进住房制度改革，化解房地产库存，住建部正推进打通三条渠道，商品房市场和棚改安置房打通；商品房与公租房打通；商品房和租赁市场打通。这有助于化解住房市场矛盾（仅2015年就有740万套的保障房目标）。去年以来，政府已经出台了一系列刺激政策，包括降息、公积金政策调整、下调商业贷款首付比例、松绑外资进入楼市等。尽管调控政策不会出现大的转向，但明年政策出现宽松一定是大概率事件。在供给侧改革范畴，面向青年群体租赁需求的长租公寓，也是去库存、稳市场的新领域。一些开发商已瞄上出租公寓这一万亿元级的市场。在去库存"歼灭战"中，除保障房货币化安置之外，包括财税、户籍领域等配套一揽子政策预计都将在明年密集亮相。

4. 人口流动带来的需求。根据2010年第六次人口普查，从2000年开始的十年间中东北人口净流出180万人。总趋势是流向南方，流向大中城市。国家卫计委近日发布的《中国流动人口发展报告2015》显示，"十二五"时期，我国流动人口平均增长约800万人，2014年年末达到2.52亿人。我国45岁以下的人口占比为46.7%。流动儿童和流动老人规模不断增长，流动人口融入城市的愿望强烈。这都是城市房地产需求的潜在客户。

5. 有些符合新需求的产品增长迅猛，如连续几年增长的家装，又如今年定制家居成为新的增长极，定制家居设备订货增加了30%，木门Tata、衣橱柜索菲亚、好莱客业绩喜人。

6. 消费结构升级带来的需求。消费升级的方向是产业升级的重要导向。

我国居民消费呈现出从注重量的满足向追求质的提升、从有形物质产品向更多服务消费、从模仿型排浪式消费向个性化多样化消费等一系列转变。消费升级给本行业带来的好处比如改善型的购房装修需求，二次装修需求，对家装的一体化和有限定制化需求肯定趋于增加。

其次，经济结构调整面临诸多矛盾叠加，风险隐患增多的严峻挑战。有专家认为本次金融危机是二战后首次出现的全球性收缩，经 2010 年短暂回暖，世界经济迅速恶化并逐步滑向全面通缩。

1. IMF 已四次下调世界经济增长率预期，最新为 3.1%，是 2009 年以来最低。中国连续 45 个月 PPI 下降。

2. 2015 年 1~11 月份，全国房地产开发投资同比名义增长 1.3%，其中，住宅投资增长 0.7%。1~11 月份，商品房销售面积 109253 万平方米，同比增长 7.4%。其中，住宅销售面积增长 7.9%。11 月份，房地产开发景气指数（简称"国房景气指数"）为 93.35。

2015 年，虽然商品房市场回暖，却仍然存在三个行业困局。

一是库存高。国家统计局口径的商品房待售面积（只包括现房，即已竣工未售出），10 月末为 68632 万平方米，同比增长 14%，再创历史新高。1.1 套 / 户，去库存化周期 23 个月。

二是区域市场分化严重。今年全国楼市最热的城市是深圳，不到一年时间，房价暴涨六成，如此涨幅中国历史罕见，世界历史也少见。但广大三、四、五线城市，房价基本没涨。去年四季度以来，一线和部分二线城市住宅库存有所减少，但很多三、四、五线城市库存基本没有下降，部分还有所增长。

三是开发建设指标非常冷。2015 年前 10 个月，全国房地产开发企业土地购置面积同比下降 33.8%，这一跌幅仅略高于 2009 年前 3 个月的下跌 40%，创近十几年次低。土地成交价款下降 25.2%。前 10 个月，全国房地产开发企业房屋施工积同比增长 2.3%，创了近十几年新低。前 10 个月，全国房地产开发投资同比增长 2%，仅略好于 2009 年前两个月的 1%，创近十几年次低。出让金的这一块更是连续负增，全国的土地销售收入却已经连续两年同比下降，今年前三季度，80 家上市开发企业的平均利润率首次跌破两位数，只有 8% 左右。在这种市场条件下，开发商不可能增加开工量，更不可能积极购地。如此，则自然使全国的房地产开发建设活跃度降低，于是就集中反映在上述几个投资建设指标创了过去十几年的最低或次低水平。前三季度房地产投资对经济增长的贡献仅有 0.04 个百分点。

3.有专家在央视说包括建材在内的五大行业盈利下降 40% 以上，部分企业面临倒闭清算，如港交所上市公司"山东山水"2015 年 11 月 12 日到期的 20 亿融资券到期偿付不了，招行逼债企业险陷清算。其实该企业近三年收入在 150 亿~165 亿元，净利 3 亿~15 亿元。资产负债率在 58%，只是现金流出了问题。

4.人口红利下降，中国劳动人口三年下降了 820 万。

总而言之，为适应新常态，企业转轨转型已到生死存亡关头，不容有丝毫的犹豫迟疑。

最后，我要讲的是下定决心适应新常态，转型升级寻找新机遇。

1.世界经济下行，回升无期，国内过剩产能没有消化，杠杆率未降下来。一般认为，中国经济困难可能要持续五年。

企业此时必须认清现实，丢掉幻想，立足于自身，稳增速，挖潜力，练内功，降成本，争创新，强服务。这才是企业求生存之道。天道忌巧，真到了强者胜而非勇者胜的阶段了。

2.注重信息化。对多数企业来说应该加强对外的研究市场趋势，并针对本企业产品进行精准地细分市场；对内打通信息链，当前定制家具需求很旺，做得好的都是把柔性生产和 ERP 结合得好的。

很可惜的是现在研究市场趋势之类的企业非常需要的比较翔实的数据供

给很少，一些重要的基础数据还自相矛盾。应该呼吁有关部门和协会多提供行业信息和数据，这是首要的能够实际帮助企业的服务。在转型时期这是尤其迫切需要的。企业自己也要重视用好信息这一重要资源。索菲亚IT开发人员有120，数据整理有300人。就像当年人类发现了石油那样，数据资源孕育在那还未开采出来。但也有些大数据被开发，实现了交易，有了现实版的榜样在那里。如医药、交通、健康、征信、智能领域的数据。有一个信息服务企业叫"数据堂"。它为企业提供的主要是进行数据抓取、挖掘、研究、分析，之后提取信息价值、再出售给数据应用企业。随着市场的变化，精准定位消费者、提升企业原有经济价值等正在成为更多企业的商业需求。

3. 拥抱互联网。麦肯锡咨询公司调查发现中国2013年互联网经济规模占GDP比重达4.4%，略高于美国的4.3%，到2025年这一占比将达7%~22%。不同的企业利用互联网可有不同的方式，但对此无动于衷肯定是不行的。

4. 研究家居，进军服务业。消费升级的方向是产业升级的重要导向。由满足需求到发现需求并能创造需求，企业就离可持续发展的目标不远了。家居需求增长持续而快速，供给端有一些企业在做艰苦的探索，小有成绩，但尚未形成可持续的发展业态，要害在于未见可盈利的逻辑。烧天使基金的钱吸引消费者只能是一时，难以长远。但是无论如何制造业和服务业的结合是大趋势，对此早认识早主动。

玖龙纸业的老板张茵说：做企业坚持最重要，在最困难的时候，市场低迷环境恶劣的时候，尤其需要坚守。坚守基本，而又与时俱进，一定能够渡过难关，走向新生。

张森林／文

中小企业永远都会存在，但与时俱进的企业才能在市场无穷无尽的风浪中长期存活，从国外案例看，可持续发展的往往是有品牌、具特色、优质环保和不断创新产品的中小企业，而非玩一些短期有效的促销手段忽悠市场的行家里手。

适应新常态　迎接新挑战　抓住新机遇

——岁末年初谈林产业

中国林产业在改革开放中发展成为世界大国，只要我们坚持与时俱进，一定能够战胜全球经济危机的影响，跟上我国经济社会转轨转型的步伐，由大国走向强国。

2014年，商品房销售面积120649万平方米，比上年下降7.6%，2013年则为增长17.3%。其中，住宅销售面积下降9.1%，办公楼销售面积下降13.4%，商业营业用房销售面积增长7.2%。

一、挑战空前，国内外经济大环境影响林产品市场需求

从国际层面看，新兴经济体增长放缓，全球经济复苏前景依然脆弱。金融危机的深层次影响还在不断显现，高债务、高失业率成为西方国家短期内难以摆脱的困境，而新兴市场和发展中国家也面临着严重的结构性矛盾。国家领导人说国际组织预测今年世界经济增长3.3%，国际贸易增长3.1%，都低于金融危机前的水平。

部分国家近些年 GDP 增速表

国家	2010 年	2011 年	2012 年	2013 年
中国	10.4	9.3	7.7	7.7
巴西	7.5	2.7	0.9	2.2
韩国	6.3			2.8
新加坡	14.8	5	1.3	3.7

从国内层面看，据国家统计局统计，固定资产包括房地产投资趋缓，各项指标包括商品住宅销售增速下降：

1. 全国房地产开发投资情况。

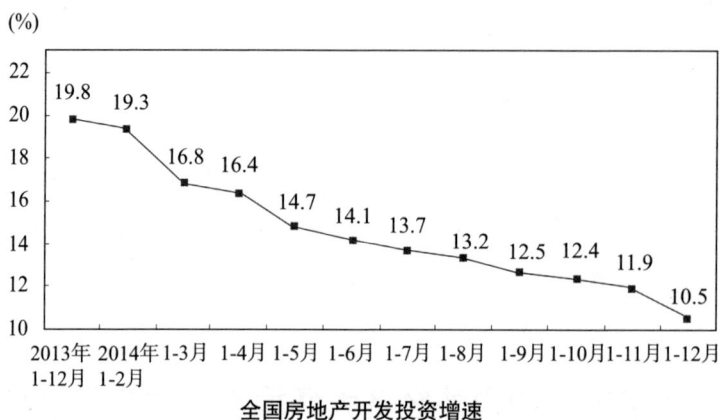

全国房地产开发投资增速

2. 商品房销售和待售情况。

2014 年，商品房销售面积 120649 万平方米，比上年下降 7.6%，2013 年则为增长 17.3%。其中，住宅销售面积下降 9.1%，办公楼销售面积下降 13.4%，商业营业用房销售面积增长 7.2%。商品房销售额 76292 亿元，下降 6.3%，2013 年为增长 26.3%。其中，住宅销售额下降 7.8%，办公楼销售额下降 21.4%，商业营业用房销售额增长 7.6%。

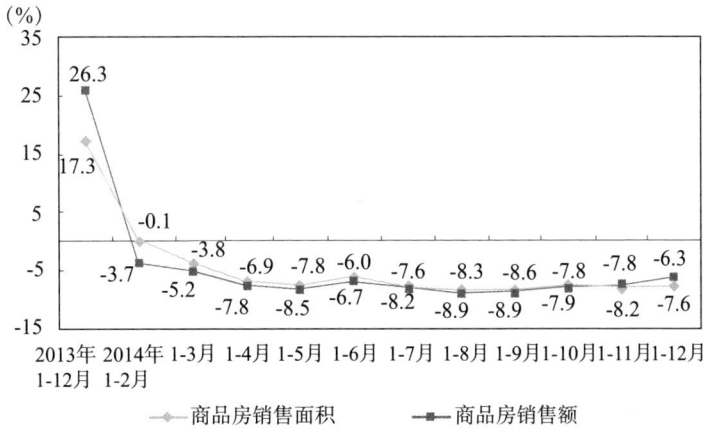

全国商品房销售面积及销售额增速

3. 商品住宅价格变动情况。

2014 年 10 月 70 个大中城市住宅价格变动

	与上月比			同比		
	涨	平	降	涨	平	降
新建商品房价格		1	69	3		67
二手房价	2	4	64	4	1	65

4. 全国房地产开发企业在地购置面积情况。

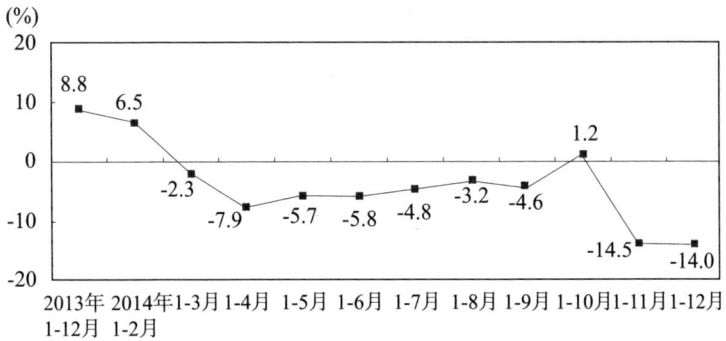

全国房地产开发企业土地购置面积增速

5. 房地产增长与降幅。

2014 年，房地产开发企业房屋施工面积 726482 万平方米，比上年增长 9.2%，增速比 1~11 月份回落 0.9 个百分点。其中，住宅施工面积 515096 万平方米，增长 5.9%。房屋新开工面积 179592 万平方米，下降 10.7%，降幅扩大 1.7 个百分点。其中，住宅新开工面积 124877 万平方米，下降 14.4%。房屋竣工面积 107459 万平方米，增长 5.9%，增速回落 2.2 个百分点。其中，住宅竣工面积 80868 万平方米，增长 2.7%。

6. 房地产开发企业到位资金情况。

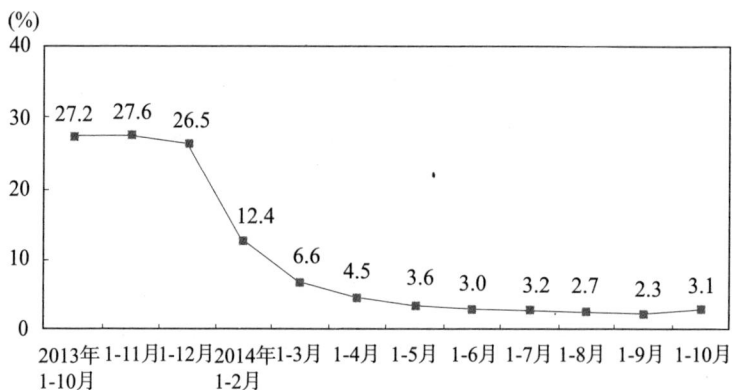

全国房地产开发企业本年到位资金增速

7. 房地产开发景气指数。

2014 年 12 月份，房地产开发景气指数（简称"国房景气指数"）为 93.93，比上月回落 0.37 点。

从以上众多国家统计局发布的最新数据看国内经济减挡降速明显，其中房地产增速趋缓。

多数专家认为，我国房地产大周期的拐点已经到来了。每年房屋销售面积已经达到 12 亿~13 亿平方米，近乎人均 1 平方米。按照每平方米约 6000 元计算，每个国民几乎要拿出人均国民收入的六分之一，才能消化新增商品房。去年城市人均居住面积已经达到 35 平方米，农村 34 平方米。我国城市住房的成套率和住房自有率在全世界是非常高的。再加上人口结构的变化，适婚人口绝对量的减少，从各方面情况来看，房地产的年供应量都应该顶到了天花板。按照国务院发展研究中心的估计，中国住房的需求峰值约为 1200 万~1300 万套，这一峰值在 2013 年已经基本达到，今年以来，房地产市场量价齐跌的调整已经开始。根据国际经验和房地产周期变化规律，房地产调整期一般需要 3~5 年，处于和中国相同发展阶段的主要国家其商品房销售额占 GDP 的比重一般在 8% 左右，2013 年中国商品房销售额占 GDP 的比重达到 14.3%，如果能在三年左右调整到国际平均水平，中国商品房销售额每年要下降 9% 左右。中金公司发布报告，指出 2013 年开始，中国房地产市场逐步由住房短缺时代走向升级改善时代，标志性事件是户均 1 套房的实现。未来，住房潜在需求将会逐年下降。最新公布的北京今年前 11 个月主要经济数据显示，全市商品房施工面积 13329.5 万平方米，比上年同期下降 0.6%；商品房本年新开工面积 2149 万平方米，下降 31.7%；商品房销售面积为 1173.5 万平方米，比上年同期下降 28.2%。

　　2014 年 12 月，FPI30 指数与 FPI 地板指数（我国优势林产品企业的采购经理人指数）双双下滑，FPI30 指数在 9 月回升了 3 个月之后再度跌破荣枯线；FPI 地板指数则在荣枯线下方继续深度下行。根据 FPI 历史（2012 年、2013 年）数据显示，12 月是林产品旺季，而 2014 年 12 月 FPI30 指数和 FPI 地板指数双双下探，凸显出林产品行业所处的困境。

八届三中全会深化经济体制改革方面的举措将再一次释放出"改革红利"，从而开启中国经济新一轮的增长周期。

二、释放"改革红利"，开启新一轮的增长周期

新常态下，中国经济增速虽然放缓，实际增量依然可观。

家居行业仍然在发展机遇期，信心主要来源于改革红利、城镇化红利。

目前我国正处于新型城镇化的加速发展阶段，城镇化可以创造巨大的投资和消费需求，中央明确，到 2020 年，要解决约 1 亿进城常住的农业转移人口落户城镇、约 1 亿人口的城镇棚户区和城中村改造、约 1 亿人口在中西部地区的城镇化 (有研究表明，农民工市民化的人均成本约在 10 万元左右)。

十八届三中全会深化经济体制改革方面的举措能再一次释放出"改革红利"，从而开启中国经济新一轮的增长周期。对本行业直接影响的是简政放权，审批事项大幅度地削减，促进企业向市场化发力；优化和减少税费以减轻企业负担；行政改革和油价由涨转跌会导致化工原料中价格和物流费用下降。国务院部署加快推进价格改革，更大程度让市场定价；决定实施普遍性降费，进一步为企业特别是小微企业减负添力；2014 年下半年，房地产政策调整不断：从国内大部分城市取消限购，到央行推出房贷新政，再到一些地方对购房进行税费调整和补贴，种种政策都被外界解读为政府在大力救市。国际油价五个月下跌超过两成，"粗略估算，2014 年中国进口油价将节约 250 亿美元的进口成本。"央行降低存贷款利息增加流动性，时隔 28 个月首次下调利率，利率的逐步放开及民营资本进入金融行业的门槛的降低均会降低民企融资成本。

要做大做强的企业一定要方向正确战略明确路径清晰，尤其需要一个强大的人才团队，拥有懂市场会经营善管理的团队并具有坚强的执行力。

三、如何转轨变型

林产业主流企业自 2008 年世界金融危机以来不畏千难万险奋力冲浪前进是可歌可泣的，这种努力坚持下去必见成效。同时要不断总结经验教训以利长远。对本行业来说，当前关键是要提高以下认识：

1. 中国经济逐步进入由高速至中速的"换挡"期。

企业家当前把握宏观形势的焦点在于认识跟上实际，接受并适应这个大趋势。投资主导型的经济发展模式无法持续。高储蓄，高投资，高增长优势正在减弱。央行行长周小川表示，中国旧的发展模式是不可持续的。如果中国经济增长放缓一点，但增长更具可持续性，那是好消息。他说："全国人大将在 3 月讨论更低一些的经济增长目标。"

不能身在中速期，脑子仍停留在高速发展期。大势看错全盘皆输。希望继续通过在高增长中抓机会来弥补管理的重大内伤是会落空的。经济增长大环境趋缓带来的变化是全面的立体的系统的。

林产业国内需求主体是房地产，家具也与房地产高度相关。减挡降速对房地产影响巨大，不但增速减缓而且房地产中一次房结构在起变化，简言之，保障房的比重大到不可不重视的程度。每年一千多万套一手商品房，而保障房要到五百多万套。再者，精装修比重一直在上升，这些就必然反映到建材及板材，地板类的渠道变化上来。现在是变化的开始，几年之后会有突破性的进展的。人造板既受到下游出口受阻的影响，同时也受制于国内房地产市场的起伏及其结构变化。

2. 提高学习力以提高领导力和执行力。

企业发展会遇到许多问题。本行业企业家是学习欲望最强的一个群体。各个名牌大学各种培训班均可见他们的身影，世界著名的咨询公司也曾经承揽本行业大企业的系统和单项的咨询服务，其中不乏对企业发展上台阶起了大作用的典型案例。可以说，企业学习管理已经从简单的提高个人管理理论水平上升到系统提高企业人员认识管理问题和解决问题能力上来；从听培训课到请咨询公司提供改进方案并参与指导实施；延请外脑咨询的内容从单项的品牌管理、营销管理上升到全面系统的阶段（发展战略、组织架构、人力资源、业绩评估、薪酬奖罚、内部控制）；中国商业发展历史不是很长，前面可借鉴的规律性东西并不多。而传统的培训、EMBA 等，虽然对于构建知识体系有用，却很难解决企业发展中的实际问题。有企业领导参加著名企业家联谊会"正和岛"在企业家之间从实践出发讨论管理提升，也有的企业参加"领教工坊"，由跨行业的董事长、总经理组成"私董会"，相互花时间做中层访谈，包括重大战略和商业模式优化的问题，组织和重大人事、激励机制，资本运作和融资等决策方向，客户特点、应收账款状况、利润率等，都是对老板最困扰和利益最相关的问题。企业主都是高智商的精明人，但有时会陷在自己的思路里面，很难始终保持认清问题本质和原因的洞察力。大家彼此为对方无偿担任独立董事的角色，免费获得了一次高质量的企业咨询。中国私董会借鉴的是美国YPO 模式，秉持保密、信任、开放三个原则，建立起相互分享的组织。是一种小众的团体化的互学方式，是十几位企业成员间深度对话的过程。正和岛从去年 6 月截至目前，已经开了 700~800 场私董会。以上举措非常有利于企业提高核心竞争力。从适应新常态要求看，本行业企业均应学习以上先进做法，充分提高企业的学习能力，从而提高自己的领导力和团队的执行力。

3. 促进行业生存业态的变化，进而导致企业商业模式根本变换，主要反映在渠道变革和制造与服务的结合上。

促进行业生存业态的变化，进而导致企业商业模式根本变换，主要反映在渠道变革和制造与服务的结合上。渠道多元化，家居一体化趋势出现。如过去地板渠道讲究多铺门店，扁平化，强化促销，利益驱动，曾经是立竿见影的高招。这两年效益和效率都递降了。目前木作建材业对电子商务是又爱又恨，欲罢不能，欲做难盈，许多企业正在徘徊犹豫中，甚至迷信单靠实体零售店能够长期应付渠道变化的挑战。为此笔者试着广角度、较深入分析一下：

在电子商务的巨大冲击下，传统零售业普遍销售下降，百货商场倒闭已有数十家，有人说是模式僵化、服务落后、体验单一把传统零售业推到悬崖边缘。比如百盛集团 2014 年 6 月底销售收入同比降 4.5%。市场上高毛利的产品成为电商首选，房地产也迫不及待地上电商，远洋地产 2014 年 11 月 18 日将其 12 个城市近万套房子在京东全部上线，万科与淘宝推出了通过余额宝参与高倍返利活动，保利推出双 11 购房月；富力双 11 微信购房节；雅居乐推出双 11 至双 12 的终极置业节。建筑装饰企业正在纷纷调整原有的渠道销售模式，目前，家居行业普遍采用了 O2O 的体验和销售模式，深度整合材料商，销售家装套餐产品包，产品实现 F2C 模式（产品直接从厂家抵达消费者）。金螳螂涉足家装电商、定制化精装并综合打包给客户，宣布与家装 e 站合资，将天猫商城家装 e 站巨大的线上资源导入线下家装体验店。并将 BIM（建筑信息模型）引入装饰设计之中。明年年底该公司将完成 2000 个体验店的建设，截至目前，已签约 300 多个体验店。东鹏瓷砖甚而如海尔等家电企业也在涉足家居电商，实际上类此做法还有尚品宅配等，欧派、索菲亚、亚厦装饰公司拟以自有资金 4900 万元投资企业 BIM 信息化建设项目。

企业只有提供独特的消费体验，同时利用产品创造体验，利用服务传递体验，利用环境展现体验，利用广告引领体验，利用互联网传播体验，利用品牌凝聚体验，才能在新一轮激烈的竞争中脱颖而出。

林产品也不例外（尤以直接面对消费者的木地板、墙纸、木门等为典型），销售渠道扁平化、多元化趋势日益突出，从单一的零售实体门店为主的渠道向工程渠道、装修商渠道、开发商渠道、电商渠道多元化发展。

地板电商比实体店渠道中间费用每平方米要低 60 元左右，可见其冲击力之大，其对地板实体零售门店的冲击也明显，有的似乎是颠覆性的。

大中小企业可以有不同拥抱互联网的方式，大多已做的是线上引流、线下销售。中小企业仍然可以在全产业链变革中只做单一的建材供应商，那就得考虑自己的定位（区域性的，配套性的）和相应的议价能力（成本低能承担）。大企业则可以更前卫一些，从制造商与服务商结合上去尝试和发力。中国企业联合会、中国企业家协会在重庆发布《2014 年中国企业 500 强报告》，与去年相比，上榜中国 500 强的制造业企业比上年减少了 7 家。服务业继续稳步发展，制造与服务是否将来完全集成融合？现在尚不分明，且待实践分解。但是，国外木工人造板设备商从来都是要包含安装、调试到正式出产品，几年前地板制造商往往要油漆提供商承担油漆工序，漆好才算完成。现在装修房子由涂料商包揽现场涂装是普遍的做法。如果精装房交付成为趋势，那么地板建材供应商与装修业务整体集成提供才有大前途。

4. 营销理念或为艰难坚持价值竞争，或为向疯狂袭来的价格竞争潮流投降。

营销理念是艰难坚持价值竞争还是向疯狂袭来的价格竞争潮流投降？坚守价值竞争，这才是林产业目前能否坚守诚信的基础。以性能价格比为主要武器是可持续发展之道。地板市场正向品牌企业集中，但争得的份额往往是同行业退出的小微企业的，有一些大企业的领军人物认为近些年来地板在地面装饰材料所占比重是下降的；瓷砖行业很值得我们借鉴，据一位熟知瓷砖行情的地板老总讲,其同业竞争远不如地板行业激烈,过百亿营业额的企业已超过九家。近些年进口地板的势头卷土重来,是否说明国产地板由于过分的价格仗导致消费者对国货的质量信任发生动摇?地板主流企业越来越重视创新、投入越来越大,市场正呼唤着在材质到功能及美学价值方面均有突破性进展。

5. 致力于产品创新。

专利申请剧增凸现中国创新势头,世界知识产权组织总干事弗朗西斯·高锐说,2014 年中国在全球申请专利处于领先地位,其后是美、日。来自中国的申请增长 26.4%,使中国在全球专利申请中所占份额在一年内从大约 28% 上升到 32.1%。从战略上看中国正从中国制造走向中国创造,从制造业转向知识密集型行业,改革才能发展,创新才能带来进步,改革加上创新就能胜出。市场份额向创新型的品牌企业集中趋势越益明显。林产业在产品创新方面也越加努力,比如兔宝宝公司在把低密度定向刨花板用于室内装饰上就卓有成效,市场份额不断提升。杭州大庄公司用竹加工产品用于室内装修和室外地板反响很好,在无锡大剧院装修就用了 2000 万元,并且在十一月份开了 600 人的大论坛研讨竹材在建筑和室内装修中的应用,来了许多国内外著名的设计师,为行业推广应用做了一件有里程碑意义的大事。

归根结底的是要由数量扩张型走向质量效益型,从只抓商机疏于管理的商人逐渐变为既敏感于市场又精于管理的有战略理念的企业家;既要有创业激情又要有经济学理性;既能看到自身优势,又能正视弱点和错误并与时俱进地改进提高。中小企业永远存在,但只有与时俱进的企业才能在市场无穷无尽的风浪中长期存活,从国外案例看,可持续发展的往往是有品牌有特色、优质环保和有新产品的中小企业,而非玩一些短期有效的促销手段忽悠市场的行家里手。

要做大做强企业一定要方向正确战略明确路径清晰,尤其需要一个强大的人才团队，拥有懂市场会经营善管理的团队并具有坚强的执行力。

　　变化但长时期稳定发展的国内需求将会拉动林产业可持续发展，唯与时俱进的企业能永葆青春。

张森林／文

原载 2015 年《中国环保家居》

回顾过去是为了开创未来，总结经验教训以利再战。成功的企业家，要运用哲学思想指导自己的工作，既不能占糊涂便宜，也不能吃糊涂亏。

——中国林产工业协会原会长：张森林

放眼世界，超越自我

——地板行业的变化、分化、深化透析

世界经济在金融危机后艰难复苏，我国一方面仍然具备难得的机遇和有利条件，经济社会发展基本面长期趋好，国内市场潜力巨大，社会生产力基础雄厚，科技创新能力增强，人力资源丰富，生产要素综合优势明显，社会主义市场经济体制机制不断完善。2013 年全年国内生产总值 568845 亿元，按可比价格计算，比上年增长 7.7%。另一方面，我国发展仍面临不少风险和挑战，不平衡、不协调、不可持续问题依然突出，经济增长下行压力和产能相对过剩的矛盾有所加剧，企业生产经营成本上升和创新能力不足的问题并存，金融领域存在潜在风险，经济发展和资源环境的矛盾仍然突出。地板行业发展是宏观经济一个缩影，同样在矛盾中克服重重困难前进，也许可以用变化、分化、深化作为中心词来概括地板行业 2013 年的经济活动。市场大环境发生深刻变化要求地板企业与时俱进，企业应对不同引起更进一步的分化，企业面临的是战略方向和提升管理的更加突出的深层次的矛盾。这三个"化"也许年年有，但现在是更带根本性的。老招数不灵，新办法不明，沧海横流，弄潮儿谁能胜出？且拭目以待！

地板企业领导更新换代逐渐铺开，出现一些有学历有思路能经营会管理敢开拓的接班人，也出现了由于接班后艰难的转型升级而接班意愿不强的情况，也有一代创始人退而不休的，也有缺乏接班的全面规划的。

蛇年艰难奋斗，行业又是一年

2013年全国房地产开发投资86013亿元，比上年增长19.8%，其中住宅投资增长19.4%。房屋新开工面积20.12亿平方米，比上年增长13.5%，其中住宅新开工面积增长11.6%。全国商品房销售面积13.06亿平方米，比上年增长17.3%，其中住宅销售面积增长17.5%。全国商品房销售额81428亿元，增长26.3%，其中住宅销售额增长26.6%。全年房地产开发企业土地购置面积3.88亿平方米，比上年增长8.8%。

营业收入达千亿房企大约是6家至7家，百亿房企超过70家，总体上看2013年是房企业绩大丰收之年。

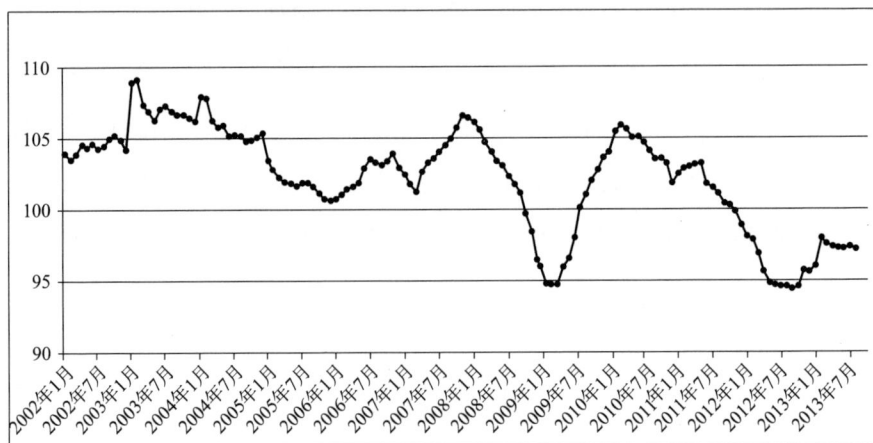

房地产开发景气指数

注：房地产开发景气指数100点是最合适的水平，95至105点之间为适度水平，95以下为较低水平，105以上为偏高水平（数据来源：国家统计局）。

1.房地产市场变化主导着建材家居地板市场。地板企业抓住机遇,奋力开拓市场,主流企业产销量有所增长,优势企业甚至增长一二十个百分点,2013年我国地板销量约4亿平方米,同比增长约6.0%。

2.市场份额向品牌企业集中趋势越益明显。

3.主流企业努力创新,在地板用材、品类、功能(如环保、地热等)和美学价值上,在产业链的延伸上,在销售渠道的开拓上,都有新进展。PVC地板市场看好(尤其在北美)推动企业大投资;冠军联盟见效明显,企业争相模仿;以设计师或装修公司引导的营销方式也广泛应用;家具联营,在低资产前提下实现产品种类互补。

4.促销方式层出不穷,促销成为常态,日常销售相形见绌。不促难销,不促不销,成本不断攀升,企业勉力支撑。促销成为主渠道是有问题的,张瑞敏引用美国人派恩《体验经济》一书说,体验营造的目的不是要娱乐顾客,而是要吸引顾客参与。促销就是娱乐,打价格战就是娱乐顾客。

5.低价竞争成风难以挽回,地板行业毛利率下降。上游房企利润率下滑,从11月初公布的135家上市房企三季报来看,行业利润率只有17.9%,净利润率只有13%。而2013年上半年房地产行业利润尚有19.2%,2012年则为21.3%。由于主业增长和效益不理想,出现上市公司跨业经营倾向,并有资产整合主营转移案例(林板类上市公司12家中已有2家)出现,1月13日科冕木业发布了重组方案,公司拟以拥有的全部资产和负债作为置出资产,与天神互动100%股权的等值部分进行置换,如重组成功,科冕木业将转身为网游股。出现一些中小企业经营困难甚至停产或濒临破产,把行业摆到全国来比就更清楚了:全年规模以上工业企业产销率达到97.8%。在41个工业大类行业中,27个行业主营活动利润比上年同期增长,12个行业主营活动利润比上年同期减少,2个行业由上年同期主营活动亏损转为盈利。而地板行业效益下降是与宏观走向不符。当然,也有一些资本进入本行业。

6. 各种形式的保护主义明显抬头，国际市场频发贸易壁垒，反倾销反补贴频频出现，美国硬木胶合板双反终裁我方取胜。

7. 家具类零售增长 21.0%，下游装修业发展如火如荼，笔者多次报道过 A 股 6 家"公装"上市公司表现，六家上市公司尽管以公共建筑装修为主但也都有家装业务，如广田公司的年报中说其主要业务之一为住宅精装修。6 家几年以来营业收入年递增 20%~30%，甚至高达 50%，销售毛利增长是可观的，周转是这个板块企业的弱项，其原因是其行规的账期要拖到三年才清，经营现金流数据不大好，因为应收账款要占营业收入的 50%~60%。下游家装公司首家 IPO，东易日盛将于 2 月中旬上市发行，发行新股 2412 万股，募集资金约 5.06 亿元。

8. 努力摸索整体家居的经营方式、盈利模式和实现路径，尤其是企业在起步突破服务门槛，这是非常有远见的举措。据说南浔几乎家家企业都有金螳螂流转过来的家装服务师傅。

9. 电子商务的探索继续深入，前卫企业销售额增长可观，但几无赢利，不但有物流的困难，更难的是线上线下如何平衡利益互补优势。移动终端在营销中得到更多应用，微信用于宣传推广及内部联络效果甚佳。

10. 地板企业领导更新换代逐渐铺开，出现一些有学历有思路能经营会管理敢开拓的接班人，也出现了由于接班后艰难的转型升级而接班意愿不强的情况，也有一代创始人退而不休的，也有缺乏接班的全面规划的。但是只要继续虚心学习（开放一点，摆脱狭隘的自以为是的认知，能听取别人意见并择其善者而从之）努力实践（不是盲目实践，思考、总结、提高并重），三五年有希望成长为现代化的企业领军人。

中国木地板行业的崛起得益于有一批商界的弄潮儿，沐浴改革开放的阳光雨露，在市场中战风斗雨由胆略过人、善抓机遇的草莽英雄，不断提升、逐步成长为有世界眼光、战略思维，在竞争中超越自我的、能应用现代管理方法整合各种资源、做强企业的领军人。

马年鞍上挥鞭，前路舍我其谁

世界银行给出的2014年全球经济预计增速为3.2%，相对于2013年的2.4%，2014年世界经济将迎来复苏的一年。并指出主导世界经济增长趋势的仍旧会是以中国为首的发展中国家。

1. 世界经济从金融危机中复苏的方向未变，美国经济复苏较为明显；截至2013年三季度，美国个人消费支出已经连续17个季度实现季环比增长，房市持续回暖，截至2013年9月，标准普尔美国20大城市房价指数已连续16个月实现同比增长，住宅投资季环比增长年率则已连续五个季度实现两位数增长，新房和成屋销售也较为强劲。美国家庭负债比率已从危机期间14.05%的峰值降至9.92%，所有银行的房地产贷款和消费贷款的拖欠率从危机期间10.01%和4.71%的峰值渐次降至6.12%和2.4%，全美房屋空置率则从危机期间2.9%的峰值渐次降至1.9%，家庭去杠杆、房市去泡沫和金融去风险均取得显著进展。美国失业率在不断下降，2013年11月已从危机期间10%的高点降至7%，2013年，欧洲经济在结束了长达数个季度的萎缩后，终于"拨云见日"，在二三季度连续增长，实现技术型复苏。

2. 改革红利。从改革开放入手，着眼处理好政府与市场的关系，大力推动简政放权，释放改革红利。通过大量减少各级政府的审批事项、推进贷款利率市场化等金融改革、建立中国上海自由贸易试验区、探索负面清单管理模式、放宽市场准入等举措，激发市场活力和经济发展内生动力，调动民间投资的积极性。2013年全年新登记注册私营企业达233万户，比上年增长30%。

自改革开放30多年来，经济增长大致经历了三个周期：1979年~1990年、1991年~2001年以及2002年~2011年。这三个增长周期的上升阶段分别由改革开放、社会主义市场经济地位的确立以及加入WTO的制度改革推动。十八届三中全会深化经济体制改革方面的举措能再一次释放出"改革红利"，从而开启中国经济新一轮的增长周期。

3. 新型城镇化红利。中央明确，到2020年，要解决约1亿进城常住的农业转移人口落户城镇、约1亿人口的城镇棚户区和城中村改造、约1亿人口在中西部地区的城镇化，推动新型城镇化要与农业现代化相辅相成，突出特色推进新农村建设，努力让广大农民群众过上更好的日子。国务院决定合并新型农村社会养老保险和城镇居民社会养老保险，建立全国统一的城乡居民基本养老保险制度。这直接就产生家居需求。

4. 房地产增长势头仍较强劲。过去十年，房地产开发总量606.3亿平方米，住宅施工面积277.8亿平方米，住宅竣工总面积152.9亿平方米，开发存量453.4亿平方米；未来仍是消费结构由吃、穿向住、行转移，尤其改善性住房消费占比越来越高，且二次装修在未来5~7年将进入释放高峰期。家居行业仍然处在黄金发展期。2013年全年房地产开发企业到位资金12.2，122万亿元，比上年增长26.5%。

5. 过去十多年行业积累的资本与经验。中国木地板行业的崛起得益于有一批商界的弄潮儿，沐浴改革开放的阳光雨露，在市场中战风斗雨由胆略过人、善抓机遇的草莽英雄，不断提升、逐步成长为有世界眼光、战略思维，在竞争中超越自我的、能应用现代管理方法整合各种资源、做强企业的领军人。君不见20世纪90年代中期引进强化地板的企业家是何等地有远见卓识。虽有竞争也是竞合之典型；先营销后制造；千方百计打造品牌，开拓占领市场同时让消费者的负担减轻三分之二，欧典风波导致行业社会责任意识的觉醒与彰显；专利官司，催生了同步花纹与V型槽，品类扩大，功能与美学价值不断开掘和深化，产业聚集壮大行业阵容并造福一方，优势企业成长起来，品牌逐步为社会认同；有一大批精明过人、出类拔萃的职业经理人；有一大批与时俱进的技术、管理专家；行业协会作用不断加强，培育出一个潜力巨大的市场。回顾过去是为了开创未来，总结经验教训以利再战，成熟的企业家，要运用哲学思想指导自己的工作，既不能占糊涂便宜，也不能吃糊涂亏。

地板企业家当前把握宏观形势的焦点在于认识、接受并适应中国经济到了换挡减速期，这是大趋势。不能身在中速期，脑子仍停留在高速发展期。大势看错全盘皆输。

把握形势在手，挑战机遇并存

1. 我国发展的重要战略机遇期在国际环境方面的内涵和条件发生了很大变化。我们面临的机遇，不再是简单纳入全球分工体系、扩大出口、加快投资的传统机遇，而是倒逼我们扩大内需、提高创新能力、促进经济发展方式转变的新机遇。我们必须深刻理解、紧紧抓住、切实用好这样的新机遇，努力在风云变幻的国际环境中谋求更大的利益。

2. 中国经济逐步进入由高速至中速的"换挡"期。国家明确经济运行的合理区间，提出把经济增长 7.5% 左右、新增城镇就业 900 万人以上作为下限，把物价上涨不超过 3.5% 左右作为上限。只要经济处于合理区间，就保持宏观政策稳定，主要靠结构改革、靠市场力量稳增长、促发展。

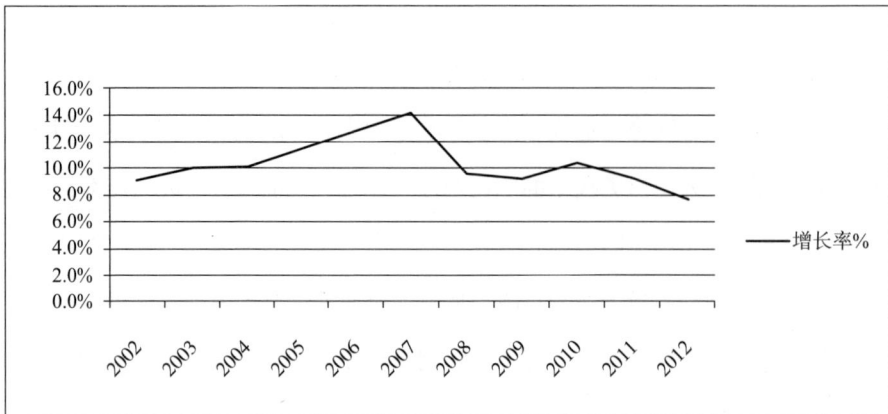

2002~2012 年中国 GDP 增长率 %

经济增速已经连续四年减速——GDP 增速已从 2008 年的超过 12% 降至今年的 7.5% 左右，虽然绝对值仍然很高，但是短短四年间，增速已回落了 1/3，中国 2013 年国内生产总值（GDP）增长 7.7%，为 14 年来最低，原因是人均 GDP 离世界先进水平的差距在缩小。过去曾经是美国的标杆国家的人均 GDP7%、8%，2013 年年底已经升到了 19% 左右，当一个国家 GDP 增长水平差距越来越小的时候，自然增长的速度和动力就有所放缓，这是经济学研究里面没有争议的。目前要进一步克服投资偏好，我们在 1991 年 ~2001 年也是中高速增长，但那时投资增长率和 GDP 的增长率比只有 1.5 倍左右，现在投资增长率是 GDP 的两倍以上，最高达到三倍，这肯定不正常。那时候一块钱投资可以产生五毛钱左右的 GDP，现在一块钱投资只能产生 0.2 元 ~0.3 元左右的 GDP。

3. 房地产的大佬已经意识到要从过去白热化的状态能够比较顺利地转向正常的发展状态，避免出现大起大落。过去十多年我国房地产市场连续保持强势上涨运行态势，主要是受真实住房需求、资金面和房地产政策三大因素推动。真实住房需求不仅包括当期住房需求，也包括前移的未来住房需求，房价过快上涨引发了市场的普遍恐慌心理，由此产生住房供求阶段性矛盾。

任志强说："我做了十几年房地产报告，2014年第一次提出'风险'两个字。2014年销售的问题会比较大。"王建林的基本判断是，两年之内，除了十个左右的热点城市，全国无需调控。据了解，现在很多二线城市供应量过剩，房子已经出现卖不动的迹象。北京科技大学教授赵晓说，"不动产登记肯定会造成一些人的恐慌，恐怕一些人会抛售房产。"国务院发展研究中心金融研究所副所长巴曙松指出，全国的房地产供应状况是一线城市供不应求，三、四线城市产能过剩，空置率过高，房地产的黄金时代已经接近尾声。住房与建设部研究中心主任秦虹认为，第一，房地产市场高速增长的时代已经过去。第二，过去以住房、新房交易为绝对主体的市场在发生变化。很快在下一个十年就要迎来存量房时代，二手房市场的成交会和新房市场的成交持平，甚至超过新房市场，对房地产开发一定会产生新的影响。第三，商业、写字楼、旅游地产等服务型地产投资会增长，这是城镇化率超过50%以上，收入水平超过8000美金以后的必然特征。12月末，全国商品房待售面积4.93亿平方米，同比增长35.2%。

地板企业家当前把握宏观形势的焦点在于认识、接受并适应中国经济到了换挡减速期，这是大趋势。不能身在中速期，脑子仍停留在高速发展期。大势看错全盘皆输。

4. 从粗放型走向集约型实现行业的战略转移行业发展过猛也带来一些虚胖症亟待调整，有很多企业几年均处于"满负荷，高增长，强营销，不到底，结构散，信息断，管理乱，水分大，难持续"状态。仍然有人迷信可以长期高增长，从而掩盖管理上的漏洞与缺陷。同时，创新乏力、产品低端化，同质化越趋严重、长期不能升级势必导致利润压薄、甚而走向偷工减料粗制滥造的恶性循环。竞争手段低级，主要依赖低价竞争使得企业和行业发展永远停留在粗放式增长的低级而又看不到希望的状态。这种状态不适应中国经济由高速到中高速的变化。一定要破除侥幸心理，正确认识到以劳动力比较优势为核心的机会型赢利正在消逝，而建立在核心竞争力基础之上的战略性赢利时代正在到来；过去学海尔快鱼吃慢鱼，现在要又稳又好又精；要从一味单纯不惜工本争抢市场份额向提高营销质量增加效益转变；要从野蛮生长走向规范成长；要由短跑选手转向马拉松健将；归根结底的是由数量扩张型走向质量效益型。粗放式提升为集约式的一个标志是从只抓商机疏于管理的商人逐渐变为既敏感于市场又精于管理的有战略理念的企业家，既有创业激情又有经济学理性，既能看到自身优势，又能正视弱点和错误。创业型公司依靠个人能力，成长型公司依靠伙伴能力，成熟期公司依靠组织能力。转型期认识到粗放型经济的特点很重要，是正确把握企业所处时期定位的前提。

下文列举一些本行业由粗放到集约的表现例证以引起同仁思考。做大做强的永远是那些坚守基本又不断变革与时俱进的企业。

不役耳目驱使，百度惟贞所趋

要由单线条的片面思维向全面系统观念转变。何谓片面？只看到刚性需求存在没看到其实现的时间跨度，只看到高收益没看到高风险，上项目不做投入产出分析，只做定性分析不做定量分析，只做必要性分析不做可行性分析，只知己不知彼，只讲赌商不讲智商情商。市场调查浅尝辄止不肯下苦工夫，做了调查的也因样本太少缺乏说服力。比如研究需求，目标客户的确定必须本地化，品牌对口化，而且从全国说，全年城镇居民人均总收入 29547 元。其中，城镇居民人均可支配收入 26955 元，比上年名义增长 9.7%，扣除价格因素实际增长 7.0%。那么你这个品牌的重点销售地区收入情况，待装修房屋面积要有具体数据支撑，商品房销售面积，住宅销售面积，装修房装修面积，有可能成为本品牌潜在客户的是层层剥笋逐渐深入的研究分析过程。鼓舞士气只突出狼性和煽情，却不从社会、企业和个人利益的结合上去激励，笔者参加过许多企业的年会，现场鼓角齐鸣，热血沸腾，由于缺乏企业在行业的竞争地位定量分析和激励措施的落实，难以长远和实际激励人心，往往是当场激动回去不动；许多企业有紧跟市场的战略或战术目标，但对主客观条件缺乏深入实际分析（大数据年代更需要分析好），决策程序缺失靠英明领导个人拍脑袋做重大取舍，组织与各种资源支持措施没有充分跟进，效果不理想甚至成为伟大的空话，企业在当前主要应遏制机会主义冲动，立足于长期发展。

财务管理粗略，大而化之地算投入产出，许多企业没有完整的财务核算，没有现金流量表，许多当家人不知用净资产收益率等基本的指标来衡量评估企业经营效果和作为提高企业管理的基本措施。

企业利用外脑的重要途径是项目咨询，咨询公司优势在于其后台资源（多年积累的全球咨询案例及信息），一套系统科学的方法，一班高素质专业人才。有一定规模和实力的企业请对了咨询公司还是很有助益的，尤其是现在试错成本越来越高。现实是本行业的企业比较多地请的是品牌和营销咨询或顾问，较少的请战略咨询、组织架构、业绩考核、人力资源和薪酬分配的顾问。有的是迷信自己的狭隘经验可以长期走遍天下，有的是不舍得花钱或者花不起钱，有的是赶时髦请几家，只会把华丽时尚的管理新口号挂在嘴上，不会结合自己实际融会贯通，往往是机械搬用，不能以我为主兼容天下，效用受到极大局限。

人才竞争是企业最根本竞争，木地板行业营销是较强的行当，企业文化中崇尚"狼图腾"，培育队伍像群狼一样狠、准、智、顽强显得很成功，相对理性营销尚嫌不足；哥们义气讲得多，战友般情义嫌不足；重赏之下出勇夫多，用事业成就感引导得少；物质刺激多，文化尊重少；形成一种尊重人才，凝聚人才的文化与氛围尚待努力。

地板企业大多属民营资本，家族资本背景的企业走向现代化治理尚少见有成功的典范。在创业初期家族成员起了至关重要的作用，随着企业做大做强血缘纽带逐渐支撑不起，要过渡至用产权纽带与经济规律规范企业行为，用人唯亲要转向用人唯贤。创始家族成员逐步变成股东和董事享有重大经营、重要人事任免权和资产收益权，有志于经营管理的股东应该和职业经理人一样面对一视同仁的考核和选拔任用，而所有权和经营权要有适当分离，健全的委托代理关系才能规范企业行为，才能吸引大批高端人才为企业壮大建功立业。往往所有者不放心不放权，不明白老板也要按照规章制度通过一定形式和在一定权限内去实施管理。盛行家族伦理主义主导下的企业文化，以至于一流人才进不来留不住。而另一方面，我国木业职业经理人市场发育很不成熟，职业经理人的报酬期望值远超市场公允值，职业道德水平和对企业忠诚度不高，跳槽过频，回扣风气颇盛。这两方面倾向都是企业从粗放走向集约逐步要纠正提高的。

木门衣柜品类的发展证明企业发展投入硬件易提升管理软件难，有成功的木门企业橱衣柜企业，但罕见有地板企业做成功了木门与衣柜的，倒是一些小企业较易成功，包括楼梯、墙纸和木屋，小企业比大企业成功率高。可见标榜做整体家居易，实际做成大不易，也许正因为不易才有创造蓝海的可能，当然决策之前要摸清深浅和难处所在并有应对之策。比如个性化定制与规模化制造是需要 ERP 成熟运行的，又如做整体家居做装修要面对房地产产品的标准化不够，提供整体家居业缺不了测量、设计、安装及后续服务，而这是挺高的一道坎，中国消费者多数消费心理并不成熟，缺乏为优质服务付溢价的心态；加之组织培养一支稳定的按标准化作业的高素质服务队伍难上加难，有决心开辟蓝海者一定要有充分的准备。这要求我们经销商必须从单一销售行为，转变为集咨询、设计、体验、安装、服务于一体的系统化运营。

电商与工程渠道对多数地板企业是鸡肋，食之无味弃之可惜。由于地板行业的特点，现场实物体验和售后服务的至关重要性，经销商门店在可预见的未来仍有存在必要性。但越来越高的大卖场店租和人员成本又难以承担，由于电子商务势不可挡，电商热潮正在形成一股巨大的商业力量，不但开始重塑传统零售业，还逐渐带动起新的经济增长点。前卫的企业家已经提出平台理论，所谓平台，就是快速汇集资源的生态圈。用最快的速度把各种资源汇集到一起，只有互联网时代才能做到。大数据时代的到来，必将引导供应、制造、营销、销售等行为更趋科学性和精准性。充分利用大数据的预测功能，将计划生产模式转型成为细分制造模式，使规模化更可控、个性化更精准。从过去粗放的产品研发发展到聚焦型产品研发，从过去全面性传播覆盖到精准性达到率传播，从过去单一的标准化地板生产发展到全品类定制化生产，大数据将为营销体系的各个环节提供科学、理性的指导。这将是以信息化、数据化为典型特征的第三次工业化革命，我们必须适应新的要求。如何做好地板业的电商有待有志企业更多的探索。精装修比例的快速提高逼迫企业不得不开辟工程渠道，但大房地产开发商显失公允的一边倒的议价能力和单一对价低招标方式把地板企业逼至悬崖，但是确有一些中小房地产商比较讲理没那么强势，只要资信可靠，工程客户不必一味求大，其广告效应并不像想象的那么大。

创新关系到企业的核心竞争力和发展后劲。李克强总理说我国正处于建设创新型国家的决定性阶段。面对世界科技革命和产业变革历史性交汇、抢占未来制高点的竞争日趋激烈的形势，面对国内资源环境约束加剧、要素成本上升、结构性矛盾日益突出的挑战，主要依靠要素投入驱动的传统增长模式已难以为继，过去在中低端产品上形成的竞争优势也在逐渐减弱，我国经济增长已进入从高速到中高速的"换挡期"。必须依靠科技创新，才能有力推动产业向价值链中高端跃进，提升经济的整体质量；才能更多培育面向全球的竞争新优势，使我国发展的空间更加广阔；才能有效克服资源环境制约，增强发展的可持续性。我国已到了必须更多依靠科技创新引领、支撑经济发展和社会进步的新阶段。创新首先讲理念讲投入，管理创新首先是理念的提升，产品创新首先讲投入，无论是自力研发还是引进专利，都要在一个时期加强投入，锁扣专利长期收高额费用的沉痛教训必须牢记。本行业的研发投入好企业在 1~2 个百分点（与营业收入比），最好的企业短期能到 4~5 个百分点。总而言之，从粗放到集约，地板业需做的转变是很多的。董明珠说得对，最终决定输赢的还是技术和产品。

2014 年世界经济仍将延续缓慢复苏态势，但也存在不稳定不确定因素，新的增长动力源尚不明朗，大国货币政策、贸易投资格局、大宗商品价格的变化方向都存在不确定性。

中国经济运行存在下行压力。宏观层面，体制转轨遭遇既有格局的强大惯性，发展转型面临创新能力和人才培育的刚性瓶颈，政府职能转变不仅需要壮士断腕的勇气，也不能没有临渊履薄的精细和严谨。微观层面，地方债居高不下，房价起伏不定，"看得见的手"进退两难，"看不见的手"难以施展。老龄化浪潮迅速吞噬人口红利，催生"未富先老"的困境。一边是就业难，一边是用工荒；一边是城镇建设热火朝天，一边是城门高耸楼宇空置；太多的纠结，累积不高兴不和谐不稳定的情绪。2014 年，中国经济的主要风险仍然未变，但经济学家最担心的还是改革受阻，这占比 37%，产能过剩和地方债风险各占比 16%，政策不稳定占比 13%，金融系统风险占比 8%，国际经济影响占比 7%。

服务是坎也是蓝海。目标在做整体家居的服务越来越重要，也越来越难，最终看谁把难事做成做好。董明珠在最近一次辩论中直指雷军的硬伤。雷军的手机、电视即使卖得再多，但质量、售后都跟得上吗？

精装修的楼盘越来越多，五年前的比重约为 20%，但每年递增二三十个百分点，其增长可观。现在开发商做精装修产品又多了一个理由，装修成本可享受加计扣除 20% 的优惠。这相当于无形中增加了建安成本，同时降低了土地增值额度，降低所需缴的增值税额。因为大房地产商议价能力超强，招标唯价格是举压得地板供货商难以维持，再加上要一年账期，倒是有一些面向中小开发商的企业反而能获得较好价格，当然要选有资质讲诚信的开发商。

还是机遇与挑战同在。做大做强的永远是那些坚守基本又不断变革与时俱进的企业。

张森林 / 文
原载 2014 年《中国环保家居》

中国环保地板报告与诉求表达途径

——我国木地板 17 年发展概况及未来十年发展分析

中国木地板行业从 1995 年到 2012 年，走过了 17 年的发展历程。伴随着市场经济的浪潮，中国木地板行业实现了"从小到大"、"从弱到强"的发展历程，如今我国已经成为全球最大的木地板制造国以及全球最大的木地板消费国之一，并且形成了中、美、欧"三足鼎立"的全球木地板市场格局。

一、过去 17 年行业发展及概况（1995~2012）

两年前，以"绿色产业、承载未来"为主题的"中国地板行业辉煌十五年大会"上，国家林业局及中国林产工业协会的相关领导，对于地板行业 15 年来取得的辉煌成就给予了充分的肯定，并且希望中国地板行业能够在全球化、低碳经济（以低能耗、低污染、低排放为基础的经济模式。亦即在可持续发展理念指导下，通过技术创新、制度创新、产业转型、新能源开发等多种手段，尽可能地减少煤炭石油等高碳能源消耗，减少温室气体排放，达到经济社会发展与生态环境保护双赢的一种经济发展形态）的新形势下，实现中国由"世界地板大国"向"世界地板强国"的转型。

回顾地板行业的发展历程，大致可以划分为三个发展阶段：探索期（1995~1997），崛起期（1998~2002），跨越期（2003~2012），这是中国地板行业从"中国制造"到"中国创造"的 17 年。

从 1995 年开始，市场经济的浪潮开始涌向各行各业，市场经济的发展更为地板行业的发展注入了强劲的动力，在中国林产工业协会的指导下，我国地板行业在产品、品牌、技术创新等方面不断探索，在品牌建设、技术创新、售后服务水平等方面不断提升，产业规模不断扩大，中国地板行业进入了快速发展的黄金时期。

1998 年中国林产工业协会地板专业委员会成立，这标志着地板行业开始走上规模化、规范化的发展道路，中国木地板产销量连续多年保持稳健的增长态势，到 2002 年，中国地板行业的产销量已经达到 1.8 亿平方米。从 1998 年到 2002 年中国地板行业迅速崛起，这也带动了中国地板行业成熟化、规模化的发展，在这一时期，《浸渍纸层压木质地板》国家标准、《实木复合地板》国家标准、《实木地板》（修订）国家标准等一系列标准相继发布，推动了中国地板行业走向规范化，并开始与国际接轨。另外，浙江南浔、江苏横林等地板区域产业集群的崛起，使得行业资源得到更有效的整合，提升了产业链的效率，并带动了区域经济的腾飞。

2003 年到 2012 年，随着一系列国家和行业标准的发布和实施，中国地板行业在产业规模、技术创新、品牌建设、资本运作等方面全面推进，进入了跨越式发展阶段。尤其是在 2003 年到 2007 年期间，中国地板行业保持着两位数的持续、稳定增长态势，2007 年，中国地板产量约为 3.61 亿平方米，到 2009 年中国木地板行业的产量约为 3.64 亿平方米，总产值约 700 亿元，从业人员达到 100 多万人。2010 年我国木地板销售量同比增长 9.6%。据中国林产工业协会地板专业委员会的不完全统计，2010 年，我国地板生产企业销售量约 3.99 亿平方米，同比增长 9.6%。其中强化木地板约 2.38 亿平方米，同比增长 12.3%；实木地板约 4300 万平方米，同比增长 2.4%；实木复合地板约 8900 万平方米，同比增长 7.2%；竹地板约 2530 万平方米，同比增长 1.2%；其他地板约320万平方米，同比增长45%。

在这个快速发展的十年间，中国地板全球化步伐逐渐加快，从"全球配置资源"到"全球市场合作"再到"全球专利注册"，中国地板行业在技术创新、品牌实力、市场布局等方面已经走在全球前列。

11年来我国四大类木地板产量，见下表。

表1　近11年我国四大类木地板产量表（单位：万平方米）

年份	强化木地板	实木地板	实木复合地板	竹地板	合计
2000	6000	4500	1000	300	11800
2001	7500	6000	1200	330	15030
2002	9500	6500	1600	360	17960
2003	12000	7000	2200	400	21600
2004	15000	7000	3300	500	25800
2005	19000	5000	4600	600	29200
2006	20000	4500	6000	2500	33000
2007	22000	4400	7500	2000	35900
2008	19800	4200	7800	2400	34200
2009	21200	4200	8300	2500	36200
2010	23800	4300	8900	2530	39530

以下就实木地板、强化木地板、实木复合地板向大家做一些回顾：

（一）实木地板

令我们不容忽视的是，可持续发展催生大量资源循环型产品，实木地板渐失主角地位。

1.实木地板的兴起和发展。

实木地板作为地面装饰材料,其发展历程比较缓慢。在我国转入经济建设后,特别是20世纪60年代初,建设部发文在民间建筑禁止运用木地板,各种新型的材料,特别是纺织、人造革卷材、PVC地砖、橡胶,还有陶瓷、瓷砖和其他一些地面装饰材料逐渐取代木地板的市场地位。随着改革开放政策出台,国民经济的发展和人民生活水平的提高,人们对木材的自然属性情有独钟。从20世纪90年代开始,实木地板逐渐在国内受到人们的青睐。宾馆大厦、体育场馆、商场商厦、娱乐服务场所及居民住宅装修等,开始选用木地板铺设地面。

随着人们对实木地板产品认识的提高,使得其种类不断增多,生产企业迅速增加。到目前为止,在国内生产实木地板的企业中产生了许多具影响力的品牌,诸如大自然、生活家、久盛、美丽岛、富林等。

但是,不容忽视的是,可持续发展催生大量资源循环型产品,实木地板渐失主角地位。近些年来,全球自然灾害频发广受关注,环保理念日益深入人心,2011年举行的世界地板大会便以"全球市场和可持续发展"为主题,地板企业与森林资源之间的平衡正受到前所未有的质疑与拷问。本次展会上一改以往实木地板唱主角的状况,各厂商纷纷推出可替代型的强化、实木复合、竹木类地板产品,并彻底克服了呆板生硬的传统"痼疾",取代实木地板市场已是大势所趋。同时,运用于户外景观、体育场馆等场所的木塑类产品悄然兴起,已经成功应用于奥运会、世博会等重大项目中,产品前景也被普遍看好。

2.实木地板制造业基地的五大转移。

第一个阶段,20世纪80年代初到90年代末,实木地板走进人们的生活。80年代初,随着改革开放,人们的生活水平逐渐提高,房子装修成为当时人们改善生活水平的重要内容,实木地板就在此时走入人们的生活。最早的实木地板加工基地以吉林敦化和辽宁抚顺为中心,家庭作坊型的加工厂如雨后春笋般地发展起来。林场采伐剩余木料是加工的主要原料,企业充分利用这部分剩余木料来加工小型实木地板，又称实木拼花地板。当时，这种地板的铺设方法也比较简单，基本上是采用胶黏剂直接粘贴。无论是从工艺技术，还是质量要求都比较低。到了20世纪80年代末和90年代初期，拼花木地板风行木地板市场。

第二个阶段，1998年形成了以西南（成都、昆明）为中心的实木地板木加工基地。因为当时东北地区加工木地板的质量较差，使得实木地板企业转战西南，这时候开始有西南桦、山榉木、柚木地板出现，木地板的规格也逐渐变大，一般是600mm长，70mm宽，18mm厚，表面都上了油漆。

第三个阶段，是以珠江三角洲为中心的实木地板的加工基地的形成。1998年，长江中上游水灾暴发，政府启动天然林保护工程，出台相关规定禁止采伐森林资源。由于西南地区木地板企业利用的都是国产材料，原料受到了限制。珠江三角洲的木地板产业快速发展起来，主要集中在广州、深圳、中山、顺德等地区。这些地区生产的木地板质量、油漆工艺都比西南的有所提高，木地板的原料开始采用进口材料。

第四个阶段，以浙江南浔为加工中心的局面形成。到2001年，浙江南浔木地板行业异军突起，2003年南浔实木地板达到全国实木地板总销售量的50％，但是到2004年时，不断出现的假冒伪劣产品对市场有不小的冲击。2005年受原料的限制，企业开始缩小；但企业并没有就此消沉，而是积极面对困难的挑战。目前，南浔已拥有400多家木地板生产企业，是业内公认的"全国生产规模最大、品牌数量最多、区域最集中、产业链最长"的实木地板生产基地。2008年，南浔木地板实现年销售收入达80亿元左右。

第五个阶段，以上海为中心的实木地板内销市场集中地的形成。此一阶段上海地区涌现了一大批如安信、美丽岛、力丰、骏牌、林牌等知名木地板品牌。实木地板生产基地实际上是已经转向营销市场，而非原料基地。目前上海成为实木地板销售量最大的地区，也成为世界木地板进出口口岸和最大的原料进口地。这一中心包括长江三角洲、张家港、南通、苏州等以上海为中心的地区。

（二）强化木地板

强化木地板产业在今后的几年中增长速度略有放缓，但仍会将以超过20%的速度增长，主导地面装饰材料。作为一个不断转型升级的朝阳产业，它的发展前景将十分广阔。

强化木地板自1995年进入我国以来，经过十多年的发展越来越壮大。2007年，整个铺地材料将形成2000亿元的产业规模；中国强化木地板市场份额将超过实木地板而占据首位。随着地板行业的逐步规范，科技含量高、产品质量好的强化木地板仍将主导地板市场，仿实木强化木地板将大受欢迎。

1. 强化木地板的两大时代。

从1994年、1995年以来，强化木地板开始大量进入我国市场，当时产品主要来自德国、瑞典、奥地利、法国、挪威、比利时、西班牙以及亚洲的韩国、日本、马来西亚等国家。据不完全统计，我国已拥有近百条强化木地板生产线，生产能力超过一亿平方米，生产线分布于北京、广东、上海、广西、四川、浙江、湖北、湖南、江苏、山东、辽宁、福建等省市。1995年年底国内也只有十个强化木地板品牌，而今已猛增到3000多个品牌。

2. 早期的强化木地板。

早期的强化木地板是以中密度纤维板（MDF）、刨花板为基材，以装饰用防火板为面层和平衡用防火板为底层的三层复合板（防火板是一种全部以浸渍纸层压而成的板材）。因其生产时需要热压较高（大于70KG/C平方米），这种生产方式属高压法，即HPL（High Pressure Laminate），也叫连续层压法，即CPL（Continuous Pressure Laminate）。高压法或连续层法的生产成本较高，现在已较少采用。

3. 新型强化木地板。

到了 20 世纪 90 年代初，以高密度基材（HDF）、耐磨层、装饰层、平衡层为生产材料的新型强化木地板研制成功，其结构可参见"强化木地板的结构及分类"部分。因其生产时所需的热压较低（30KG~45KG/C 平方米），这种生产方式属低压法，即 LPL（Low Pressure Laminate），也叫直接层压法，即 DPL（Direct Pressure Laminate）。

正因为强化木地板对基材的要求很高，所以其基材大部分是由专业的中高密度纤维板生产企业生产。由于其基材层是采用人工速生材制造，不会造成对天然林的威胁和破坏，所以符合绿色环保的国际潮流，对于保护全球生态平衡、天然林保护工程可以起到积极的作用。

1996 年，国内进口强化木地板生产线，采用引进大板加工地板。从 1997年开始，国产高密度纤维板开始试用于强化木地板生产。1997 年 5 月中国第一块以国产高密度纤维板为基材的强化木地板成功诞生，随后四川、上海和浙江相继生产出合格的国产强化木地板，标志中国的强化木地板本土化大规模生产时代开始。

4. 强化木地板的发展趋势。

强化木地板自十余年前在欧洲研制成功之日起，就显示出了强大的生命力，以其独特的综合优点受到了越来越多消费者的青睐。强化木地板产业在今后的几年中增长速度略有放缓，但仍将以超过 20% 的速度增长，主导地面装饰材料。毋庸置疑，它的发展前景将十分广阔。

总体发展趋势是: 竞争激烈化、生产规模合理化、质量标准化、品牌集中化、市场国际化、品种多元化、消费理性化、服务规范化。

5. 竞争激烈化。

竞争环境造就了我国强化木地板主流企业的营销理念现代化。作为终端产品直接面对消费者，必然有众多企业和品牌为得到消费者的关注纷纷参与正面竞争，并有部分企业跨出国门参与国际竞争。强化木地板强势品牌将逐步引导市场的发展，强势品牌下发展的配送系统、销售服务系统、市场研究开发系统、市场促销推广系统将逐步以高效、低成本、专业化的信息流、物流、资金流而取得绝大多数市场的份额，弱势品牌将较为迅速地退出市场。所以各强化木地板品牌仍然要强化品牌意识、质量意识，由此引发的品牌大战不可避免。

6. 整合重组是行业提升的希望。

外资及上市公司资本的大规模进入，相应提高了行业的技术装备水平，也带来企业组织结构以至文化、市场的更新。促进企业间的合作和整合，形成"中国制造"地板团队的国际竞争力。大整合带来大提升的现象方兴未艾，它给这个传统行业带来了质的飞跃，其积极影响将深刻而长远。随着市场竞争加剧，将会形成20%的品牌占领80%的市场份额，知名品牌的地位会越来越突出。

7. 市场国际化机会和挑战并存。

随着全球经济一体化进程的加快，更多的国外品牌将进入中国市场，国内品牌将走向国际；国际市场开拓的序幕已经掀起，先行者正进一步规划境外设库办厂，我国木地板已销向北美、西欧、中东、澳洲、东北亚、东南亚。持续强劲的需求提供了发展的机会，博弈的主导一方将能占领可观的市场。

8. 产品发展趋势。

在产品价格趋于平衡稳定的前提下，强化木地板还需要不断提升品质、增加产品附加值，如防水性能的提高、降噪、表面处理工艺的提高和板面结构的改善，同时还需不断研发具有自主专利保护的产品，不断降低原材料和能源的消耗，增加品种，发展多元化、差异化产品；地板表面将力求在视觉感官冲击力方面追求款式的改变，强化木地板将变得更加时尚化，更新颖、更多姿多彩，由目前的以仿真为主，逐步改为超仿真设计，由目前替代实木设计为主，转为实木不可替代款式为主；而地板的配套产品功能将不断翻新，如防潮胶水性能的改善等，并追求配件功能的丰富性；强化木地板本身将从单一的实用功能向实用、娱乐、保健等多种功能转变；伴随而来的地板售后服务也将从单纯的铺装向配饰以及风格设计等方向拓展。同时，仿实木地板产品将逐步成为强化木地板的主流产品。

9. 行业逐趋向规范化发展，产品和服务进一步标准化。

质量是企业的生命、行业发展的基础。产品和服务实现标准化是良性开拓国际市场的先决条件，是中国制造产品赢得国内市场、国际市场信心的必要保证。消费者需求的提高还将推动企业加大对售后服务的投入，不断提高服务质量，服务方式和服务内容。建立诚信运行机制，提升行业服务质量，通过切实可行的方案保护消费者权益。

总之，国家经济长远发展策略对木地板行业的发展和市场结构形成较大影响，并带来新的机遇；国际著名品牌也在蓄势待发，将借我国加入世界贸易组织时机涌入我国市场；国内小企业将面临关、并、转的不利局面，而有实力、管理好、质量好、售后服务好的大型企业和知名品牌将成为市场的领导者。

（三）实木复合地板

1999 年，强化地板的销售量超过了实木地板，而 2007 年实木复合地板又超过了实木地板。

实木复合地板是从实木地板家族中衍生出来的木地板种类，以其天然木质感、容易安装维护、防腐防潮、抗菌且适用于地热等优点受到众多家庭的青睐。

实木复合地板分为多层实木复合地板和三层实木复合地板。家庭装修中常用的是多层实木复合地板。三层实木复合地板是由三层实木单板交错层压而成，其表层为优质阔叶材规格板条镶拼板，材种多用柞木、山毛榉、桦木和水曲柳等；芯层由普通软杂规格木板条组成，树种多用松木、杨木等；底层为旋切单板，树种多用杨木、桦木和松木。三层结构板材用胶层压而成，多层实木复合地板是以多层胶合板为基质，以规格硬木薄片镶拼板或单板为面板，层压而成。

实木复合地板表层为优质珍贵木材，不但保留了实木地板木纹优美、自然的特性，而且大大节约了优质珍贵木材的资源。表面大多涂五遍以上的优质UV涂料，不仅有较理想的硬度、耐磨性、抗刮性，而且光滑，便于清洗。芯层大多采用可以轮番砍伐的速生材料，也可用廉价的小径材料，各种硬、软杂材等来源较广的材料，而且不必考虑避免木材的各种缺陷，出材率高，成本则大为降低。其弹性、保温性等也完全不亚于实木地板。正因为它具有实木地板的各种优点，摒弃了强化复合地板的不足，又节约了大量自然资源，所以有人预测，今后高档地板的发展趋势必然是实木复合地板。

实木复合地板的三个经历：

1. 外销阶段。

实木复合地板起源于欧洲，在欧洲具有广阔的产品市场，主要品种包括三层实木复合地板和多层实木复合地板。由于欧洲人非常喜欢我国的柞木、桦木以及枫木等树种，在20世纪90年代初期，中国抓住了这个机会，陆续引进了生产线、相应的设备及生产技术。最初引进的是欧洲三层实木复合地板的生产线，包括青岛阿尔达、北鹤、金桥、森林王等品牌，大概有二三十条生产线，当时的产品90%以上销往欧洲。因此20世纪90年代初期是中国实木复合地板的真正发展时期。

多层实木复合地板产生于日本和韩国，日本的实木复合地板使用方式和我国不同，最典型的莫过于榻榻米的使用，所以日本使用的实木复合地板基本上以薄型规格为主。在20世纪90年代中期，由于韩国和日本客户的需求，进一步带动了中国多层实木复合地板市场的发展。从产品结构上来讲，多层实木复合地板表层采用的是0.6mm左右的优质木材，而基材则是速生木材的胶合板材，其用途除普通用途外，也可用于地面取暖。最初的产品主要是销往韩国和日本，进一步拓展到美国，陆续延伸至欧洲，他们都对该产品产生了浓厚的兴趣，现在国内的销量也正在大幅度增长。

2. 辩证发展阶段。

1998 年，中国地板行业出现过一场被称作"中国商界世纪末大诉讼"的"狮象大战"。这场大战是因当时中国最大的实木复合地板生产厂家森林王公司的广告而引起的。因为被告"森林王"的卡通形象是一只雄狮，原告几家的商标图案多为大象，所以被称作"狮象大战"。

1998 年 8 月 3 日，随着北京市高级人民法院知识产权审判庭庭长的一声令下，一场已被全国近百家传媒爆炒的反不正当竞争案在这里正式开庭进入一审。"狮象大战"持续半年后，最终以圣象为代表的强化木地板企业的全面胜利而告终。

由此，我们可以看到，"狮象之争"引发的变局，亦即实木复合地板与强化木地板也由竞争走向了竞合。

强化木地板进入中国，对当时地板市场格局产生一定程度的影响，引发了一场强化木地板与实木复合地板的大争论。在这场中国木地板的品类之争中，实木复合地板与强化木地板在品类认知引导、市场与消费等方面形成激烈碰撞。

当时，由于木地板行业尚未形成标准和规范，专业知识尚未得到普及，两个品类的从业人员在不了解产品知识的情况下，经常会将两种产品进行不恰当的比较；另一方面消费者也对产品缺乏清晰的认识，很容易受到误导。

从 1997 年开始，以森林王为代表的实木复合地板和以圣象、升达、汇丽、吉象等为代表的强化木地板在产品认知和消费知识方面进行了将近一年的大争论。

从整个行业来看，实木复合地板与强化木地板都是木地板行业不可或缺的品类，正是由于这两个品类的兴起，缓解了木地板行业原材料日益紧缺的难题，保障了产业的可持续发展，同时也满足了庞大中国市场的多元化消费需求。

这场大战对整个木地板行业的发展影响深远。首先，"狮象之争"在消费领域为强化木地板赢得了更多的关注，创造了更多消费者认识的基础。借助"狮象之争"事件的效应，强化木地板企业对市场进行了一次长期深入的教育和宣传，其产品优势开始被全国消费者所认可。强化木地板的市场份额也因此获得了飞速增长。"狮象之争"后，强化木地板当时被正式列为木地板的一个品类，有关部门开始正视这一品类，并且研究出了相关的政策和规定。同时，通过"狮象之争"，人们对于实木复合地板"稳定性高"、"不易变形"等特点也有了一定的认知。其次，"狮象之争"反映了在行业发展初期从业人员和消费者对于地板知识的匮乏，也暴露了整个行业内部的无序竞争。为了规范行业秩序，促进行业的良性发展，1998年中国林产工业协会地板专业委员会正式成立。几年后，在协会及企业的共同推动下，有关木地板的国家标准相继出台，并推出了用于指导消费的白皮书，地板市场走上了规范化的发展道路。

自此，中国木地板行业告别了探索期，多品类开始崛起，产量飞速提升，市场由竞争走向竞合，历史翻开了新的篇章。

3. 中国式阶段。

进入21世纪，实木复合地板品牌消费已在各重点级城市凸现出来，尤其是2004年，实木复合地板被纳入到中国名牌产品评价范围，更加快了品牌建设的步伐。2004年9月，经中国名牌战略推进委员会综合评定，已有3个品牌荣获国家质检总局授予的"中国名牌"产品称号。随着国民经济的快速发展，建筑业已成为国民经济的支柱产业之一，室内装修业发展迅速，期间，中国木地板产销量增长率在25%左右，其中，实木复合地板以40%的发展速度递增；同时，实木复合地板的出口量也得到进一步提高。

经济的腾飞带来了装饰市场的火爆。1999年强化地板的销售量首次超过了实木地板，2007年是实木复合地板超过了实木地板。由此明显形成了强化、复合及实木三种品类地板不同的发展路线：强化木地板普及，实木复合地板更适合工薪阶层或者工程项目，而实木则走向高端市场。

地板企业在企业实力、产品、赢利空间、品牌知名度等方面进行综合系统的分析，让我们真正去认知一线地板品牌的气质。

二线品牌的出路，要么是自己冲锋陷阵成为一线品牌；要么是与一线品牌联合发展，视其为子品牌，使自己超脱"涅槃"境界，走向新生。

地板行业三线品牌最为典型的行业表现就是"宁为鸡口，勿为牛后"。

二、目前国内木地板行业的现状（2010~2012）

目前地板行业的竞争已达到惨烈的程度，一方面，随着精装修楼盘的增多，整个地板行业的零售市场在萎缩；另一方面，家居建材卖场的不断扩张，销售渠道的增多，加剧了地板行业的竞争压力，经营费用越来越高，众多中小品牌举步维艰，目前洗牌已经波及一线品牌。业内人士猜测未来三年，60%的地板企业将会被淘汰出局。

（一）一线品牌日趋显现阶段

综观整个地板行业，所谓的一线品牌也只是在实木、强化或实木复合领域的某个细分市场中处于第一梯队，还没有形成如同IT业中的联想、家电产业的海尔这种具有绝对优势的领导品牌。而真正能在三大产品类型地板中，特别是实木复合地板能处于市场快速发展地位的，就数近年来成功实现华丽转身、并凭借美学地板在全国异军突起的"书香门地"了。从产品创新和领先意识上讲，近些年来，生活家地板已深入人心，产品质量及品位被众多消费者所喜爱。

下面我们就地板企业在企业实力、产品、赢利空间、品牌知名度等方面进行综合系统的分析，以真正去认知一线地板品牌的气质。

针对地板行业来说，高志华教授认为，一线品牌必须具备以下几个条件：

● 一线品牌一定要有销售量，年销量至少在 200 万平方米以上；

● 一线品牌的营业额，一个亿以上；

● 品牌的广告力度，品牌的销售量覆盖面，营销体系，经销商的数量等，如果没有这几个条件支撑，光看品牌的知名度是很难确定为一线品牌的。

（二）一线品牌六大特点

一线品牌主要是扩大地板种类：大自然最初做实木地板，现在强化、实木复合都在全面发展；圣象原来做强化，现在三层实木、实木复合地板也在生产。因此，地板种类的多样化，成为一线品牌的第一个显著特点。

一线品牌的第二个特点是产品的多元化，就是他们除了做地板以外，还发展到别的产品，比如木门、门窗、橱柜等。

第三个特点是自身体系建设和自身营销体系建设。从广告力度来说，主要控制于营销阶段。现在一线品牌趋于扁平化，他们在营销管理和综合管理上都在不断加强。

第四个特点是控制终端。他们与居然之家、红星美凯龙，包括超市百安居、东方家园加强战略联盟，形成覆盖面。

第五个特点是与房地产合作，进驻房地产业。

第六个特点是电商、网上宣传力度不断增强。

（三）二线品牌模糊

地板行业二线品牌属于"左右摇摆派"（高志华语），主要是因为他们一方面想拓展事业但又深感风险很大；另一方面，如果不扩张前行又不甘心。因此，多重矛盾心理决定了二线品牌的不确定性和危险性。

至于如何界定二线品牌？目前也没有一个具体标准，基本处于模糊状态。但从表象上看，二线品牌机构的营销体系还较为完整，有自己的工厂、营销公司、网络部、行政管理部，有的还有市场发展部。可以说二线品牌虽如麻雀般五脏俱全，但其不可能像一线品牌那样发挥市场中坚作用。由于二线品牌底气不足，发展方向又不明确，做起事来往往裹足不前。比如广告投入太多，风险系数随之增大，就此问题往往成为二线品牌的心理障碍。因此，他们走的发展道路往往是靠打"价格战"赢得短期效益，并在市场肉搏竞争中求得一席生存之地。比如在产品促销中，他们可能喧嚣得很厉害，有的时候是赔了夫人又折兵，陷入越促销越赔本境地。基于上述情况，类似这些品牌产品多在区域市场营销。

如果把二线品牌从区域性品牌来划分，全国类似这样的品牌厂家至少有几百家。按中国林产工业协会地板专家委员会提供的数据——地板生产厂家有4000多家来估算，二线品牌生产商达2000多家。

但必须指出的是，二线品牌的出路，要么是自己冲锋陷阵成为一线品牌；要么是与一线品牌联合发展，视其为子品牌，使自己超脱"涅槃"境界，走向新生。就像宏耐被圣象收购，把自己整合进去求生存共发展。

（四）三线品牌混沌

地板行业三线品牌往往是产品不配套，一般种类不全，他们有主产品，副产品靠 OEM 加工。三线品牌只是部分产品，比如生产强化木地板，就没有实木复合的。目前地板行业的三线品牌基本处于混沌状态。他们主要靠加工生存，有活就干，没活就散。

为了苦苦求生，三线品牌商家好不容易有厂房、生产设备，但由于管理不善，一些技能好的工人基本走向了大企业，剩下的是靠亲戚朋友帮助维持生产。他们一年挣个 10 万、20 万的收入，总体来说比在外打工合算，同时，国人的"面子"问题也得以充分体现。地板行业三线品牌最为典型的行业表现就是"宁为鸡口，勿为牛后"。

许多企业对发展的"速度"、"高度"与"宽度"已经失去精准判断的能力，加之消费者正迅速成熟，他们对品牌已经有了自我定义，正从"价格忠诚度"开始向"品牌忠诚度"转变，地板企业将面临更大战略难题。

三、国际地板行业的中国现状（2002~2012）

中国地板产业强势发展的十多年，是一部创世纪的宏伟巨著，更是一部里程碑式的发展史诗。过去的十多年中，中国木地板产业纵横捭阖、几度起伏，既有蓬勃生机的大跨越、大发展，又有搅动市场的暗流险滩；既有黄金式的迅猛增长，又有"双反"形势下内销与出口的胜负博弈……十年轮回，弹指一挥，在品牌大整合与大逆转前夕，过去十年与未来十年，都对地板产业具有划时代的意义。

过去的黄金十年，受益于中国经济强劲发展、城市化进程加快以及新兴产业扶植等多层次政策的推动，市场催生了三大地板之都，成为中国地板产业发展的强大引擎。同时，无数品牌崛起，无数品牌又快速消亡，地板产业演绎了一首"浪花淘尽英雄"的企业诗篇。从"五代十国"的群雄混战，到市场日益理性、品牌整合即将来临的前夕；从小作坊式的生产管理，到拥有响彻国内外的民族品牌；从简单的产品竞争，到产业链与产业链之间的对抗；从明星代言、央视广告、价格大战三板斧闯天下，到跨业联盟、电子商务、资本运作三大趋势的出现……中国地板产业阔步向前，在行业自律、品牌打造、渠道建设等各个领域，都走出了一条具有"中国特色"的发展之路。而下一个十年，将是品牌整合的十年、综合实力竞争的十年、渠道为王的十年与企业洗牌的十年，这十年将翻开地板产业新的一页，成为中国地板史上笔墨更为浓重的十年，谁抓住了这十年的机遇，谁就将最终登上顶峰，真正赢得"天下"。

处在十年的变革中，许多企业对发展的"速度"、"高度"与"宽度"已经失去精准判断的能力，加之消费者正迅速成熟，他们对品牌已经有了自我定义，正从"价格忠诚度"开始向"品牌忠诚度"转变，地板企业将面临更大战略难题。

（一）存在不足

1. 国产地板缺乏创新技术。

强化地板、实木复合地板是技术含量很高的工业产品。现代地板的发源地——欧洲的 BERRY、FAUS 等就因拥有多项专利技术成为国际巨头。我国地板业经过十多年发展，已从进口大国转变为地板生产、出口大国，但还是处于比较低级的同质化的低价竞争阶段，几乎没有真正的创新技术。2005 年，美国强化地板 337 调查案，中国 18 家地板企业因一个小小的锁扣被欧洲同行起诉，最终以败诉告终，中国地板企业从此每年要向这些欧洲企业缴纳锁扣专利费近亿元，失去了价格优势，出口大量下滑也是必然的。

然而，大家并没有从中吸取教训：国内众多地板企业乐意花大量资金投在明星代言、广告炒作上，却不注重产品研发，从技术层面提高地板质量。不少企业更是利用普通消费者无法从外观上对地板的优劣进行识别，模仿、剽窃他人的新技术、新产品，造成无序竞争，产品质量几无保证。

2. 警惕地板出现假洋鬼子。

实话实说，欧洲地蜡木原是中国水曲柳白蜡木。除了用木材产地标榜是"进口板"以外，"原装进口"、"手艺"也时常让消费者感觉被忽悠了。而这些假洋木地板的价格比国产同样品质的木地板价格贵了两到三倍，其华丽的外表下不过是换了包装的国产货。

商家就是利用消费者不懂行的这一点，将木材来源标上来自欧洲或者比较知名的产地来迷惑消费者，以获得暴利。中国林产工业协会地板委员会秘书长吕斌坦言，目前市场上的"进口地板"很混乱，管理上也存在难度，消费者面临着诸多实际的消费问题。

德国工艺水平在世界上都是领先的，地板行业也不例外。随着人们对地板环保性要求的提高，进口地板更加得到了消费者的青睐。在多数人的潜意识里，一直就心存对"中国造"产品的漠视，而倾向于购买原装进口地板。

事实上，市场上许多声称进口的地板都是国内企业生产的。对于非专业人士而言，区别国产地板和进口地板恐怕不是件容易的事情，这需要相当的专业背景、经验和检测仪器。由于进口地板售价较高，因此常常成为不法厂商用伪劣地板假冒仿制的对象。

据资深地板制造商介绍，整体上国产地板和进口地板的质量难分伯仲，国内企业使用德国设备，关键原料进口，管理十分严格，因此其产品的品质可以说具有国际竞争力，与国外产品比毫不逊色，出口量也不小。

如果说有的"德国进口"还多少与德国沾点边的话，那么更多的企业在宣称自己是德国进口时所玩弄的把戏就有点让人啼笑皆非了。有的企业在德国注册一个品牌后回来就宣称自己是德国原装进口地板，还有的企业模仿国外工艺（如锁扣、V 形槽等）也敢大言不惭地说自己是德国制造……凡此种种，无非都是挂羊头卖狗肉而已。

（二）群居现象

1. 南浔：从地板"制造"到"品牌"的转型。

2000 年，我国实木地板生产企业约有 5000 多家，年生产能力可达 6000

多万平方米，主要产区分布在珠江三角洲、宁、沪、杭。

随着时间的推移，中国木地板分布呈几个主要的产业集群，分别有着各自的区域品牌特色。东北延边一带以实木复合地板见长，江苏横林以强化木地板为优势，而南浔在过去的发展历程中，实木地板一直是主打品类。2010年11月，中国林产工业协会将第一个没有前缀的地板之都称号授予南浔，"中国木地板之都"的荣誉意味着南浔地板产业集群的辐射力将由实木地板业扩散到整个木地板行业。

2011年3月24日，中国地板指数在南浔正式发布。这是中国林业产业领域第一个产业指数，一经推出就立即掀起轩然大波。中国地板指数的参考价值将覆盖于整个地板产业，各行业主管部门以及企业家将通过地板指数及时了解和掌握全国乃至全球地板贸易动态，为决策提供依据。除此之外，地板指数的推出也更加强化了整个中国木地板产业的市场活跃程度。业内专家表示，南浔地板产业在行业内具有市场交易量高、行业内价格形成中话语权高、监测数据对分析判断的参考度高等特点，是当前推出地板指数的最佳区域。

随着中国地板产业指数的发布，南浔也向中国地板的价格中心迈出了坚实的一步。这只是南浔打造"六大中心"的行动之一。除此之外，南浔还将打造中国木地板的交易中心、研发中心、金融服务中心、物流中心和胚料加工中心。同时南浔也将建立一个木业发展专业园区，内设配料、实木复合地板、强化地板以及木料下脚料综合利用四大区域。

建设"一园六区"，从"制造之都"向"品牌之都"，由单一品类向综合产业辐射，这是南浔对中国木地板之都的全新定位。在南浔，地板产业发展不只是企业的事。在政府的带动下，南浔已经形成整个区域社会共建地板集群的氛围。

各金融部门对南浔地板产业更是开辟了绿色通道，南浔的地板企业融资基本不是问题。据悉有一家企业在2011年年初向3个银行递交贷款申请，结果全部准贷。政府的重视会带动各个部门对行业的重视和认可，整个产业的发展环境正在逐步优化。在南浔地板的发展史中，浔商文化对产业发展影响深远。新一代地板业军团在前辈浔商遗传的血脉中，继承了诚信、吃苦耐劳以及各种经营智慧，为南浔地板产业的厚积薄发奠定了坚实的基础。

2. 金融海啸，地板企业抱团取暖。

受金融危机影响，2009年十三家大型地板企业共同发起生产三层实木复合地板。三层实木复合地板有着其他地板无可比拟的优势，然而市场上却出现了"叫好不叫座"的尴尬局面，如何让更多的消费者体会到三层实木地板的好处，看来仍需假以时日。全国推广活动意在把出口的主要产品三层实木推向内销市场。企业联合起来抱团取暖共同推进三层实木复合的产业发展，这一举动得到了原中国林产工业协会的张森林会长的认同："企业之间天生是竞争的，但是更高的层次是竞合，十三个企业自愿走到一起，这是高层次的，所以我支持，尤其对中国木地板企业更要强调竞合、抱团过冬，这是因为市场集中度很不够，企业众多，最大的企业也就是10%的份额不到。"

抱团取暖为消费者带来性价比很高的优质产品，同时促进了整个产业的结构优化和产业升级，中国林产协会地板委员会理事张文玲总结说："十三家企业有三分之一都是我们出口型企业，在这个关键的时刻，它们就一定要调整产品结构，扩大内需，十三家企业的联合互帮互助有利于行业的整合。"

据了解，十三家企业抱团取暖对产品销售、渠道宣传等多方面进行合作，争取在经济不景气的当下取得不错效益，张文玲表示："我希望通过行业协会和企业的共同推广三层实木复合地板，至少要能够达到20%以上的市场占有率。"

另外，就在2010年11月，以圣象、大自然、生活家、升达、美丽岛、扬子、久盛、大卫等八家地板企业共同投资2000多万元，成立了电商网络"巢尚商城"，并于2011年4月上线，专门从事代理地板的电子商务。不幸的是，2012年4月，运营了将近一年的"巢尚商城"宣告停业。但"巢尚商城"的停业不是失败，它为地板行业今后的电商建设提供了思想和组织上的强大准备，也为今后电商的发展提供了宝贵经验。

值得一提的是，2011 年 12 月 23 日，国务院总理温家宝主持召开国务院常务会议，研究部署加快发展我国下一代互联网产业。会议明确了今后一个时期我国发展下一代互联网的路线图和主要目标。2013 年年底前，形成成熟的商业模式和技术演进路线；2014 年至 2015 年，全面增强互联网产业对消费、投资、出口和就业的拉动作用，增强对信息产业、高技术服务业、经济社会发展的辐射带动作用。

它标志着下一个电商时代已经来临，木地板电商的春天将再次山花烂漫，竞相绽放。

（三）独立寒秋

2011 年，反倾销、反补贴、通货膨胀、宏观调控将给地板市场带来异常激烈的竞争。

2011 年受人民币升值、地板行业遭遇反倾销反补贴调查等因素影响，直接导致了很多以外销为主的地板企业转向内销，国内市场的竞争程度比往年激烈。2010 年 10 月 21 日，由美国硬木地板商联盟向美国商务部和国际贸易委员会提交申请，称中国出口美国的多层实木复合地板和强化地板产品存在倾销和政府补贴，且倾销和补贴幅度超过 100%，严重损害了美国地板生产企业和贸易商的利益，要求对原产于中国的多层木地板进行反倾销、反补贴立案调查。这对于中国地板行业来说无疑雪上加霜。

2011 年通货膨胀将继续对中国消费者产生影响，2 月 15 日上午，国家统计局发布的 CPI 数据显示，2011 年 1 月份全国居民消费价格指数为 104.9，比去年同月上涨 4.9%。通货膨胀、物价飞涨对于地板行业来说并非福音，因为地板行业的属性决定了它不是人们生活中的必需品，通货膨胀将地板行业进一步边缘化，物价飞涨仍然是地板行业发展道路上的一个拦路虎。

2011 年房价依然是一个热门话题，国家将继续对楼市进行宏观调控，调控政策将更加严厉，房地产行业调控增强将进一步导致楼房交易量的萎缩或停滞不前，而与房产行业站在同一条船上的地板企业也将受到波及，后果可想而知：产品需求总量将减少，至少在短期内不会有所增长：网点开发难度将进一步加大，新市场的萎缩或开拓的停滞不前将继续威胁到地板企业的生存，这对地板企业而言将是个巨大的考验。

此外，原料成本也在困扰着地板企业，地板原材料的供应已经多次出现告急，欧美、东南亚等主要的原材料供应商都已经限制了木材的出口，并且通过调整木材出口关税提高了原材料的价格，而企业人力、物流成本的增加更是增加了企业的管理成本，这些都成为束缚企业发展的不利因素，成为地板企业自身发展壮大的一个挥之不去的阴影。

不难看出 2011 年将是地板企业比较难熬的一年，其利润在上游受到原材料的影响，中间则有来自企业自身的生产成本增加，下游受到物价疯长的侵蚀，在外界还受到其他同行业及上下游产业冷酷无情的市场竞争排挤，2011 年将不是一个温暖如春的年代。

2012 年，受制于史上最严厉的房地产调控政策，限价、限购、限贷等限令，其成交量整体下滑，楼市萎靡，信贷闸门紧缩，开发商资金链紧绷。出于加快资金周转、降低购房总价的目的，开发商纷纷取消精装房的开发计划。

从未来的产业走势来看，精装房毫无疑问被视为大势所趋。在欧美、日本等发达国家，住宅开发 100% 为精装房。此外，由于大规模的保障房规划正在推进当中，而保障房中半数以上为全装修的公租房，政策利好为绝境中的精装产业带来了希望。

（四）地板国内品牌比国外品牌更受青睐

有业内人士指出，从 2008 年金融危机开始，地板业开始真正洗牌。地板行业暴利时代已成历史，品牌实力与营销力量的竞争显得尤为突出。如何取得品牌创新并成功突围，则需要企业更注重产品技术、营销、服务等多方面突破革新。

2012 年年底，一份 598 位网友的调查问卷显示，国内品牌地板比国外品牌更受青睐。

一直以来，国人都有偏爱买洋货的习惯，尤其对于电子数码产品。但在地板领域，从调查结果可以看出，同等价格下，超五成网友更倾向于国内品牌（占到 51.28%），35.9% 的网友选择了国外品牌，12.82% 的网友选择了合资品牌。

那么究竟是什么原因让消费者更青睐国产地板而非洋货或合资地板呢？在一次有关"面对市场上众多地板品牌，你是否能分清哪些为国内品牌哪些为国外或合资品牌"的投票中，71.79% 的网友表示分不清，仅 28.21% 的网友表示分得清。而在同消费者的交流中，他们也表示，此前冒充洋货的欧典事件对他们具有很强的"教育性"。现在国内贴牌的地板很多，国外也有很多选择中国制造。究竟是不是国外品牌，没有很清楚的资料去界定或认证。在这样的前提下，消费者宁愿选择国内品牌。另外，由于国外生活环境与国内有着较大差异，地板的材质也有所不同，消费习惯生活习惯也不同，让国人更偏爱于国内地板。

我们期待中国地板明天更美好，期待中国环保地板明天更辉煌。

（五）中国地板的国际现状分析

国外消费者同样也普遍喜欢中国的木地板。随着中国木地板行业在工艺标准、花色品种等方面的进步与发展，国产木地板正在成为国际市场的抢手货，出口量也迅速增加。

1. 美国市场。

由于近两年来，受到国内房地产需求市场严重疲软的影响，2007 年美国地面铺装市场不太景气，出现了一定程度的萎缩。2007年上半年，美国地面铺装材料的销售量下降了5.5%，2008年美国房地产市场进一步萎缩，新开建的房屋量下降了8%，销售量下降7%。但是，从2009年下半年开始，美国地板市场就开始复苏。和2008年上半年相比，我国2010年上半年向美国的出口数量增加了12%，显示了较强的复苏趋势。美国市场整体而言，消费能力强，人员流动性大，对地面铺装材料需求旺盛，随着美国经济的逐渐复苏，美国地板市场的需求也将复苏。

2. 欧洲市场。

金融危机对欧洲各国的影响不同，以三层实木复合地板出口为例。金融危机对西班牙、英国等国家出口影响较大，2009年上半年和2010年上半年的木地板出口数据显示，这些国家的出口也出现了复苏迹象；同时，还有许多国家的出口一直在保持增长的趋势，比如德国、挪威、意大利和比利时，2010年上半年和2007年同期相比，上述4个国家的增幅都超过了100%；因此，欧洲市场总体上保持比较乐观。预计欧洲市场的需求仍将保持二位数的增长幅度。

3. 日、韩市场。

日本、韩国是世界工业强国又是世界消费大国，而且和我国具有相同的文化背景，距离较近，运费较低，日本和韩国的消费者喜欢多层实木复合地板，这方面出口潜力很大，需要进一步关注。日本经济在经历了泡沫经济崩溃带来的"失去的10年"之后，从2002年开始步入经济恢复期，目前正处于60年来最长的景气扩张周期。预计未来10年日本经济将实现年均2.2%的增长。韩国经济总体实力较强。近年来韩国经济增长有所放缓，但GDP年均增长8.6%曾保持了30年。经过40多年的努力，韩国已经从一个极为贫穷的农业国一跃成为GDP居世界第11位、外贸总额居世界第12位的新兴工业国。日、韩也是我国地板出口不能忽视的巨大市场。

4. 新兴地板市场国家。

近几年，新兴市场的地板增幅较大，比如大洋洲的澳大利亚、新西兰，美洲的墨西哥、阿根廷，中东的埃及、约旦、沙特阿拉伯，南亚的印度（10亿人口）等，特别是印度，人口增长很快，随着购买力的增强，对地板的需求就十分旺盛。

5. 非洲市场。

非洲拥有9亿人口和3000多万平方公里的区域；年贸易额达到3000多亿美元的市场。1999年，中非年贸易额还不到100亿美元，而2008年却已经接近了1100亿美元，年均增长达到了30%~40%。受金融危机影响，中国对非出口可能暂时会有些回落，但从近年的发展情况来看，中国产品出口非洲的强劲态势一路高涨。近年来，非洲经济进入了快速发展时期，需求旺盛。值得庆幸的是，中国与非洲几十年来奠定的友好合作基础，使中国与非洲的贸易和对非投资具有无限潜力。特别是我国生产的强化木地板和多层实木复合地板，具有较高的性价比，这为我国木地板出口提供了潜在的市场机会。

需要说明的是，由于技术壁垒和贸易壁垒层出不穷，出口前景存在一定的变数；当国外市场需求强劲且壁垒减弱时，部分商家会大力开发国外市场；当国外市场困难重重时，商家会加大在国内市场的投入，所以出口市场和国内市场可能会处于此长彼消、此消彼长的状态，它们既相互促进又相互影响。

未来十年的地板品牌集中化、资本化以及整合，将成为地板行业的变革主旋律。

四、未来十年地板行业的发展趋势和预测（2012~2022）

据统计，17年来中国累计销售木地板30多亿平方米，形成覆盖全国范围内的 3 万余个营销网点，另外，中国木地板产品已经出口到全球 110 多个国家和地区。在未来的十年，面对国际化、可持续发展和社会责任的机遇与挑战，业界对于地板行业的发展前景充满信心，并期望开创中国地板行业发展的新篇章。

展望未来，国内外市场巨大的需求潜力给中国地板行业带来新的产业机会。从国内市场来看，新农村建设及城镇化建设步伐的加快，必将产生大量城镇住宅需求，来自中国房地产业协会的统计数据显示："十二五"期间，每年新建商品房约 600 万套，保障性安居工程约 500 万套，这将使得木地板市场需求得到大规模释放；从国际市场来看，随着全球经济一体化进程的加快，中国开始从单纯的出口贸易转向创造国际品牌之路。很多企业已经在国外办厂，并通过跨国合作、渠道收购等方式销往北美、西欧、中东、澳洲、东北亚、东南亚，国际市场将成为中国地板行业实现新飞跃的另一个舞台。

在憧憬未来的同时，中国地板人仍然清醒地认识到，未来十年中国地板行业在发展过程中仍将面临诸多挑战。从产业结构来看，随着木材出口国环保意识的增强及对木材出口量的控制，地板行业原材料成本大幅上升，同时原材料供应的不确定性增加；从国际化发展来看，目前中国木地板出口主要依赖价格优势，研发和创新是行业的软肋，原创型的自主知识产权稀缺，专利权已成为我国强化木地板走向欧美发达国家市场的重大障碍；从可持续发展来看，地板行业是密切依赖于林木资源的行业，对于未来而言，如何实现可持续发展成为又一重大课题，涉及合理利用全球木材资源以及地板新材料、新技术开发等问题。

因此，未来十年的地板品牌集中化、资本化以及整合，将成为地板行业的变革主旋律。

（一）品牌集中化

如果说整个木材加工产业的产业升级已到了"风口浪尖"的时刻还为时

尚远，那么，用"势在必行任重道远"来形容还是比较贴切的。

大家知道，现在欧美地板市场，包括家具市场，品牌已经非常集中了，它与中国的电器品牌一样，由几个大的品牌控制了绝大部分的市场份额。比如，德国柯诺木业集团，仅在 2004 年，强化木地板销售就达到 3.1 亿平方米，占全球市场 1/3 份额，销售额合人民币 240 亿元，连续十年全球销量第一。同时，柯诺木业集团所研发的锁扣地板、镜面地板、静音地板、胶条地板等遥遥领先于同类行业，成为国际强化木地板生产基地，技术创新基地。

中国地板品牌未来十年必将形成集中化趋势，这是规律，它是"术、道、势"的融合体。市场上所有地板产品，最有竞争力的是哪一个？其呈现一个什么样的趋势？众多品牌地板商早已胸有成竹。

关键是很多小的品牌，逐渐走向由能力强、竞争力好、管理得当、营销策略合理的大品牌中，到底由谁来主宰沉浮？还有待市场验证。

在这里，需要提醒大家注意的是，由于地板行业门槛低、技术含量不高，一些小的地板品牌，近些年来如雨后春笋般地破土而出，这些企业还沉睡在前些年"地板行业的战国时代"，试图加快速度把自己的品牌做大做强，但机会却越来越少，因为目前已经形成了一批强势的品牌。就目前而言，对于小品牌来说，发展的窗口已经关闭。

综上所述，用势在必行、任重道远的提法比较实际一些。业内权威人士和品牌建设专家分析、预计，木地板、木门行业从 5000 多家整合到一二百家左右，在全国或区域有一定影响力的品牌企业在几十家以内，行业才能算步入正轨。而对于这个过程，业内一位不愿透露身份的资深专家指出，就整个木材加工产业而言，这个过程应当会比较长。现在说整个木材加工产业的产业升级已到了"风口浪尖"的时刻还为时尚远，用"势在必行任重道远"提法比较贴切。

这种"势在必行"的紧迫感也是"《林业产业振兴规划》肩负着产业升级重任而将木材加工企业推上产业升级的风口浪尖"这种提法的主要依据，也是客观事实。

而任重道远则有两层含义。一是行业整合过程任重道远。诸如，在我们国内市场需求非常大，国际市场正在复苏，行业标准、法规尚不健全的一个相当长时间段内，行业从5000多家整合到几百家、行业品牌集中度提高到60%~70%，销量前十位品牌的平均市场占有率达到2008年家电前十的79.24%这样的水平，预计是一个较长时间才可达到的目标。以木地板为例，要想达到这样的目标，就需要出现十家左右像大自然、圣象、生活家、得高、美丽岛、"书香门地"、肯帝亚等这样规模和品牌价值的企业。

二是这些成长中的木材加工企业也是任重道远。随着陆续介入强化地板，实木复合地板及随之带来的产能扩张、渠道扩张，企业的各项管理、人才特别是外聘人才的管理使用、品牌的定位及建设，特别是地板企业的企业文化等都将面临一个突破"瓶颈"的问题。

中国地板行业的情况是，由于地板产品已属于生产技术非常成熟的产品，在质量上不会有太大的差异。因此直接导致区域品牌众多、具有全国影响力的品牌较少。在中国木地板行业享有盛誉的中国林产工业协会顾问、原会长张森林曾透露，美国和欧洲，真正有名的木地板企业就是十几家，这十几家占地板品牌60%~70%的市场，其他都是无名小卒。而我们现在前四强能占的份额不大，最好的圣象也只占8%。而据南浔当地媒体最新透露，在380家木地板生产企业中，年销售额5亿元以上的企业只有四家。换言之，这四家企业的销售额只占行业总产值的1%左右。

有专家预测：在未来十年内，地板企业将有一半以上被淘汰出局。

（二）资本化

未来五年内，地板企业如果没有资本引进，无法加速发展，单凭自我积累，在行业竞争中无疑将处于劣势。

目前地板行业可谓风起云涌，快速进入资本化时代已经来临。为什么这么说呢？就目前的地板竞争状况，按企业自有出资，靠市场自然增长率增长当然可以，但扩张发展的速度太慢。这个时候不是说大鱼吃小鱼，或者是快鱼吃慢鱼，更有点像 IT 行业的游戏规则：你发展迅速，就可以把"发展缓慢的"吃掉（据统计，全国每天有 500 家网站关门）。

未来五年内，地板企业如果说没有资本引进，没有加速发展，全靠自己的积累，那在行业竞争里面肯定是处于劣势。因为就整个地板行业来讲，没有什么太大的技术含量，大家的生产设备和产品差不多，工人也没什么区别。一个小厂，只要有销售能力，市场都一样，没有难度。但竞争优势在哪里呢？市场营销、品牌建设、网络推广利用等就是核心能力。这个能力是需要有资本去做支撑的，上市也好，投资也罢，都是为了比对手发展更快，占领先机。就消费惯性来讲，让大家相信和选择一个没听说过的品牌，也许是一件极不讨好的事。

近些年来，国外资本大举进入中国木地板市场已是不争的事实。几年前，德国柯诺木业集团在北京郊区建立的大型生产基地，其控股在 80%，而世界 500 强的新西兰卡达维集团在四川乐山控股建立的吉象纤维板生产基地，则更是成为中国众多著名地板品牌的基材源头。在资本说话的年代，对于国内木地板行业来说，是否具有与之抗衡的能力，仍有待观察。

面对外来品牌的攻城略地，本土企业又是如何设防的呢？实际上，拥兵自重、号称有 5000 家生产厂的国内木地板集团军真正能够成为全国品牌的，却不足 50 家。虽说圣象、生活家、升达、德尔等品牌是消费者所熟悉的，但其中除了圣象、大自然、生活家、"书香门地"之外，多数并不具有可在全国范围内发动大反攻的能力。而这一切却恰恰是始终无法彻底阻止外来品牌大军挥师前进步伐的主要原因。可以说，在技术设备、营销策略、团队素质、广告投入等诸多方面外资企业都占有明显优势，其早期战略企图也是尽力将本土企业压缩在一定区域，一省或数省之间，使之无法形成全国性的抗衡态势。因此国内地板企业资本化是未来地板行业必须面对的严峻课题。

资料显示，家居行业上市公司不少，但地板大多不是上市主体，只是主营业务的一个补充。比如圣象地板的上市主体是大亚科技，以造纸和人造板生产为主；宜华地板的上市主体是宜华木业，以家具制造为主；金桥地板的上市主体是吉林森工，主营林业和人造板；升达地板的上市主体是升达林业，名称中离不开"林业"二字。

对于采用"中国地板"这个名称，大自然地板总裁佘学彬透露，除了在香港上市时投行和律师事务所的要求以外，更多的是为未来的发展空间埋下伏笔。"在企业层面，我们期望能够做成全球品牌，让人们认可 NATURE 这个品牌；在行业内，我们希望'大自然'是健康环保的引领者；在公司内部，我们希望能够拓展业务，给股东带来更高回报。"

大自然商业模式，是以自有工厂与授权工厂相结合增强生产能力，以独家经销商和零售店组成遍布全国的分销网络增强销售能力，生产和销售相互扶持，迅速扩大市场占有率。

（三）后五年整合化

城市化进程的进一步加快，城市二手房翻新市场的需求，令很多地板企业十分看好国内市场，认为地板行业的下一个五年将大有可为。

2011 年中国国际地面材料及铺装技术展览会全球参展商多达 1000 多家，展出总面积更是创纪录达到了 110000 平方米，较去年增长了 13%。背倚庞大的中国大陆市场腹地，立足国内经济前沿地上海，在强大的供需推动下，地材展在亚太以及全球范围内的影响与日俱增。

这对于地板行业而言，无疑是一个利好消息。再加上城市化进程的进一步加快，城市二手房翻新市场的需求，所以很多地板企业十分看好国内市场，认为地板行业的下一个五年将大有可为。

表 2　城镇居民人均住房建筑面积情况

年份	城镇人均住宅建筑面积（平方米）	增速（%）
1998	18.66	4.95
1999	19.42	4.07
2000	20.25	4.27
2001	20.8	2.72
2002	22.79	9.57
2003	23.7	3.99
2004	25	5.49
2005	26.1	4.4
2006	27.1	3.83
2007	28	3.32
预测：2011	31	2.3
2012	31.7	2.3
2013	32.4	2.2
2014	33.2	2.2
2015	33.8	2.1

　　数据来源：2007 年城镇人均住宅建筑面积参见 2008 年第 7 期《城市规划通讯》，其他数据来自中国统计年鉴。

　　住房和城乡建设部政策研究中心的数据分析显示：地板黄金期还有 20 年，发展瓶颈如何被突破？

　　●1999 年~2009 年，十年间中国城镇新建 80 亿平方米住房，共计 7000 万套。

　　●目前中国城镇居民有 6.2 亿人、2.1 亿个家庭、人均住房面积不超过 20 平方米、户均面积不超过 60 平方米，中国消费者住房需求正朝适度改善及功能型住宅发展。

　　●到 2020 年，中国城镇实有住房总面积将达 280 亿~300 亿平方米，每年将有 8 亿 ~10 亿平方米建筑总量的更新。

●未来 20 年，中国城镇现有住房 90% 属拆迁重建项目（除去近十年突击开发的新房外，大部分旧房正在陆续改造重建）。

地板品牌的基础是产品，产品和服务同质化是国内绝大多数地板品牌的死穴，也就是"危险存在"的地方，正所谓"危机并存"，产品同质化也可以说成地板品牌发展壮大的突破口。那产品和服务如何升级？如何差异化？投入研发是必经之路，每年拿出 5%~10% 的利润用于新产品的设计研发已经被诸多成功的国际品牌所证明。那我们国内地板品牌企业究竟应如何具体实施呢？

（四）下一个五年洗牌年

随着行业的规范和市场的调整，整个木地板行业的发展趋势要求地板品牌和地板资源更加集中化，业内不断进行并购、重组。大企业、大品牌开始规模性地扩张，而一些实力较弱的中小型企业将在这场拼杀中并购整合，不具竞争优势的中小型企业将会出局。

在低碳经济和后危机时代如何摆脱传统发展模式的桎梏，使企业向规模化、科技化、标准化、品牌化发展，实现产业的转型升级，成为企业可持续发展的首要问题。

可以说接下来五年将更加凸显出弱者更弱强者更强。

● 国家宏观调控：为避免通货膨胀带来的负面影响，国家加大宏观调控的力度，给地板企业带来更大的压力。

● 新国标出台：强化木地板新国际将成为行业的洗牌的催化剂，合格标准的提高，提高了生产的技术门槛。

● 环保意识加强：随着国际环保组织的呼声加剧，各国对本土森林保护意识增强，原材料短缺竞争。

● 行业利润下滑：价格战导致的行业平均利润下降，没有实力的小企业出现亏损，会逐步淘汰出局。

● 木材资源紧缺：木材 80% 靠进口，东南亚国家控制过度砍伐而调整木材出口关税，造成原料紧张、成本上涨。

● 国际资本冲击：摩根士丹利、IFC 等外资大规模进入地板企业，带来了营销、管理、市场的变革与挑战。

● 品牌意识提升：木地板约占据了地面铺装材料的 1/5，消费者更关注地板品牌，注重产品品质与服务。

● 市场发展规律：行业经历了十年的飞速增长期后，地板品牌已经极度饱和，进入了一个行业洗牌的历史节点。

有数据显示，虽然 2010 年低迷房市影响了木地板产业，但 2011 年上半年木地板销售量仍然增长了 8%，比如中国实木地板之都——湖州南浔，上半年木地板产业销售收入达 45 亿元，同比增长了 48%。

"如果不创新，沿着过去的老路当然就没有出路。"张森林认为，企业要想在竞争中取胜，必须重视创新与研发，注重产品的科技含量，增加产品的功能和多样化，实现产品结构优化升级。同时，要注重营销的理性化，千万不要走低价竞争之路。

原载 2013 年《中国环保地板》

中国环保家居 30 年综述（1985~2015）

    1980 年代中期，随着改革开放的深入和国家经济体制由计划经济向市场经济的转变，人民生活水平的提高和住宅的扩大，家居行业发生了深刻而巨大的变化。回顾 30 年的历程，可谓"一路风雨一路歌"。30 年来，中国家居业从传统的手工业发展成为具备相当规模的现代工业化产业，形成了一定的规模，出现了一些具有国际先进水平的家居明星企业和家居配套产业，家居市场呈日益扩大之势，中国的家居工业在国际家居生产、技术和贸易中已占有一定地位。

    为加强家居行业和经销商的密切沟通与合作，引领消费者更好地认知和理解"中国林业产业·诚信环保家居"，营造健康向上的环保家居的消费氛围，力塑诚信环保家居企业优秀品牌和企业领导人的立体形象，深情回顾环保家居企业的创业史和发展史，进一步增强经销商的凝聚力和战斗力，全力塑造优秀环保企业的集体群像，我们呈现 2016 年《中国林业产业·诚信环保家居》30 年社会责任诚信报告特辑，全国发行。借此激励广大企业员工的历史责任感和使命感，从而更加坚定信心开创未来，把环保家居送进千家万户。

    《中国林业产业·诚信环保家居》杂志肩负以改变家居走出木本狭隘的怪圈，改变家居只停留在甲醛的亘古宿命，诉求表达诚信环保家居从木头走向产品、走向文化、臻至信仰，诠释家居人灵魂深处爆发的终极含义——家居图腾。使家居产品的文化结构重新定义，正确引导环保家居的消费信仰。

为使报告更加完善，我们在 2015 年特辑的基础上，增加了 10 个关键词环节放在首位，后面 20 个关键词也在原来基础之上进行了修订。本特辑由微笑花开（北京）国际文化产业发展有限公司策划编辑制作，中国林业产业杂志、中国环保家居杂志、中国环保家居网链（www.smile2012.com）特别呈献。

2016 年中国环保家居特辑，我们从文化、营销、客户、众筹、互联网＋、转型、理念、合作、跨界、上市、领导、员工、产品、质量、环保、品牌、创新、风格、管理、培训、诚信、市场、政策、电商、房地产、展会、卖场、物流、服务、发展 30 个方面，对中国家居行业 30 年进行了部分梳理，以飨读者。

文　化

每个人的生活都是属于自己的一种文化，它们构成了一个整体文化氛围，我们生活在其中，接受熏陶并以自己的方式影响着他人。一流的企业更应关注传承文化，不管是企业文化抑或品牌文化。随着市场竞争的日益激烈，是否具有良好的积极向上的企业文化，直接关系到企业对市场需求的适应性问题。打造优秀的企业文化，就要把企业的优良传统、价值观念、品牌形象、服务理念、经营目标、行为准则等有关方面，都已融入每个职工的思想和行为之中，体现在企业的各项工作之中。

理想的企业文化，应该是使员工感到宽松和谐的、有一定的压力也有更多的动力，能够不时取得成功感和成就感的愉悦工作氛围，也应该使顾客、潜在用户、周边人群等与企业接触和发生关系的所有人都能够感受到优质服务、细微服务和温馨服务的氛围。如善于思考的"TATA 木门"有着活力的青春文化、快乐的学习文化及慈善的助人文化，在以人为本的企业文化氛围中，领导与员工互相支持、互相尊重、努力工作，从而形成幸福企业。播种一种观念、培育一种行为，从而收获一种结果；灵魂深处闹革命，解决人们的观念、感情、情绪、态度方面的问题，要靠企业文化。

有一流的企业文化，更要有一流的文化传承。一块石头经过雕琢成为工艺品，一棵小树植入花盆即成为盆景。家居用品也是艺术与生活的结晶，被喻为"凝结在房屋中的文化"体现着人们的智慧和创造；表述中国悠久、美丽的历史文化；延伸着其历史价值、文化价值、实用价值和美学价值。随着时代的进步，家居文化在保留了我国传统文化的同时，还融入了其他国家和民族的文化，并具有新时代的气息。

家居文化是指人类的历史、地理、风土人情、传统习俗、文学艺术、价值观念等痕迹在家居中的体现。这些文化元素满足人们感官想象，它让家成为人生最安适的诺亚方舟，给人以无限的支撑与动力。另一方面家居文化也体现家庭的一种文化气息和家的智慧。家居不同于一般的消费品，其文化含量的多少是一个家庭文化修养、审美情趣高低的明显标志。因此，在家居环境设计时，在尊重建筑构成和客户功能需求的基础上，更应该注重发掘和弘扬家居环境的人文价值。

改革开放后，国家开放市场经济自由化，国内的家居行业也逐渐兴盛，但当时许多家居产品单一，当时房屋装修给人们生硬、不协调的感觉。随着改革开放的推进，家居类的产品试着整合各种资源，推出统一风格的产品。但由于无法实现全居室的设计，因此格调上显得难以协调，功能上也无法真正统一。21世纪后，欧美文化逐渐影响国民的审美观。2006年后，家居文化也正形成集设计、装修、家具与一体的设计理念。时间慢慢推进，我们的家也在慢慢地变化，欧洲贵族文化逐渐融入中国，与中国的传统文化发生碰撞，欧洲建筑风格与主题成为全屋定制的一大潮流。2014年后，近半个世纪的发展和沉淀，国内家居文化也发展到了另外一个高度。以人为本，融入浓浓的中华人文情怀和西方庄园文化在一起的家居设计理念，从精神需求和生活价值层面真正的满足贵族人群的需求。

五千年的人类文明，早已使家居文化具备鲜明特征，每个国家与地区都有独属于自身的文化体系。正如山须有水，流水使山增灵性，家居装修需要用文化来画龙点睛，只有富含文化内涵的家居才具备生命力，也才经得起时间考验，文化韵味十足的家居派还可使每位家庭成员产生一种归宿感与感召力。

将人与人的和谐、人与环境的和谐、人与时代的和谐巧妙地融入家居设计中。家居设计与家居文化紧密相连，一切好的设计背后都有深厚的文化底蕴做支撑。在时尚、流行、个性等词汇不断影响人们的大脑时，如何更贴近人的生活，更自然地融入舒适、美好的元素，是摆在设计领域的新课题，是家居行业持续发展必然需要走过的历程。家居设计发展到今天，再也不是木工、泥瓦工的概念，它的根本目标在于改善、提高人们的生活质量，反映人们的个性、品味，它承载一种家居文化。与此同时，随着高文化素养消费群体的增大，家居装饰的文化含量也在大大提高。"以人为本"的概念作为设计的指导思想，人们追求家居生活的舒适性，人性化设计才能打造出让消费者舒心、满意的家居生活。这就是品牌延展后对消费者多元化需求的满足及对消费者精神和心灵的安抚。比如地板于"书香门地"不只是铺地材料，更是绘画、音乐、历史和记忆。它拥有一种独特的精神价值，这种价值对每个人的社会身份、生活方式、生活品质和生活理念有着不同寻常的意义。

多种文化的融合和碰撞、文化正能量、人文精神的传播也是企业应该关注的。为品牌注入更多的文化内涵，向行业传递的是，除了产品本身，一流的企业还做着与文化相关的事。

营　销

中国家居业快速成长 30 载，取得长足发展。改革开放以来，家居行业的发展模式一般是工厂与卖场达成联盟合作，通过家居卖场的统一招商、统一落位、统一营销、统一经营管理，然后全国复制的经营模式，实现工厂与卖场的共同飞速发展。随着市场环境的变化，家居商场作为品牌的资源整合者的角色有待改变，由于房地产爆发式红利期已进入尾声，未来将是一个漫长的调整期。家居企业需要系统地思考营销问题，也越来越需要从组织整体资源和动态环境出发，分析制定科学系统的营销战略。基于顾客需求，注重塑造品牌影响力，从竞争战略高度认识市场、把握市场、引导市场。

日趋激烈的市场竞争中，家居企业采取的路线可归结为三条：提高质量和工艺水平；降低成本；增加品种和样式。但单凭这些措施并不能克敌制胜，立于不败之地。因为，当今家居业"同质化"现象严重，大多数中小型厂家都拥有相同的生产线，产品质量、产品样式也十分接近。那么怎样才能体现产品的与众不同，凸显企业自身的品位？品牌是企业核心竞争力的一个重要因子，建立真正的、长久的品牌，对于企业来说更有能力控制自己的命运。培养品牌，要有先进的营销观念，以人为本的创新设计思想和现代生产技术等，需要多方面因素的整合与长期的文化积淀。

企业竞争关键是人才的竞争，中国家具建材行业正从劳动密集型向知识密集型转型，提高生产力的关键因素不再是廉价劳动力和原材料，而是设计、管理和营销人才。人才队伍的素质与能力，直接关系到公司的核心竞争力。培养一支素质高、能力强的经营管理人才队伍和专业人才队伍，可为企业发展提供坚实的保障。现在越来越多的高校已经开办木材科学、家具设计和室内设计专业，实现与家居企业进行人才输送对接和产、学、研合作。

中国有句俗话叫"酒香不怕巷子深"，这句话阐明了质量是产品制胜的法宝。然而时代发展，质量早已不再是竞争中的王牌，而变成了参与竞争前的一张入场券。怎样建立渠道使产品在低成本开拓的状态下从工厂到达消费者的手上？是企业需要面对的严峻问题。

由于家居企业和品牌数量多、产能大，市场竞争自然激烈，为夺得尽可能多的消费者，降价促销成了很多家居卖场的营销手段。促销确实可以在短期内刺激销量上涨，但这不是长久之计，消费者已经对促销显得麻木，与其促销，不如提升创新力度、服务附加值，赢得好口碑，摆脱价格战的泥潭。在更多业内人士看来"价格是一把双刃剑"，正确使用能够出奇制胜，促进行业内部洗牌，使行业完成优胜劣汰的进化；如果一味长期进行价格战将动摇企业生存发展的基础，是典型的饮鸩止渴。

随着网络的全面普及，传统的营运方式将发生颠覆性改变，互联网思维式营销正蓬勃发展，不少商家都将网络营销列为商家必争之地，成为商家投资最大的一块战场。可预见的20年内，网络营销将是商家的主要营销手段。微博、微信、微电影等"微"文化也日益盛行，在家居行业，"微营销"也已经成为企业营销的手段。视频、短文、图片、微链等各种方式百花齐放、百家争鸣。

新兴的情怀式营销，蕴含一种人文情怀，拨动消费者的心怀。顾家家居首创了"顾家暖男"，泛指能给家人以温暖感觉的男子，源自中国家庭中那些顾家、爱家的阳光男子。更有"顾家暖男"亲自送货上门，同时传递"爱家、顾家"理念，展开一次由上而下、全面渗透的成功品牌营销。

公益营销也正成为很多企业的营销方式，不乏佼佼者，如圣象、大自然、生活家、TATA时刻关注弱势群体，多次在帮扶贫困山村、失学儿童方面做出过积极努力。值得注意的是，在进行公益时，首先要确定符合公司品牌战略的公益主题，与发展现状相匹配。

大数据时代家居全渠道营销来临，营销模式将从产品、服务全面向数字化、移动互联网化转移，多平台整合运营，未来将出现深度整合资源供应链体系的建材家居渠道平台。这是一个重新洗牌的时代，一些企业悲怆倒下，一些企业华丽转身。时代成就英雄，市场等你领跑。

客　户

我国家居发展30年，从开始的"皇帝女儿不愁嫁"的生产观念，过渡到"酒香不怕巷子深"的产品观念，再发展到"好货还要勤吆喝"的推销观念，现在进入了以客户为中心、以需求为导向的服务营销观念。

企业的发展靠客户，家居企业也是如此。客户至上的理念在30年来的发展中得到的认可，企业真正的盈利模式应该是不断地去为客户创造价值，给客户提供卓越而周到的服务是企业发展的重要策略，我们要比客户更了解客户，提前发现客户的潜在需求，培养满意忠诚的客户群，是企业长期生存的命脉。

如何在新形势下发展客户，维护好客户，设身处地为客户着想，将成为企业永无止境的必修课。以"坚持为客户服务"的品牌核心价值观，率先洞察新市场、履行创新服务模式，始终把为消费者提供高品质产品视为服务的最高宗旨，家居企业才能给市场留下深刻印象。

从企业的长远利益出发，企业应保持发展与客户的长期关系，建立客户忠诚观、诚信观。要树立品牌，做百年企业，就要让所有客户感受到"相知一世，服务一生"的关怀。企业提供的不仅是家居产品，而是要提升客户的生活质量。客户反馈对于衡量企业承诺目标实现的程度，及时发现在为顾客服务过程中的问题等方面具有重要作用。关注客户的意见和投诉，这是客户反馈的主要途径。正确处理客户的意见和投诉对于消除顾客不满、维护客户利益、赢得顾客信任，都是十分重要的。

如果企业与顾客保持广泛、密切的联系，建立起感情，价格将不再是主要的竞争手段，竞争者也很难破坏企业与客户间的关系。通过提供超过客户期望的服务，可将企业极力争取的客户发展为忠实客户。众所周知，争取新客户的成本要远远超过保留老客户。而且随着客户和企业间的来往，客户的个别需求和偏好也会变得更详细明了。

一直以来，定制家居企业服务的客户多为经销商，很少直接面对用户，导致研发缺乏预判、生产缺乏沟通、营销缺乏互动，在移动互联网大行其道的今天，这些传统的营销方式将发生颠覆性改变。互联网思维的特点是开放、免费、极致、流量与组拼，它使我们真正进入到商业民主时代、客户价值优先时代。在整个市场体系中，消费者说了算；在整个价值配置体系中，客户价值优先。家居微营销时代，人人都是客户。置身于"微时代"下，人们口耳相传的速度极快，影响范围极大。微信快速营销具有低成本、传播促销信息的特点，但不要把微信作为单纯的广告发送器，而要演变成客户管理工具，维系和经营客户"朋友圈"。

电子浪潮扑面而来，家居企业所服务的消费者也可以看作一个个用户。美国有位叫德鲁克的管理学家说：互联网消除了距离，这就是它最大的影响。在互联网时代，对于家居企业来说，如果能做到与用户建立零距离的关系，那就是你赢了。现在家居用户就算足不出户，面对的也不是只有一个企业，而是来自全国甚至世界各地的家居企业，这就要求企业所提供的家居产品与服务必须有竞争力。企业的一切活动都围绕着客户来展开，一切工作都以满足客户需求为中心。

谋求长远要以夯实服务为基石，满足客户个性化消费渐成趋势。

众　筹

　　众筹作为一种集合人力、资金共同"办大事"的方式，虽然很早就出新，但是随着互联网技术的发展，信息传播的成本大幅下降，众筹被赋予了更多的表现形式和更大的实现空间。人与资本组合的价值最大化，无论如何都是今天发展中最需要关注的核心要素。

　　相较于传统的融资方式，众筹更为开放，获取资金的衡量标准更多元化。尤其近两年，"众筹"是一个热词，这股起始于互联网金融的"飓风"席卷了各行各业，从科技到艺术、出版，从股权众筹到产品众筹，无论是一个新奇的创意还是一张未发行的唱片，都可以成为众筹的对象。如今，这股风也刮进了家居领域。

　　众筹对家居产业发展带来的推动作用，突出表现在智能家居产品上。在美国著名的众筹网站平台 Kickstarter 上，众多的智能家居产品争奇斗艳，其中不乏把任何电器转换为智能电器的智能转换器 Plugaway、智能电灯开关 Ube 等明星产品。这些产品都是通过众筹的方式获得研发资金进而研发成功的。无论是雷士照明与德豪润达的众筹方式，还是三六五网络的 P2P 方式，都已经突破了传统金融模式的范畴，进入了互联网金融领域。互联网金融让家居企业可以在很大程度上摆脱对银行等金融机构的依赖，实现产业链的深度整合，从而让家居产业迎来更大的发展空间。

　　走家居众筹的营销路线要做哪些工作？紧跟高科技、时尚概念、社会热点的家居产品更容易取得众筹成功。对于新兴的健康家居产品而言，生态技术、朋友圈预热、积累粉丝是众筹成功的三大法宝。众筹模式的成功不仅在于产品问世之前很好地通过市场反馈检验了消费者的需求，同时在投入了市场后，通过分布各地的支持者为产品做了最有效的宣传。2015 年 3 月，红星美凯龙首开先河引入众筹，众筹模式也成为我国很多家居企业争相效仿的营销方式。依托互联网、朋友圈的影响力煽动新概念，并带来业绩的狂飙，成为家居企业挖掘潜在市场需求的良药。

未来的家居众筹市场将更加火热，从传统电商转移到众筹网站，改变了传统的营销模式，消费者可以通过更低的价格购买到产品，而开发团队也可以获得更丰厚的资金不断升级产品。

众筹已不仅仅是一种融资渠道，它已成为一种支持创新的手段和理念。但是不得不承认，这种众筹的新模式，挑战与优势是并存的。尽管众筹模式火热正当时，但中国式众筹尚处于萌芽期，应用于家居行业还有很多方面有待逐渐完善。诚信是众筹践行的最大顾虑，家居企业采取众筹模式，需要建立在强大的品牌基础之上，并具有一定的创新力，且能为投资者带来实际回报的产品或项目才是吸引粉丝参与的关键。

祝福一种美好的创新，中国式众筹一旦星火燎原，对改善社会氛围、推动社会进步会起到极大的作用。自由人的自由联合也好，自由人的利益联合也好，前景美好。

互联网 +

在"互联网 +"这个概念出来之前，很多家居建材品牌就已经"触电"，最初的形式是开网店，互联网的概念基本只运用在销售环节。

2015 年政府工作报告提出，制订"互联网 +"行动计划，推动移动互联网、云计算、大数据等与现代制造业结合，促进电子商务、工业互联网和互联网金融健康发展，引导互联网企业拓展国际市场。在行业趋势和政府推动的双重作用下，纵观建材家居行业，产业转型升级已经迫在眉睫，用信息化和互联网手段推动行业转型升级将是一个有效的方法。

站在"互联网+"的风口上顺势而为，面对这个崭新的时代，传统家居业如何做好这个"加法"？

想要真正拥抱互联网，除了做好移动互联网时代的推广与营销外，必须从市场定位、产品研发、生产销售乃至售后服务等整个产业链的各个环节进行互联网化改造，以互联网为基础，云服务、大数据服务为背景，布局O2O、C2B全屋化、电商化的模式捆绑发展，越来越多的传统家居企业尝试向O2O模式转变。相信在不久的将来，它们会在整体经济中的占比逐步上升，并成为家居销售的主流。提前布局的公司推荐传家木道、生活家、索菲亚、宜华木业、喜临门、美克家居。

"互联网+"不仅仅是形式上添加，更要从思维上进行改变，可能要重组一个组织架构、营销模型、供应链模型、信息化模型。创新是"互联网+"的核心驱动力，所以最终的结果是互联网的创新成果推动家居行业的变革发展。以"互联网+"为主的企业转型将产生无限想象空间的智能产品，2014年智能家居在国内还仅仅是一个概念，但是时隔一年，智能家居已经在产业内如火如荼地展开。在消费市场的升级换代中，互联网让消费者从传统的被动接受模式变成了如今的主动选择。从消费者的需求与用户体验出发，将需求数字化、体验模块化，有些企业已经实现"3D建模效果"，通过大数据库建模，达到模拟效果，消费者无需到店面就可以进行体验。

"互联网+"给整个家居行业带来了巨大的想象空间，也涌现出了金螳螂、爱空间等很多优秀的垂直服务商，也诞生了家图这样的家居分享服务平台，可以说整个互联网家居的生态正在逐步完善。在家居领域，"互联网+"正在发挥信息传递、业务模式改造、商业模式创新的关键作用，朝着"用户家装更方便，生活更美好"的目标迈进。加速产品的创新和升级，满足消费者更加个性化和多样化的需求，需要互联网企业和家电企业的深度协作才能够实现。

"互联网＋家居"，对家居产业不是颠覆，而是转型升级与优化重构。"互联网＋家居"的到来也为暂时不景气的家居市场带来了新的发展，唤醒传统家居行业的"第二春"。未来家具制造企业如果能够借助"互联网＋"的东风，结合新兴技术和资本市场的力量，进一步产业效率，推动产业资源整合，中国家居行业的格局将被重塑。

转　型

回顾家居产业 30 年风雨历程，随着人们生活水平的提高和住房条件的改善，我国家居业多年来大体保持着 10%~15% 的年增长速度。进入新世纪，房地产市场的兴盛带动家居业快速发展 10 多年。时光推进到 2014 年，在我国经济步入新常态之际，中国经济社会发展大转型，家居业的发展增速下降是业内公认的事实。这既源于国内外经济环境带来的压力，楼市持续低迷，同时也因为传统家居业正受到来自互联网的冲击和挑战，因为消费者需求的专业化、多元化和高端化。由此，谋变之际，业内转型升级热潮迭起，家居市场进入一个深度调整期。

有的从互联网入手，从渠道发力，寻找新的增长动力；有的与经销商的关系更为密切，承诺奖励、支持甚至减租；有的从自身管理出发，重塑内部管理系统，创新管理营销方式……种种动作，透露着家居行业的信心：市场并非总是一帆风顺，周期性的调整将催化出新的增长方式，进化行业发展引擎。

拥抱互联网，传统家居发力"O2O"模式。用互联网的思维和手段去推动品牌互联网化、营销互联网化、渠道互联网化。电子商务可以让家居厂商直联消费者，直接进入巨大的消费市场，让厂商第一时间了解到消费者的需求和想法，线上线下结合"O2O"模式展示出巨大的发展活力。

互联网金融助力传统家居业转型。资本运作渐成家居业转型新趋势，围绕"互联网+"，探索互联网金融与家居产业链共融的新模式。运用互联网金融平台吸引社会资金，并更有效地投入集团已经深耕多年的传统家居产业链及电商平台上，打通家居企业上下游产业链，重塑产业结构，并最终实现传统家居产业的变革。

家具、饰品一体化，个性定制竞逐家居市场。软装是近年来饰品领域一个非常流行的提法，已经可以清晰地看到家具与饰品相融合的家居一体化趋势，这一趋势的出现和发展，不但将为家居行业带来新的机遇和模式，同时也将为消费者带来更好的家居消费体验和服务。定制服务也是业界偏向的一个发展趋势，与软装配饰偏重搭配和整合的做法不同，定制家具侧重与室内空间设计相结合，更好地满足消费者的个性化需求。对于2014年定制家具业的发展走势，索菲亚衣柜定制家具的优势随着市场占有率的提升而日渐显著。未来能满足客户体验式消费的定制服务将成为主流模式。

家居企业转型发展，环保仍是主旋律。根据2015年国家质检总局针对建材家具类的抽查结果显示，家具甲醛超标问题突出。社会目光开始聚焦家具产品生产的安全性，企业转型升级的趋势渐显。以低碳环保作为今后企业发展的核心理念，对老旧的、产生粉尘大的设备进行更新换代，引进"绿色环保"生产设备，从而加速企业绿色化进程。未来，环保是市场和行业准入的门槛，环保不只是产品的质量，更是企业生产管理的素养。

转型与升级，创新与变革……优胜劣汰是市场的必然规律，推陈出新是突围的必由之路。企业应积极思考转型的方案，踏上转型升级的康庄大道。

理　念

理念是上升到理性高度的观念。企业理念包括信念、理想、价值观、道德标准等方面因素，可以激发企业活力、推动企业生产经营的团体精神和行为规范。时代在不断变迁，不同时代具有不同的特征，时代特征尽管不能作为企业理念开发的直接依据，但其影响却是很大的。新经济时代，机遇和挑战并存，面临新的战略转型期，传统理念正在被颠覆。

我国家居行业经过 30 年时间的长足发展，开始跨入顾客导向的时代，市场全面竞争时代已经来临。面对外部大环境的变化，家居企业唯一不变的是进一步练好内功，从各个角度寻求发展，把脉市场发展趋势，为企业发展寻求新的理念。下面就设计、营销、服务等理念方面做一下浅谈。

家居是一种有着深刻文化内涵的产品，它既是技术与艺术的统一，又是传统与创新的统一。在 1970 年代西方的设计思想渗入中国，进入 21 世纪后，由于科学技术的进步和时尚文化观念的更新，现代设计的理念异彩纷呈，世界家居设计潮流也进入了一个新时期，"以人为本，绿色家居"成为新的设计理念，注重保护人的健康和生态环境平衡，深层次地体现各种文化特色和风格，以全新的设计思维观念去创造家居文化。随着科技的日新月异和竞争层次的提高，设计已成为企业战略制高点。面对市场的困境，立足消费者越来越精细化的需求，加大研发投入，创新塑造产品品质，才是家居家装等传统企业未来更应坚持的出路。比如圣象先后启动了践行社会责任的"绿色产业链战略"和全球化布局的"国际化战略"。又如 TATA 自主研发的静音门，呼吁人们关注居室噪音，回归安静家居生活。获得了行业及媒体的高度关注和广大消费者的认可。大自然家居亦致力于打造"绿色产业链"，坚持绿色发展，引导消费者进入零碳、绿色、环保的优秀新生活。

在愈加激烈的市场竞争中，过去单一的营销策略已难以奏效，相比过去十多年家居行业高速发展所依赖的大卖场模式，目前各企业更加青睐多元化的渠道建设，很多传统卖场近两年都积极投身于电商事业。各类智能家居企业的不断崛起，促进了智能家居行业的多样化发展，给客户带来了更多的选择。类似的新兴模式伴随着互联网技术的发展，如雨后春笋般逐个涌现出来，如大家居、大数据、全屋定制、众筹、上市等企业谋求创新的成功案例层出不穷，一个新的体系与格局就要诞生。

服务是商品的附加值，向高附加值产品发展，市场前景将无穷无尽。随着消费者对生活品质的要求越来越高，强化服务理念是赢得顾客信赖与合作的关键因素。实现"服务增值"，提升顾客满意度，以全新的服务理念付诸情感式劳动，更能赢得市场。如生活家秉承"务求完美"的工作标准，以持续创新能力为经营特色，在居家木制品领域为全球消费者提供更为优质与经典的产品、更为完善与尊贵的服务。值得推荐的是家居地板企业兴起的理念服务中，还有"书香门地"、世友、美丽岛、森林之星、久盛等品牌，将服务提升至品牌战略的高度，真正使服务的内涵得到进一步丰富和深化。

企业理念的创意，是给予产品丰富的内涵，针对家居行业技术状况、市场状况、产品特征、人员素质、消费者的偏好等来设计自己的理念，切实的建立管理体系并予以有效执行，企业才能基业常青。

合 作

家居行业发展至今，产品门类逐渐齐全，品牌增多，功能完善，可供消费者选择的颜色、款式、价格等空间更大。为了更快地挖掘市场商机，一些家居企业开始寻求产业链横向或纵向的发展，从单打独斗走向共创共赢。

互利共赢是每个企业所向往的，基于共同利益下，将分散的资源整合起来，优势互补，形成完整的产业链。一方面，这样做可以减少整个行业的资源浪费，加快企业间的资金流动；另一方面，这种方式还可以使得企业间的信息能够迅速共享，减少企业间的交易成本，加快产业运作速度，提高效率。企业联合实现合作共赢，赢得的不仅是渠道效率和渠道规模，还可以赢得渠道品牌的知名度和忠诚度，赢得更多话语权。像宏耐地板与圣象合作取得了成功，大自然家居陆续与国际知名的地板企业合作，并在全国推广进口地板。纵览当下的家居家装业，合作、联盟趋势明显。

对于家具建材企业而言，通过上下产业链合作，将有利于实现合作共赢，特别是有助于推动家具建材企业的品牌化进程。作为利益共同体上下游的房产、家具家装产业，采取品牌与品牌抱团取暖的政策，强势占领市场份额，利用品牌联合的力量，凸显品牌联盟的营销优势。众所周知，房地产行业与家居建材行业唇齿相依，家居企业与房企通力合作，可提高销售规模也能更好地实现推广效果。就目前市场来看，大自然、圣象、科勒等大品牌家具建材企业，都已经和房产商合作构建精装房。

与家装公司新的合作模式的产生，是双方对消费者做延伸服务的路途上的一次交汇，将可能带动行业的变革。这不仅是一次使用跨界联盟抵御市场风险的尝试，也是对"未来将是品牌与品牌之间合作"的又一次印证。

在市场竞争日趋激烈的今天，经销商已经成为企业营销市场成功与否的关键要素和基本前提，家居生产商与经销商不再是单纯的产销关系，而是互相博弈的合作伙伴。从这种关系层面来看，就需要二者进行有效的沟通，精诚合作。

随着智能产品的快速发展，也给众多互联网企业和传统家电企业带来新的商机。互联网公司运用数据分析、软件服务能力、拥有更多的用户数据，以互联网和传统家居行业来说在智能家居及其生态链、移动互联网业务领域，进行深度战略合作，统一的行业标准和良好的企业合作，将给智能家居行业带来无限的发展。

不少家居企业表示，设计师是消费者的前导。与设计师展开深度合作，是近年来许多家居品牌的共识。在很多情况下，设计师所扮演的，正是将客户与家居产品生产企业对接在一起的桥梁。尤其是工程定制家居企业与设计师合作，通过解决消费者多年来的"痛点"，释放出巨大的市场能量。企业应该及时给设计师提供资源与其设计需求匹配。许多与设计师展开合作的企业发现，将产品根据设计师需求整合起来。时代在发展，现在的品牌集中度、产业整合度越来越高。用整合的方式规避个体的不足，产品线或服务链条得到延伸，建材、家装、家具、物流越来越趋于融合。

跨　界

科技的发展，让人们的生活进入互联网时代，特别是移动互联网的普及。让人们有更多的信息链接。随着市场需求和竞争压力的影响，同一产业链之间的跨界共赢是不足为奇的。不过，如今越来越多的家居企业已经不单单满足于同一产业链的"跨界"，开始将触角伸向其他产业。纵观 2015 年，家居建材市场上的跨界已经到了如火如荼的地步，异业联盟合作，打造全新产业优势。

近几年来家居行业有两个发展趋势：在行业内走专业化分工的道路，在专业化分工成熟后走多元化的道路。多元化"跨界"发展不只是企业产品线的简单延伸，它也可以被看做是对某个企业的综合实力考评。一个企业只有在一业为主做精做强的基础上，才能具有较强的竞争能力和抵抗风险的能力，才能有资本去涉足更为广阔的新领域。这种大跨界的多元化并不是说一个企业的转型，而是家居企业根据市场的跨界投资。这种发展可以说是事物发展的必然性，体量够大的家居企业未来容纳更多项目，必然会考虑多元化的发展。比如圣象，从地板到壁纸，再到地板；生活家从地板到整体家居等，跨界、多元化经营对于地板行业来说已经是一个趋势，更是未来发展扩大经营并进行产品延伸的一条必经之路。

家居建材品牌跨行业经营，实力、整合能力、渠道一个不能少，企业跨界取决于整合资源的能力，多元化发展要想成功，要选择恰当的时机和适合的品类以及合适的渠道，因为新的品类上市要考虑到消费者的接受程度。如果家居企业能够继续巩固消费者对于原有品牌的信任基础，再将此品牌效应延伸到新的产品品类之上，相对而言，跨界就更容易取得成功。跨界产品属于企业母体下的延伸品，要与同行业已经成熟的产品竞争，一定要考虑到自身在管理上有无品牌优势，还要注意维护好主线产品，对于将要"跨"过去的陌生行业及合作伙伴，企业还需对其进行深刻的研究，并制订详尽的发展战略，这样才能将跨界的优势体现得淋漓尽致。

移动互联的力量在改变着很多行业，家居行业也不例外。跨界实质也是摒弃传统经营的方式，利用互联网的特质来提高经营效率，从而获得市场竞争的优势。随着人们消费水平的不断提高以及时尚文化的流行，"智能家居"概念催生了跨界整合。互联网与传统家居产业深度融合已成为必然趋势，2014年，谷歌先后斥资32亿美金和4亿美金收购两家智能家居企业之后，智能家居正成为国内各大家电厂商、互联网巨头以及众多创业者关注的焦点。不少企业从传统的家居跨界到智能家居。美的与小米联姻，海尔联手魅族，在智能家居、物流仓储和金融服务等方面进行跨界合作。目前智能橱柜等家居产品的生产和普及均还存在诸多问题，但市场前景大好。

同时，对于跨界市场的营销，行业内也不缺少创新的企业，为满足消费者的变化需求，九牧智能马桶APP登录小米手机智能家居平台，成为卫浴行业第一家实现智能跨界互联的企业。

跨界经营已俨然成为行业的一个趋势，从家居行业内的多元化到跨行业的多元化，众多企业都在用实际行动展现着多元化发展的魅力，通过自己的方式，演绎不同的跨界故事。

上　市

在 20 世纪 80、90 年代因为缺乏国内和国际金融资本的强势介入，没有大流通业的渠道布局和塑造，我国家居产业链得不到有效整合。近年来，随着市场、竞争环境的改变，家居企业纷纷转变观念，急于从单纯的产业经营转向资本运营。自从 2011 年多个家居企业上市之后，家居行业加快了上市的步伐，资本助力家居市场已不再是一个新鲜的话题。2013 年证监会公开的发行股票申报企业情况表中，排队申请上市的家居企业有十家之多。2014 年以来，国务院两次召开常务会议，研究解决企业融资成本高问题。随之出台了股票发行注册制改革方案，取消股票发行的持续盈利条件，降低小微和创新型企业上市门槛，建立资本市场小额再融资快速机制，开展股权众筹融资试点。同时，支持跨境融资，让更多企业与全球低成本资金"牵手"。这为企业积极利用资本市场进行直接融资，创造了前所未有的好条件。在国家政策的助推下，2015年上半年金融市场火爆，带动了家居企业上市的热潮。

2015 年一季度，不仅有全筑股份、好莱客成功登陆 A 股，更有曲美家具于 3 月底正式过审，而红星美凯龙也转投 H 股。此外，江山欧派门业股份有限公司、广东皮阿诺科学艺术家居股份有限公司、茶花现代家居用品、多喜爱家纺股份有限公司等都在排队上市中，再创家居企业上市高潮。

对整个家居行业而言，上市的意义不言而喻。上市是个重要的融资手段，在完善企业资本结构、减少负债缓解财务费用压力方面的作用最为显著。更为重要的是有了资本的支持，企业能够有效促进科技创新，实现扩大再生产，提高生产规模，进而有能力、有魄力进行收购、兼并等资产重组，加快行业的发展进度。有业内人士分析称，资产重组、并购将是家居行业大势所趋。

家装及家居行业整体属于大宗消费品，消费者选择时，品牌效益和口碑是一个重要的参考。上市后的企业在证监会等监管部门的监督下，走上正规化、现代化的企业发展道路，整体形象会有所提升。上市公司的品牌效应也在不断深入人心。随着近年消费升级的需求不断提升，消费者在选择家居用品和家装时更加注重品质。如大自然、索菲亚、德尔等上市品牌，其市场占有率过去几年也在稳步提升。

越来越多的家居企业上市也意味着行业的竞争越发激烈，上市企业将背负着重大的盈利责任。上市之后若不具备良好的盈利能力，不能扩大利润，即使上市也是非常被动的。上市也使得公司的产品和经营暴露在显微镜下，信息需要透明与公开，企业控制权可能会失去，同时也面临着退市重组的风险。上市应该因地制宜，准备不充分就贸然上市，反而会使企业陷入资本困局不能自拔。

企业上市需拿出配套的管理措施，提升管理水平，扩充团队建设，还要适当地拓展新的渠道，这样才能够在资本运作时更有针对性。未来家居行业上市机会将越来越多，甚至会有很多企业到海外上市，但就目前来看，企业如何以良好的姿态面对上市所带来的资本，还是很多家居企业面临的一个难题，有待上市公司及即将上市的公司一同去探索破解。

领　导

这里的"领导"并非是一个动词，而是"领导者"，包括行业的领导和企业的老板。

行业领导的决策直接决定了行业的发展方向，中国林业产业的健康有序发展离不开行业领导的正确引导。现如今，随着工作业务拓展以及管理延伸，行业领导者不仅要担负起引导行业、企业发展的责任，还要担负起服务职责，并为各项活动的开展提供条件和帮助。

对于一个企业而言，领导是企业发展战略的制定人，是企业战略执行的护航人，领导行为是企业文化塑造的推动力量，领导人行为决定企业对客户的服务品质，企业领导的行为决定企业的未来。这是任何时代赋予企业领导人的共同色彩。一个优秀的企业领导激情满怀，勇于任事，思想开阔，富有远见。他们不仅自身充满活力，而且有能力带动自己周围的人。在20世纪90年代中期，家居行业刚起步不久，敢于第一个吃螃蟹的第一代家居企业领导人都是敢于担当的，即使倾家荡产、颗粒无收，他们都愿意为了心中的家居梦奋力拼搏，带领一批又一批员工走上了家居发展的道路。那个时期的企业领导，管理经验不足，兄弟义气有余，但在那样各路奔走只为求生存的大环境下，最需要的也就是这种"同生共死、荣辱与共"的情义。

进入新世纪，企业已经从最基本的求生存上升到了谋发展，这时候的企业领导便需要懂得各种管理之道。2003年~2013年，是中国房地产发展的黄金十年，家居企业也借助这股东风蒸蒸日上。2014年以来，我国经济发展进入新常态，经济增长放缓，国家又逐步实施对房地产的调控，家居行业面临巨大的考验。经济新常态是我国经济社会发展的必经阶段，是不以人的意志为转移的大趋势。但是新挑战，带来新机遇，国家经济增长动力更为多元，新的产业革命是"互联网+"，960万平方公里土地上形成"大众创业，万众创新"的新态势。家居行业领导者需科学认识当前形势，准确判断未来走势，适应新常态。只要我们坚持与时俱进，一定能够战胜全球经济危机的影响，跟上我国经济社会转轨变型的步伐。

员　工

　　员工是企业发展的动力和源泉，任何企业的发展都离不开员工的辛勤工作和默默奉献，正如没有战士的部队无法打仗，没有员工的企业是无法运转的，没有好员工的企业更不可能会有好的发展。同企业的培训、管理一样，企业对于员工的要求以及员工对于企业的意义都在随着企业的不断发展而改变，并被每个时代打上不同的烙印。

　　家居行业属于传统行业，对员工有着大量的需求。特别是 20 世纪 90 年代产业刚兴起之际，家居企业大多以加工为主，加上这时候的企业正处于成长期，因此需要大量吃苦耐劳员工为公司奋力打拼。这时候企业对于员工只要求其有一定的生产技术即可，对其文化素质并无太高的要求；员工对于企业而言也仅仅只是一个劳力，没有太多强纽带联系。并且此阶段企业的精力都集中在了生产上，还未意识到管理的重要性，因此，此阶段的管理型人才匮乏。

　　进入到 21 世纪后，得益于国家房地产政策的改变，中国家居业步入了"躺着都能挣钱的时代"，大部分家居企业进入高速发展期，此时要求各阶层的员工都具有很强的市场开拓能力，能为企业在市场中开拓出一亩三分地。然而也正是因为时代的偏宠过度，导致家居行业"不思进取"，"重生产，轻设计"是对这一段时间行业的最好写照。这样的行业现状直接导致对员工的综合素质要求不高，只需管好自己手上的活，其他的就可以"事不关己，高高挂起"。这一点尤其体现在安装工人上，"安装工人的素质普遍偏低"，这是高志华老师对于家居员工现状的概括性描述。在服务质量被消费者日益重视的新时期，安装不仅仅要精通安装技术，还应该懂得安装环境监测和后期维护等知识，这样方能为消费者提供更加全面和优质的服务。

如今，随着经济的飞速发展，企业的核心优势取决于智力资本的优势，而人力资本是智力资本最重要的组成部分，这使得许多企业经营者明白了企业要发展，要在市场经济中占据优势和竞争力，必须依赖人才，依赖知识。此时对于员工各方面的要求提高，并且更多的将员工视为与企业命运直接相关的一员，开始重视对员工的培训，重视对员工的人文关怀，如TATA木门放在发展的五大核心原则第一位的就是"员工第一"。

目前行业内最大的问题就是缺乏专业设计人才，在个性化与原创性日益被重视的今天，很多企业已意识到聘请设计师的重要性，但即使是开出高薪也未必能招到满意的设计师。家居行业的设计师在数量上有着巨大的缺口，同时，仅有的设计师水平悬殊也较大，成熟的设计师犹如"凤毛麟角"，更多的是只能从事简单模仿、图纸绘制工作的"绘图员"，设计人才水平有限，且未形成良好的"梯队结构"。员工素质偏低，行业群体的整体素质需要提高，而要解决这些问题的唯一办法是加强学习。而这一行业长期形成的弊病并不是通过短期培训在朝夕之间就能解决的，需要通过长年累月不断沉淀和磨炼才能形成。

产　品

对于生活品质的追求我国从古代就开始了，夏、商、周时期就有不少精美且实用的家具。这里暂且不说中国的古典家居，就从1949年以后谈起吧。

20世纪50年代初期，床板＋箱子成为现代家居的雏形。那时百废待兴，普通人民群众的生活贫困，家里一般仅有几个箱子加一张板床之类的家具。20世纪50年代初期，生产得到了恢复与发展，各地建立起了首批木器生产合作组织。目前家居行业一线品牌的华鹤家具集团，其前身就是50年代成立的两个小合作社合并而成的。1956年，逐步建立起一批现代木器工厂，中国现代家具行业的发展就此萌芽。60 年代以"36 条腿"作为结婚需求标准，衣橱四条腿，床四条腿，床头柜四条腿，椅子四条腿，等等。70 年代人们结婚，家具需求升级到了"72 条腿"，但却要凭家具票才可以买到家具，终于等到凑齐了票证，也还要领号排一夜的队才能买到。80 年代国内家居企业开始引进机械设备进行流水作业，生产规模和效率得到极大提高，产品日益丰富，当时的"流线型＋全套组合"板式家具引领了潮流。继 80 年代的板式家具风潮之后，迎来了 90 年代这一中国现代家居体系初步形成时期。当时全国家居企业开始大规模引进进口设备，建立家具生产流水线，借鉴国外家居风格设计中国的家居产品，无论是在质量、造型还是风格上都有了质的飞跃，开始朝多元化发展。进入 21 世纪，整装家居开始流行，材质多以实木为主，厚重、笨重的家具往往在搬进家门时很困难，摆好之后便再不挪窝。由于人们不太了解家具的形态变化，传统的家具依然以大柜、低柜、床头柜等基本形式出现，在形态上基本没有改变。伴随着人们居住条件的改善，衍生出一些如电视柜、玄关柜、鞋柜等新型小家具，但设计上依然落后，以吸取传统中式家具的形态和样式为主要手段，创新产品较少。传统的五屉柜、食品柜逐渐退出居室空间。

2010 年之后，新世纪的到来迎来了家居消费者的新口味，全民生活从温饱过渡到了小康，因此对家居产品的健康环保要求有所提高，大豆蛋白胶等一系列环保原材料诞生。同时，"产品工艺标准化＋高端个性化"成为各企业争夺消费者的不二之选，定制家居概念开始盛行于市。"环保"与"定制"成为家居业新的流行词。随着消费群体的年轻化，对个性的要求也越来越强烈，同样类型的产品，造型精美且独特的必然会受到青睐。而今，产品也不只是考虑造型的形式美，更需要考虑功能的依附，色彩的配合，还得考虑市场、社会、人体工程学。为了适应不同的居室环境，集休息、储藏、健身等多功能型家居产品也将是未来家具功能设计的发展方向。总之，随着时间的推移，家居产品不仅越来越个性化，也越来越人性化。

质　量

国家的标准是明确的，行业的要求是严苛的，消费者的监督是有力的。"质量黑榜"这四个字让家居行业的很多企业避之唯恐不及，深陷"质量门"的企业轻则销售额严重下滑，重则经几十年建立的商业帝国在一夜之间轰然倒塌，从此退出历史舞台。然而，每年总是有不少企业铤而走险，置品牌信誉和口碑于不顾，公然生产或销售不合格产品，成为人人喊打的"过街老鼠"。近些年来，水龙头含铅事件、马桶自燃、淋浴房爆炸、床垫质量过半不合格、床品质量检测有问题、地板检测甲醛超标，甚至连儿童家具质量也是问题频出。

2011年，宜家家居中国官方网站上召回BUSA布萨折叠儿童帐篷，因为这款折叠儿童帐篷的钢丝框架在使用中可能会因为发生断裂而划伤或刺伤玩耍的儿童；2012年好太太橱柜因甲醛释放量超标上了"质量黑榜"；2013年，两款由广东鹤山市活力家具实业发展有限公司生产的办公用品均被查出甲醛超标，而活力家具曾在2009年和2010年连续两年被评为中国十大办公家具品牌；同年，哥伦比尼家具（中国）有限公司的一款儿童床头柜因结构安全（边缘及尖端）不合格登上质量黑名单；2014年8月，上海市质量技术监督局发布了2014年实木复合地板、实木地板和浸渍纸层压木质地板三种产品质量监督抽查结果——7批次浸渍纸层压木质地板产品不合格，7批次实木地板产品不合格。

在有关家居产品质量的检测抽查中，出现问题的产品比例之高令人唏嘘。如此多的问题产品频频出现在市场上，不仅危害了消费者的家居安全，也给企业造成了很多不良的影响，作为要长久发展的企业来说，必须重视产品安全问题，否则在如今竞争激烈的行业市场上，就会寸步难行。

在原材料只有木头、制作纯靠手工的年代，质量好坏也许只意味着家居产品的牢固程度，意味着使用年限的长短。如今，新材料和新技术的应用日臻成熟，各种新型复合材料以及黏合剂、油漆的使用都令产品无法再贴近自然。家居产品的质量安全就不仅是指其耐用与否了，更是指其释放的各种物质不会对使用者的身体造成潜移默化的影响，需要做到绿色环保。所以，家居行业在产品同质化严重的市场环境下，消费者选购产品时更倾向于质量比较，视质量好坏来选择品牌。

在过去的 20 年中，家居质量问题在消费者心目中留下了抹不去的阴影，在消费者的心中，一些上过"质量黑榜"的品牌也令他们在购买时不敢再涉足。随着生活水平的提高和对家居品质更高质量的要求，如今的消费者不再是被动接受，辨不清是非；在维权意识日益提高的新世纪，更没有人愿意吃哑巴亏而将自己的合法权益抛之脑后。因此，在质量环保已成企业生命的今天，产品质量出现问题之后，品牌拥有者和企业商家再也不能无视问题产品在市场上和消费者心目中造成的影响和损失。

环　保

2013 年 8 月 11 日，国务院发布《国务院关于加快发展节能环保产业的意见》，提出，到 2015 年，我国节能环保总值要达到 4.5 万亿元，成为国民经济新的支柱产业。这是国家第一次将环保产业在经济社会发展中放在一个更重要的地位，为节能环保产业发展提供了机遇。因此，2014 年，几乎所有大型家居企业都将绿色建材与企业节能减排作为企业整体发展的重中之重。

从狭义上说，家居业要走绿色环保之路就是要生产合格的、对消费者身体无害的产品，这可以说是对家居企业的最低要求。从广义上而言则要求企业从材料采集、生产加工、产品流通、设计创新、施工应用以及后期维护都应以绿色环保为准则，以对消费者负责为基本，以对生态环境负责为必要。

中国的家居产业这 20 年来的发展与生态环境的关系可以说是历经了三个阶段。第一个阶段，就是用绿水青山去换金山银山，只要企业发展，产生效益，就不去过多考虑资源环境承载力，造成了资源约束趋紧，环境污染严重，生态系统退化等严重问题。第二个阶段，既要金山银山也要绿水青山，企业领导人开始注意到环境保护的重要性，采取了一些保护措施，但还只是就生态谈生态，并没有从全局的高度认识这个问题。第三个阶段，绿水青山就是金山银山，可以源源不断地带来财富，蓝天白云、青山绿水是长远发展的最大本钱，生态优势可以变成经济优势、发展优势，这是一种更高的境界。党的十八大上，习近平同志也提出："保护生态环境就是保护生产力，改善生态环境就是发展生产力。"这些重要论述，深刻体现了尊重自然、以人为本的价值理念和治理经验。毋庸置疑，中国家居业此时正处于第三阶段。但是，建材家居作为传统行业，能耗高，资源消耗大、面对环境污染，节能减排和结构调整深感任务艰巨，需要全行业所有人的共同努力。

家居行业绿色发展意识的增强可以说是家居人自己的觉醒，同时也是这个时代赋予他们的不可推卸的责任。近年来，全球环境问题日益突出。根据相关资料显示，北太平洋垃圾带 40 年内扩大百倍，欧洲 15 国每年 70 万公顷森林被酸雨破坏，人类每年向大气排放的垃圾仅我国 230 个城市就达 6520 吨。石油流入海洋，地球温度升高，美国原始森林遭破坏，皮肤癌及各种疾病的发病率升高……越来越多因为生活环境而产生的疾病吞噬着人们的健康和生命，为各行各业的发展模式敲响警钟。

绿色发展、节能减排是我国的一项基本国策，特别是持续的雾霾天已经唤醒了民意，更成为家居行业可持续发展的重要基础。要实现其可持续发展，就必须全面顺应基本国策，不仅要加强对 450 亿平方米既有建筑物进行节能改造的技术、工程运作模式、新型材料应用等方面的投入，同时要在新研发生产的产品中推动绿色设计、低碳施工、环保材料、节能运行、循环利用、生态平衡等新理念、新思路，应用新技术、新产品、新工艺、提高各类资源的利用与效果，在宏观经济调整带动转变行业、企业、工程运作模式中，不仅能够扩大行业的规模，也能够提高行业的发展品质。

2015 年仍然是大力发展节能减排、低碳环保、生态循环等技术的重要的一年。在国家环境污染治理、建筑节能改造，人们低碳生活方式推广，更加注重健康与生命安全、持续关注环境安全等外部压力作用下，推动行业绿色环保发展已经成为行业共识。新研发、推广的产品、技术，在提高节能环保的基础上，更要在成品化、标准化、装配化方面有所突破，以达成提高生产效率的目标。

品　牌

中国有几百年历史的老品牌不少，但在家居行业中，还真找不到百年老店。中国品牌经济的发展是改革开放以后的事情，那时随着我国市场经济的不断发展，中国企业的品牌意识逐渐增强。而中国家居业的发展远远落在了这个后面，家居品牌大力兴起的年代被定格在了 20 世纪 90 年代中期，但从中国整个品牌经济的发展中看家居品牌的发展还是可取的。

纵向来看，改革开放之后的 1979 年中国政府开始恢复商标统一注册工作，1983 年《中华人民共和国商标法》正式实施，中国的品牌经济开始启蒙。但在此阶段，中国企业认为品牌只是一种识别商品的标记，对其缺乏足够的认识。此时还未兴起的家居业也逃不出对品牌认识狭隘的命运，对品牌的理解也是一知半解。20 世纪 90 年代开始，中国家居业在兴起的同时，品牌经济也进入发

展阶段 (1992~2002)，1992 年邓小平同志在南行讲话中指出："我们应该有自己的拳头产品，创出我们中国自己的名牌，否则就要受人欺负。"加之当时进入中国的家居跨国品牌空前繁盛，它们利用贴牌生产 (OEM) 的方式向中国进行品牌输出，并以此获取高额利润。与此同时，大批民族品牌在竞争中纷纷败阵。这种反差让中国政府和企业认识到品牌的真正价值，认识到只有创建名牌才是企业发展壮大的根本出路。2003 年至今，是家居品牌经济提升阶段。这一阶段，人们的消费水平提高，对产品的质量要求不断提升，对家居品牌的认识不断加深。2003 年政府将房地产业确定为支柱产业为家居业的发展提供了大好时机。家居业竞争日益激烈，让企业也不得不重视品牌的建设。自 2003 年以来，家居业便兴起了一批有口皆碑的品牌，如生活家、大自然、圣象等。

横向观之，中国家居业的品牌分布有着明显的区域性特点。在全国 31 个省、自治区、直辖市中，形成了以广东、浙江、山东、江苏、北京、上海等地为主的省级品牌强势区，以青岛、深圳、苏州、宁波、杭州、绍兴、温州、泉州、佛山等为主的市级品牌强势区和以顺德、江阴、荣成、昆山、吴江等为主的县级品牌强势区。区域性特点的形成原因有很多，比如临海的城市大多在历史上就已成为重要的通商口岸，交通的便利更令其有着得天独厚的发展优势；家居业作为消耗树木的传统行业，华东地区的热带季风型气候，并具有海洋性气候特点，全年气候温和湿润，雨量充沛，适合树木的生长，能为企业的发展提供足够的原材料。而且不难发现，一个地区的品牌建设力度与其经济发展的快慢成正比。综上所述，西北便成了家居业发展的软肋。

近些年来家居企业品牌不断壮大，但也存在不少问题。一是品牌保护意识薄弱。对于品牌的保护，向来是国内家居制造业的软肋。企业辛辛苦苦创立的品牌经过多年经营后，由于对知识产权的保护重视力度不足而被假冒、抢注的案例比比皆是。二是重产品销售，轻品牌经营。许多企业热衷于不断开发新产品，却忽略了对品牌方向的决策，缺乏对品牌运作的长远规划。三是品牌价值组合的不完善。在创造价值、传递价值、体验价值这三个品牌价值组合中，企业往往忽视了最具亲和力的体验价值——服务。换而言之，真正从消费者的需求出发，创建品牌价值的企业还属凤毛麟角。四是世界级品牌极缺，中国的家居企业，特别是地板企业很多都是以外贸起家。但历经岁月砥砺，能在国际市场享有盛誉的品牌并不多。

在西方国家，一家三代人都只用一个牌子的化妆品，一个家族所有人家的厨房，都只挂着同样品牌的菜刀的现象比比皆是。这是什么原因，这就是品牌的力量。而目前中国家居行业，正是缺乏这样的品牌力量，这和其品牌背后深厚的企业文化相关。而品牌的树立，要从小事做起，并应持之以恒。在未来几年，家居企业必须要树立品牌意识以及真正用心的品质和服务。以树立百年品牌的长远眼光去对待市场和消费者，就一定能够获得市场、行业、消费者的三重认可。

创　新

我国古代的家居用品，特别是明、清时期的家居用品，在国际上一直享有盛誉。而如今，业内却有这样一种说法："家居设计看米兰，中国设计看广东，广东设计看国外。"抄袭，成了如今家具界的弊病；创新，成了家居业在新世纪发展的短板。在一些国际大型家具博览会上，为防止抄袭而拒绝接待中国观众的做法屡见报端，国内家具因抄袭国外设计被告侵犯知识产权的案件也时有发生。家居业，这个在我国具有优良传统的行业逐渐被抄袭所蚕食。

在2013年3月的广东三大家具展上，"山寨"一词成了展会的最好概括：意大利品牌Treci发现自己家的产品被一个叫孔雀王的家具企业抄袭，产品相似程度高达九成；四海家具发现其旗下品牌"卡芬达"238系列的酒柜及床头柜等产品被浙江艺家百年抄袭，被抄袭产品相似度超过95%；江苏森岩家具展出的"巴厘艺术"系列仿冒"皇家·艺之坊"，相似度超过90%。"国内山寨国外、小品牌山寨大品牌"的现象已成为行业内"公开的秘密"。据悉，中国原创设计的家具占不到市场的3%。

一款新品的诞生，一个企业从市场调查到设计制作、材料试验、模具开发，前后历时至少要8~12个月的时间，其间投入的人力、物力、资金等成本粗略估计为10万元左右。而我国家居市场不同规模的企业鱼龙混杂，企业实力良莠不齐。这样的一类企业——文化、理念、技术、资金实力等各方面欠缺，导致自身投入市场的固有产品长时间没有创新和更新换代，因而纷纷通过"复制、模仿、学习、借鉴和创新改良"的方法。各种不良因素氤氲在一起，直接导致了我国家居业技术创新能力薄弱。

随着人们生活水平的提高，人们越来越追求产品的创新和个性化，就如同没有人愿意在大街上和别人撞衫一样，不会有人愿意自己所用的家居产品随处可见。除去产品，技术和服务创新也显得尤为重要。市场竞争归根结底就是技术、实力创新的较量，消费者最终还是青睐于高品质的家居产品。产品的风格特色、外观设计等要更多地体现创新意识，才能在千篇一律的产品中脱颖而出，实现消费者个性化、理性化的消费体验。家居产品完善的服务体系是活招牌，对品牌的信任度、忠诚度及其之后的传播都能起到关键性的作用。构建成以服务为核心的品牌文化理念，方能免除消费者的后顾之忧。

如何杜绝抄袭，为企业创新保驾护航？从企业角度出发，首先，需要加强维权意识，及时申请商标、外观等方面的专利；其次，企业需要提升创新意识，中国家居行业已经告别了暴利时代，自主创新、独立研发已成为现阶段企业竞争的核心要素。从法律法规的角度出发，目前国家、行业都缺乏有效的知识产权保护制度，这就要求尽快出台健全的法律法规，让企业在维权时有法可依。从社会角度出发，需要加强信誉制度的构建和监督，行业协会、媒体、消费者应该联合起来，构建信誉制度并通过社会舆论加强监管。

风　格

　　所谓风格，指的是远古以来，人类试图通过明确和具有普遍性的特征来确定一种物件，从而传达它包含的概念，其客观性使之成为经典。沿历史长河回望，无论是文学作品还是生活器物，只有经典能成为永恒，被人们在心中长久地啧啧称叹。中国的家居产业发展至今，随着人们生活水平和文化水平的提升，生活品质被日益重视。家居产品已经不仅是一种简单的功能物质产品，更是一种广为普及的大众艺术，既要满足某些特定的用途，又要满足供人们观赏，使人在接触和使用过程中产生某种审美快感和丰富联想的精神需求。因此，家居产品的风格定位直接决定了受众群的阶层高度以及范围大小。

　　1949 年以来，我国家居产品在造型风格和结构上变化不大，缺少创新，由于历史的原因，中国家居产品经历了 20 世纪 50 年代以前的框式结构，60/70 年代的板式结构，直到 80 年代以后，随着改革开放的到来，才开始打破这种僵化的格局，中国家居产品工业开始学习外国的先进技术，沿着仿制、改进、消化、创新的路子不断发展壮大起来。家居用品开始提倡形式服从功能，实用性很强，流行简洁美。到了 20 世纪 90 年代，随着市场经济的蓬勃发展，人们审美意识的进一步提高，家居产品行业的竞争也日趋激烈，80 年代那种单一、实用、简练、没有多余装饰的"现代"家居产品，很快被一些带有象征性、具有个性化特征的高格调家居产品所代替，家居市场呈现出五彩缤纷的局面。进入新世纪后，随着机械加工业的不断发展，新材料、新工艺的不断产生，促使设计师改变旧有设计模式，寻找以适应工业化生产适应新材料、新工艺的新家居产品设计风格。一个崭新的现代家居设计时代来到了。

风格设计的转变在转变行业发展方式中具有突出作用，是行业由劳动密集型转化为文化、艺术、技术密集型行业的关键。风格设计地位得到提升的另一个表现就是国际化水平的提高。2010 年之后不仅有国内知名企业与国际知名设计机构的合作，也有大量国际知名设计师参与国内家居产品的设计，更有大量的国外设计师到国内的家居企业工作。例如生活家聘请意大利国宝级设计大师、后现代主义设计之父——亚历山德罗·门迪尼为首席产品创意顾问，开启了一个阶层的生活格调的新篇章；2014 年夏天，大自然家居的橱柜衣柜品牌与柯拉尼橱柜衣柜品牌强强联合，形成了全新的"大自然·柯拉尼"品牌，引领中国橱柜衣柜行业的新潮流。

当一个人踏进另一个人的家门，尽收眼底的家居风格在那一瞬便成了主人的名片。一扇门，一款橱柜，一种地板，更是主人爱好与品位的体现。如今80 后是家居行业消费新的主力，不远的将来，90 后一代也会在各个消费层面展现自己的独特个性。不同的人群对家居风格有着不同的诠释。当家居空间成为一个能带给心灵安宁和放松的个性化平台的时候，家居行业的风格将会呈现出五彩缤纷的流行趋势和发展态势。在各企业生产技术日益提高的现状下，拼设计、拼风格、拼产品背后的文化内涵，已成为各企业的必经之路。

管　理

企业同世界上所有事物一样，都有着自己的生命周期，从出生开始，到成长、成熟、衰退直至死亡是所有企业都会经历的过程。而处于生命周期的不同阶段，企业面临的环境和条件都不同，这就要求实施和企业成长特征相适应的管理模式。

家居企业和其他所有企业一样，在 20 世纪 90 年代中期刚兴起之时，作为企业的初级发展阶段，其面临着各种各样的考验，最大的是生存问题，企业只有活下来才能谈发展。创业初期，共同打拼的家居人最常说的一句话就是："生死与共，同荣华共患难。"这个阶段的管理亲情味道极浓，领导者要最大化地激励员工团结一心，共同努力。让所有员工瞬时间拧成了一股绳，系自己的前途于公司的安危，感觉不是每天在为一个冷酷的企业卖命，而是在为自己的家庭有个美好的前程打拼。处于初生期的家居企业，其资产配置是以有形资产为核心，因此这个阶段的管理主要集中在财务管理、生产管理和营销管理上，将企业的主要精力都放在了融资业务及生产设备、生产工艺的调试和开发市场上。由于此时的家居企业各生产要素之间的关系简单，这种高度集权、粗放型的管理方式还是比较有效的。

2000 年之后，中国的家居企业进入发展期，也被称为成长期。此阶段是企业制度以及文化体系逐渐形成的重要时期。这时候存活下来的家居企业已经度过了生死存亡的考验时期，逐渐被市场接纳与认可。大部分领导者在管理企业时，领导力风格从亲情化、人性化的风格逐渐向制度化、体系化转变。并且此时期的家居企业有形资产已经达到一定规模，但品牌、技术、信誉等有形资产的比重增加，其增长的速度也远远快于有形资产。很多家居企业在此阶段不断投入管理成本，生产走向规范化、规模化和批量化。在营销管理方面，采取各种打折促销方法，不断开拓新的市场。这也导致不少企业没能抵挡得住市场的诱惑，盲目扩大生产规模和涉足多种业务，造成了管理上的失控。

2010 年前后，中国的家居也在历经十年的快速发展后，踏入了漫长的成熟期，这个时期的管理甚至超过领导而占据更为重要的地位。家居企业躺着都能赚钱的时代已经一去不返，随着原材料价格的上涨，市场竞争的加剧，先进的生产技术、设备和替代品的出现，企业利润下降，市场份额逐步萎缩，很多企业已经在这个时代做着最后的维持。虽经过近 20 年的经验积累，各家居企业在管理上已形成比较成熟的体系，但必须认识到不少企业领导凭经验按教条办事，只顾公司业绩的增长，而忽视了学习和创新，出现了管理上的"老化"，管理已经完全演变成为制度化、格式化。若未跟着时代前行，未掌握消费者的需求，企业必然是会走向衰亡的。但好消息是，伴随着企业进入新的发展阶段，地板企业领导的更新换代逐渐铺开，正如中国林产工业协会原会长张森林所言："企业已经出现了一些有学历、有思路、能经营、会管理、敢开拓的接班人。"我们有理由相信，新一代家居人的到来，会为家居业的发展开辟新的光明大道，即使路上会有荆棘。

培 训

IBM 的创始人托马斯·沃森认为："对机器的投入可能会受到市场的影响，而对员工的投入却可以创造市场的奇迹。"他口中所言"对员工的投入"即培训，是指一个组织通过教学、案例分析或实际操作等方式，促使员工在知识、技能、能力和态度四个方面的行为方式得以提高，以保证员工能够按照预期的标准或水平完成所承担或将要承担的工作和任务。作为企业人力资源开发的重要手段之一，培训在企业人力资源开发与激励员工中将发挥越来越大的作用。与企业管理一样，企业在其创业期、成长期、成熟期和衰退期各个阶段的资源培训战略与策略是不一样的。

我国家居企业在20世纪90年代的初生期，各项管理制度还未完善。人数有限，实力不足，规模小、投入多、产出少是那时的基本现状。鉴于初创企业需要大量发展客户，推动企业快速成长，通过增加销售额达到生存的目的，因此，公司的主要精力往往放在市场营销上。大部分企业在这个时候选择的培训战略是集中力量提高企业创办者及营销人员的营销公关能力和客户沟通能力，主要是依靠外部资源讲师和外部成熟课程，对重点项目和重点营销人员进行有针对性的培训。此阶段的各岗位职责不清，培训方面基本无暇顾及，更谈不上系统的培训体系和规划。培训效果上注重"时间短、见效快"，往往承担了"救火"的角色，培训的组织和实施都非常简单，培训效果和衡量指标也非常明确。

伴随着新世纪的到来，中国家居企业在经过生死存亡的巨大考验之后，走上了快速发展期。这时候的企业产品市场扩大，有了稳定的销售量，企业的组织规模也逐渐成形，人力资源的管理也开始向专业化、规范化转变。但由于企业的快速发展，公司很多方面的脚步无法跟上：新进人员不能迅速认可企业文化；技术人员不能赶上技术发展趋势；营销人员不能充分了解产品和市场情况，服务能力不足；管理人员难以行使有效的职能；个人潜能开发得少，难以满足个人发展和企业发展的需要。这时候各家居企业领导开始意识到了员工培训的重要性，在培训管理方面大量投资，特别是开始高度关注中高层管理人员。通过培养一部分中层管理人员，组建管理团队，分担业务，提高其对企业决策的理解和执行力，达到提高整个组织管理有效性的目的。对高层管理人员的培训则意在提高他们对行业的认识、战略制定和决策水平，为企业制定既具有前瞻性又具有可操作性的战略目标。在企业的发展期，如果发展方向出现了错误，其他的一切努力就会付诸东流。

如今，中国家居企业已进入漫长的成熟期，随着企业进入成熟期而来的，是市场竞争的加剧以及消费者要求的提高。此时的企业内部已经有了完善的管理系统，因此更加需要将眼光投向市场，注意消费者心理的点滴变化，此时若还只是注重对管理人员的培训已行不通，因为消费者买的并不只是家居品，更是家居品为其带来的感官体验，也就是服务。所以这个时期的企业培训开始走向基层，更准确地说是面向企业的每一个员工。企业开始建立完备的培训体系，并不再仅仅是借助外部资源，也积极培训内部讲师，可以说一个有着良好内部培训机制的企业已经成为一个学习型企业。例如，大自然、圣象、TATA木门、"书香门地"、美丽岛、久盛、森林之星、富林、比嘉等品牌，不仅定期对企业上下员工进行讲课培训，每年还有户外训练营，不仅加强员工的管理知识、施工技能，也培养了员工的良好心理品质和团队精神。

企业培训质量的好坏直接关系到企业未来的发展，所谓学无止境，一个不注重学习新知识和新技能的企业早晚会被市场所淘汰。

诚　信

随着近些年房地产业的飞速发展和城镇化步伐加快，家居行业市场也不断扩大，涌现出了许许多多的企业品牌。然而，诚信危机在家居行业中一直屡见不鲜，那些出现过诚信问题的企业，也都得到了相应的"罪与罚"。2006年，因为制造出"一个拥有103年历史的德国木地板公司"的谎言，在"3·15"后欧典这家国内木地板制造商遭遇了灭顶之灾。2010年，全球最大的家具、家居用品商宜家宣布，在北美召回26000个辛格莱（SNIGLAR）婴儿床。此婴儿床由于支撑床垫的螺栓不够长，可能造成床散架并最终导致儿童受到压迫和被窒息。此事件使得宜家在华陷入诚信危机。2011年，利用洋名字伪装国际品牌的家居厂商达芬奇，被查处涉嫌欺诈，几乎一个月的时间，达芬奇家具数十年来打造的进口高端品牌轰然坍塌。2012年地板企业被查出其生产的实木复合地板甲醛释放量超标，"毒地板事件"不仅让企业面临"关门大吉"的危险，更使行业的诚信在消费者心中摇摇欲坠。

"以人为镜，可以明得失"，这些诚信事件不仅为家居行业进行长期深刻借鉴，更能对家居行业提出全面直观的警示：许多一心只想牟取高额利润的企业不顾商业诚信和品牌塑造，最后落得个身败名裂。然而回望历史，家居企业在这方面的觉悟并不高，也未能让消费者看到其对于解决问题的诚心。

　　大多数企业解决诚信危机的方式主要有以下两种：一是直奔媒体大本营，要求删除消息。媒体对质量门企业进行曝光后，会接到一些企业的电话，极力证明自身产品没有问题，并在媒体的要求下提供"没问题"的证明，但多数企业随后便杳无音讯，主要是真实、正规的产品证明提交不了，此事便不了了之。二是委托删帖公司"消灾"。互联网时代，有这么一批专门替上"黑榜"的家居企业消灾的机构，他们收了当事企业的钱财，然后通过联络媒体熟人或者黑客手段达到为企业删帖的目的，其做法是非常恶劣的，但是因为市场需求大，此类"消灾"公司颇有市场。以上两种方法均是企业本能上的肤浅选择，都未切实意识到自己产品和管理上的问题。这样不仅不能解决问题，反而将行业的诚信污点越描越黑。

　　企业的最终目的是盈利，这是不可否认的。但诚信作为企业的立业之本，是企业长青的良药，其重要性不言而喻。作为亚洲首富的李嘉诚说过："诚信就是资本。"因此，一旦出现问题，企业不应一味地回避或者试图掩盖事情真相。出现问题的企业要顺利发展，需要做的事情笔者认为无非以下几件：一是产品全面召回，实施下架处理，从源头上堵住问题产品再流入市场，还更多消费者一个健康的购物环境；二是赔偿受损害消费者，在第一时间，无条件地对消费者给予赔偿、道歉；三是通过媒体公开道歉。解决问题最好的方法不是逃避，不是推卸，不是掩盖，而是直面问题，敢于承认，勇于承担。

　　行业内各企业对于诚信体系的建设与完善也一直在努力着。2014年4月22日，中国林业产业诚信联盟成立，全国政协人口资源环境委员会主任、国家林业局原局长、中国林业产业联合会会长贾治邦当选中国林业产业诚信联盟主席。联盟成立大会上，中国吉林森林工业集团有限责任公司、圣象集团有限公司、巴洛克木业（中山）有限公司、大自然家居（中国）有限公司、久盛地板有限公司等52家企业荣获"中国林业产业5A级诚信企业（单位）名单"

称号，柏广新、翁少斌、刘硕真、佘学彬、张恩玖等30名企业家荣获"中国林业产业诚信企业领军人物"称号。这些企业与个人典型的树立，只是希望能为业界点亮一座灯塔。要想行业健康，还需所有人的共同努力。一个诚信有序的市场到底是怎样的？当消费者"傻傻地"买，都能买到好东西时，家居市场的诚信建设也算是到位了。

市　场

综观我国家居市场20年的发展历程，大致经历了如下几种形态。由摆地摊的初级形式开始，经过了个体零散户、小摊位、小家居商店、家居批发市场一条街、家居综合商城、家居直销商以及近期在大中城市出现的家居超市、家居连锁商城等形式的发展。上述几种形态的更迭，显现了家居市场的发展是一个从无到有、从小到大、从弱到强的发展历程。如果以家居批发市场一条街前后的各种形式划分：其前为初级、松散集合，粗放型管理，是家居市场的生成、发展期；其后为初具规模、综合集成、专业化管理，是家居市场的发展、壮大期。

我国家居市场也呈现出过多、过快无序发展状态，受宏观经济环境和微观经济状态的影响，已经或必将面临十分严峻的市场挑战。据悉，我国家居市场的现状是三分之一亏损，三分之一苦撑，只有三分之一盈利。这反映了我国家居市场的现状和竞争激烈的状况。

其实早在2010年，家具行业发展就已经开始出现较为尖锐的矛盾，全球经济形势的转变，金融危机的蔓延以及国内楼市房产的关联政策出台，家居行业的资本投入和规模扩充所带来的负面影响愈加突出，原材料价格上涨，用工成本居高不下，都极大地挫伤了家居业在市场中乘风破浪的锐气。在加入WTO之后，越来越多的国外家具品牌开始进入国内，争夺国内家居市场份额。

因此，越来越多的企业开始深入思考全新的渠道模式和营销战略。而我国家居业的企业数量多、平均规模小，产业集中度低，部分企业盲目扩张，进一步导致了产能过剩和市场无序竞争，致使行业假冒伪劣产品屡禁不止、产品甲醛超标、质量安全问题频出、行业标准老旧、"傍名牌"现象比较严重。在竞争日益激烈的大背景下，家居行业开始大力向"三、四级市场进军"，更出现了一系列的"下乡"促销活动。

国际市场方面，国外同行对于国内家居企业市场拓展的顾虑从未消除。2003 年的 7 月，20 多家美国家居生产企业就成立过一个美国家居制造商联盟，并于当年秋天向美国国际贸易委员会和美国商务部提出对中国进口的木制卧房家具进行反倾销诉讼，结果这成为了中国产业界反倾销"第一大案"。此后，其相关的贸易壁垒进一步加剧，从反倾销、反补贴，再到提高环保标准，外销市场的"高墙"已经越筑越高。具体到国内企业的现状，虽然企业数量众多，但在国际上有知名度和影响力的自主品牌为数不多，出口产品中的自主品牌量不足两成，其余多数为贴牌生产。这样的市场现状，迫使更多的传统外销家具企业不得不寻找新的出路，其中转投内销市场就被视为一个重要方向。除此之外，我国家居企业也在积极维护自己在国际市场的地位，2014 年 9 月，长达 4 年的美国对华木地板发起的倾销案中生活家地板完胜，生活家等 5 家企业最终被裁定反倾销率为 0。在产品质量和品牌建设都大大提高的前提下，中国家居企业有自信在国际市场上分得一杯羹。

作为市场主体的消费者，随着家居市场的转变，其消费观念也开始转变，由 20 世纪 90 年代家居业刚兴起时的盲目跟风消费转向更加趋于理性。除了对环保、质量等硬性指标日益关注外，消费者的消费能力、对设计和产品的个性化要求在增强。如今装修都有自己的风格喜好，在风格之外再去选择相应的产品。而风格的多样性也导致了消费的多元化。在经历了一波又一波的促销轰炸后，消费者的消费头脑也日渐清醒，已经形成了自己的消费习惯，要么认卖场，要么对款式质量货比三家。消费者的成长可谓是市场规范的一大福音，市场再不是企业和商家说了算，消费者对于他们的监督、促进作用也不可小觑，而消费者对于产品需求的提高也直接要求企业转型升级。

政　策

家居行业作为建筑装饰业的重要组成部分，在国计民生中占有极为重要的地位，在全面建成小康社会中发挥着无可替代的作用，是社会、政府高度关注的行业，国家宏观经济政策的调整，对家居行业的发展具有强烈的影响力。

自 2012 年后，政府停建了投资的大部分基本建设项目，在建的工程项目也大幅度降低了装修的档次，对家居市场形成了一定影响。政府停建楼堂馆所得到人民群众的广泛赞誉，但对整个家居市场却是工程资源的减少。各级政府投资的公共建筑装修工程约占建筑装饰量的 5% 左右，虽然所占的市场份额不大，但却是市场中的优质资源，其影响的是行业内的一些大型骨干企业，特别是个别有国企背景的企业受到的影响较大。

保障性住房建设和棚户区改造是新一届政府关注的重点，也是调整结构的基本性投资，全部是成品住宅建设，2014 年则进入了室内装修的高峰期。2013 年，国家颁布实施了《住宅室内装饰装修工程质量规范》（JGJ304）行业标准，进一步规范了保障性住房建设，对建筑装饰行业，特别是住宅家居市场影响极大：第一是对促进住宅装饰装修的产业化具有强大的推动作用，第二是对住宅装饰装修价格体系的完善发挥了重要作用，第三是对提高行业的社会地位发挥了重要作用。国家对既有建筑物节能改造的政策实施需要通过建筑装修改造工程完成。

2014 年政府对房地产市场采取了更严厉的调控措施，以抑制投机性、投资性需求为重点、继续使用了限制购房、提高购房贷款首付比例和利率等手段，控制过快增长的房价，经过政府、房地产商、购房者等各方的博弈，房价虽然持续上涨，但上涨幅度明显放缓，刚性需求得到了恢复，购房者是以改善性、刚性自住需求为主体，购房后就装修的比重大幅度提高，政府对房地产市场的调控，对提升住宅家居市场容量，缩小房地产开发增长与住宅装饰装修增长之间的巨大差距发挥了重要作用。

加快城镇化建设是我国实现全面小康的基本国策，也是宏观经济调整和优化结构、提高人民生活品质的基本途径。在城镇化过程中，将为以房地产业为龙头，主要包括建筑业、装饰装修业、建材业等组成的产业集群提供巨大的市场发展空间。按 1% 的年城市化率计算、每年将有一千多万人口转为城市人口，产生的家居市场新需求可想而知。因此，在未来十年，中国的城镇化建设将为家居行业带来巨大的新市场增量。

绿色发展、节能减排是我国的基本国策之一，也是建筑装饰装修行业可持续发展的重要基础。因此，家居行业在加大新型材料应用的同时也推动着绿色设计、低碳施工、环保材料、节能运行、循环利用、生态平衡等新理念、新思路，应用新技术、新产品、新工艺，提高各类资源的利用效率与效果。

提高中华文化软实力，特别是党的十七届六中全会之后，不断提高对中华民族文化的自信与自觉，已经成为推动经济运行的重要因素。以各类文化、艺术、体育、娱乐设施建筑装饰工程为载体，弘扬中华民族的优秀传统文化，不断提高对民族文化、艺术的应用水平，是国家加强文化建设，提升中华文化国际地位的重要领域，也为家居行业提供新的发展空间。

2014 年行业在加强对家居设计领域的管理，重视工程的原创设计；提高装修家居行业设计人员的文化认知和实用转化能力；增加产品中的文化、艺术含量等方面取得了较好的进展，也将是行业、企业在 2015 年面临的一项重要任务。随着国家行政审批制度的改革，在落实和完成这一任务中，将会产生更大的原创动力，吸引更多的人才进入家居设计领域，将全面提升行业的发展质量，增强企业的可持续发展能力。

电　商

互联网于 20 世纪 90 年代中期在我国兴起并发展起来，如果把家居业与互联网的发展比作一部电影，就家居行业本身来说，20 年的互联网史在前面 15 年并没有多大的影响，更多属于蓄势待发，其孕育的电子商务还不至于颠覆传统渠道，它真正的"春天"出现在 2008 年后，也就是"淘品牌"的崛起。

2003 年国家规定将房地产行业作为国民经济的支柱产业，当年全国房地产开发完成投资首次超过 1 万亿元。商品房的兴起带来了大量毛坯房，随之而来的家居装修为家居行业带来了巨大的发展机遇。接下来的 2004 年，是互联网进入家居行业的元年，因为"淘宝"也起航了，家居行业的媒体营销也在这一时期达到了高峰。互联网的全面营销方式探讨加上杂志、报纸等刊物的深度分析，让整个家居行业形成了自己的"声音"。2008 年到 2010 年房地产行业在这一时期的低谷发展，家居行业也进入发展的危险期。直到 2011 年，宏观经济环境和房地产行业逐渐回暖，家居行业也开始期待春天的华丽转身。电商的家居行业模式探索，以微信、微博为代表的微营销，线上、线下的 O2O 模式探寻，家居人向新领域发起挑战，希望找到家居行业转型的方向。到了 2015 年，电子商务逐渐成为一个新的营销模式，开始进入到"泛家居"行业里头。

互联网经济到底有多火，单就这两年的"双十一"就能看出来。2013 年的"双十一"淘宝总成交额 350 亿元。2014 年的"双十一"，借着阿里巴巴在美国上市的热潮，天猫更是取得了 571 亿元的好成绩，家居行业五大品牌破亿。连续 7 年蝉联淘宝家居销售第一的林氏木业令多少家居企业眼红。对2014 年已沉淀为历史的黄金一年来说，2015 年随着互联网的迅猛发展及电子商务再次风生水起，"双十一"仅阿里巴巴平台，天猫交易额已超 912 亿元，再创新高。家居网购已经是 80 后、90 后的主战场，其对互联网依赖度也呈现加速上升态势。因此，未来 20 年必定是家具与互联网高度结合的 20 年，也必将迎来家具行业最大、最快、最残酷的再一次暴风雨式洗牌。

以卫浴品牌入住天猫商城为例，在其上所建立专卖店已达到 200 个品牌以上，其中包括科勒、箭牌、美标、东鹏、九牧、中宇等知名品牌。总体看建材家居网络零售规模尚小，因产品标准化程度不够，线下传统渠道的阻力较大、购买环节的体验度不够、物流配送和售后服务的管理落后等多方面原因仍制约建材家居电子商务的发展，在全国网络零售整体规模中所占比例较低。这些隐忧或许能够成为家居企业家们静观而非投身电子商务发展的理由，但有一点务必注意的是，家居业与互联网合二为一式发展的车轮不会等待观望者。2011年"五一"前夕，TATA 木门自建的电子商务平台正式上线，这个被其董事长吴晨曦戏称为"分赃系统"的电商平台，将链条上的工厂、经销商、店员和销售员 4 个环节的利益全部分解，有效地规避了传统渠道与电商渠道的矛盾。在试营业的 20 天内，网店就签下了 1890 单。"商务，轻电子"的"分赃"模式，开启了品牌企业出击电子商务的成功尝试。整个行业正在为寻找行之有效的互联网使用法则而努力，这或将成为决胜家居行业的秘籍。

不难发现，20 年的互联网沉浮，中国家居业并未出现什么家居大品牌，原因在于"杰出"与否跟"时间"无关，但与"基因"有关。所以在下一个 20 年，家居品牌的发展重心应该回归到"基因"上，即更符合人性化的"产品"。伟大的品牌终究离不开伟大的产品。

房地产

　　"不言而喻"，用这个词来形容房地产对家居行业的影响应该再适合不过了。

　　20世纪80年代改革开放的春风并未为家居业的形成吹来好的时机，原因在于80年代市场经济刚起步，"家居"的概念没有形成。那时候的所谓"家居"大多是单位福利分房时配备的最基本的生活用品，如木床、四角桌等，人们对家居配置没有太多选择的余地。到90年代中期，随着住房条件的不断改善，家居产品的需求量急剧增长，装修的概念也开始兴起。从10平方米的单间房到一室两厅的房子，人们在入住之前开始考虑是否要铺地砖、墙面刷漆还是贴墙纸，而厨房也得考虑是否装橱柜等。与此同时，机械化的生产设备也进入家居行业，家居产品开始机械化和规模化生产。从实木到人造板材，从独立柜到组合柜，家具产品从原材料到设计都开始实现产业化。同时，橱柜、衣柜开始从家具产品中分离出来，瓷砖开始大量应用在墙面和地面，国外的卫浴和五金品牌大量进入中国市场。

　　走过90年代的快速发展，家居行业在新世纪迎来它的辉煌。这也归功于市场经济体制下房地产行业的全面快速发展。2003年国务院发布"18号"文件吹起的一阵"大风"，当年文件规定将房地产行业作为国民经济的支柱产业。也就是在当年，全国房地产开发完成投资首次超过1万亿元。正因为如此，商品房的兴起带来了大量毛坯房，随之而来的家庭装修为家居行业带来了巨大的发展机遇。

　　到了2004年，家居大卖场也开始全面发力了，居然之家、百安居等大卖场相继开店，外资品牌也开始在北京开出首家店面。另外装饰企业也同时迎来了全面发展期：东易日盛开始兴建木材加工厂，业之峰外埠扩张之路如火如荼，还有元洲装饰提出"集成家居"的商业模式。

如果说 2000 年到 2007 年是"家居人躺在床上都能赚钱"的时代，那么，2008 年到 2010 年就是家居行业面对危机的时代。源于房地产行业在这一时期的低谷发展，家居行业的阵痛期也开始了。

所以说，一点点关于房地产的利好消息都可以刺激到家居企业的神经。

2014 年在国家对住宅地产进行常态化调控的背景下，房地产开发中住宅地产的投资规模增长速度放缓。在保障房建设和棚户区改造政策的带动下，房地产开发结构也经过调整与优化，对家居企业的发展产生了重要影响。

在国家产业政策和奖励政策的引导下，成品房精装修的比重在房地产开发中继续增长，对家居行业产生重要影响。据对上市装饰公司业绩构成的统计分析，精装修成品房的工程量，在企业工程总量中的构成所占的比重很高，最高的可达 70%。房地产企业与建筑装饰工程企业的战略合作水平不断提高，很多家居企业与大型房地产进行了产业链合作。大量的住宅精装修工程为家居企业带来低成本、模式化、可持续增长的市场资源的同时，也提高了大型装饰工程企业的市场整合能力。

国家对住宅建设开发的调控力度增大，使住宅开发项目的增长速度下降，旅游地产、商业地产等其他房地产项目开发比重增加。大型房地产开发企业是把城市综合体建设作为开发的重点，包括大量商业、办公、金融、旅游、体育等设施的建设，为家居装饰企业提供了大量公共建筑装饰装修工程资源的同时，房地产开发项目结构变化也为家居行业带来转型空间。

根据 2014 年房地产市场运行状态分析，2015 年房地产市场仍然是稳健发展的一年，房价大幅下降的概率极低。房地产市场中政府、房地产商、购房者之间的博弈仍将继续，市场仍存在着大量不确定因素。但在大规模城镇化过程中，房地产的基础地位和保障性作用不但不会削弱，反而会越来越强。作为国民经济的支柱产业，房地产开发的投资与建设规模，还会持续高于国家整体经济增长水平，特别是大型房地产商的开发能力经过几轮调控得到了显著提升，商业地产、旅游地产、文化地产等项目增长较快。

由于购房者以改进刚性需求为主、装修造价在房价中的比重持续降低，开发商开发资源整合实力的不断增强和国家产业政策引导的力度加大等因素，在住宅地产中精装修后的成品房比重还会进一步提升。保障性住房建设是政府房地产调控重点，对设计、装饰等各方面的要求都有其特色和需求，给建材家居行业带来新的发展空间，很多建材家居企业纷纷制订相关计划，积极调整产品线迎合市场新需求，2015年，这块市场仍然是一个大蛋糕。

展 会

展会不仅拥有相对齐全的品牌和品类，其与生俱来的对商家的过滤功能，则让展会经济更加高效便捷。作为行业风向标的展会经济一直是家居商家集体亮相的平台，是交流、交易的中心。家居展会其实是个信息结合点，它是一个桥梁、一个平台，我们可以通过展会，把企业的信息传递给市场、传递给消费者，消费者也可以通过展会找到自己的需求。随着我国市场经济的进一步发展，家居会展经济呈现出更强劲的发展趋势。目前，家居会展业在我国已发展成为具有可观经济规模的行业，分别以上海、深圳、东莞、广州为中心，长三角、珠三角会展产业带初步形成，我国家居会展业已进入空前繁荣期。

在改革开放初期，中国的资讯还处在十分闭塞的情况下，家居展会曾帮助中国家居企业打开与世界沟通的渠道。随着中国社会、经济的发展，家居展会逐渐成为家居企业非常重要的营销途径。它不仅能够给参展的家居企业提供一个在经销商面前展示自身实力的机会，还给不同企业之间提供相互学习和观摩的机会，促进整个行业的飞速发展。而据一项调查显示，家居企业利用展会接触客户的平均成本仅为其他方式接触客户成本的40%。

作为采购平台之一，有关建材家居产业展会快速发展起来。据不完全统计，目前世界上定期举行的大型展览会与博览会约有4000多个，每年生产的直接经济效益达2800亿美元，其中我国每年建材家居及各类相关的专业展会近300个。建筑装饰材料展会，遵照国家政策，向着绿色、整合、专业化方向发展，一些规范、诚信、服务好的展会得以发展壮大。如中国（北京）国际建筑装饰材料博览会、中国（广州）国际建筑装饰材料博览会、上海世界地板大会、北京木工展、香港国际建筑装饰材料及五金展会等，展会规模、展品档次和影响力逐年扩大，知名度和信誉度不断提高，为取得良好的社会效益和经济效益，为繁荣会展事业做出了突出的贡献。

虽然家居展会正步入一个非常发展时期，应运而生的问题也不少。家居展会是经济发展的催化剂，但是这样超常规"催化"，必然导致资源滥用和争夺，参与者趋之若鹜，盲目跟风，只追求短期效益。展会选题雷同、重复办展、规模偏小、品牌影响力低等现象较为普遍，精力有限的参展商和参观者普遍感觉疲于奔命。各类劣质家居展会的增多甚至泛滥不仅稀释了各个展会的观众、买家和影响力，也使得展会营销的作用逐渐下降。而与参展人数逐年增加相反的却是参展成本的不断升高。而高昂的物流成本费用，更成为阻碍展会发展的一个硬伤。家居行业的发展不可能离开展会，但大家需要的不是小商品博览会式的图热闹，而是长远的共赢。无远期规划，历来是会展经济发展中的大忌，不但损害参与者的利益，更不能培育"品牌"的无形资产，其品牌形象也会在业内严重受损。这也就要求家居展会的定位、方式、档次、配套服务都要不断升级，适应当下市场的发展需要。走向市场是展会经济的唯一出路，行业需要一个稳定性更强、辐射力更广、商贸物流更通畅的新展会平台。

那究竟什么样的家居展会是现在厂商、采购商需要的呢？据有关专家分析，完整产业链的高端集成平台、"零渠道"绝对优势、巨大价格优势和最快新品上市是现代家居展会发展的制高点。全方位"零距离"家居展会符合厂商、采购商及市民对家居展会的各种需要，能有效推动我国家居展会经济进一步发展。

卖　场

30 多年前，当改革开放理念刚刚提出的时候，产品单一、狭小简陋的供销社和小卖部是人们购买日常生活用品的主要渠道；今天，改革开放取得了丰硕的成果，琳琅满目、环境优雅的卖场、连锁超市成为人们消费购物的休闲场所，市场改变着中国。同样，历经 20 年的变革洗礼，家居流通卖场一路走来，从昔日倒爷式的地摊、棚户到今天品牌型的综合、主题式 Modern 购物广场，成为中国家居行业发展的先锋典范。

20 世纪 90 年代后期，建材家居行业的发展主要得益于东部发达地区城乡建设的持续推进，商品房建设规模迅速扩大。据不完全统计，1995 年，全国成规模的建材家居卖场只有几十家，到 1999 年就迅速增加到 300 多家。2002 年，建材超市、家居用品连锁店等逐步兴起。自 2003 年起，建材家居商店开始从北京、上海、深圳、广州和天津等发达大城市向全国发展。2003 年，国内 4 家主要建材家居销售企业共新开门店 24 个，其中 11 个在上述 5 个发达大城市之外的城市。2006 年，全球最大家居建材零售商美国家得、全球最大家具家居用品跨国企业宜家进入我国，建材家居卖场进入了新发展阶段。

说起建材家居行业 20 年来的发展，最明显的便是建材家居卖场外观上的巨大变化。气派的门店、豪华的装修、琳琅满目的产品、配合商品主题的独特摆设方式……走进任何一家建材家居卖场，顾客都有赏心悦目之感。而十多年前的建材家居卖场还只能用"脏、乱、差"三个字形容。在十多年的时间内，建材家居卖场发展到现在已经是第三代：第一代建材家居卖场就是棚户，建材家居行业在发展之初没有卖场，建材家居商品都是在露天环境下买卖；随着第二代、第三代建材家居卖场的发展，建材家居商品的销售逐渐向室内转移。现在，建材家居卖场逐步规范，商品种类也日益丰富。而在未来的第四代、第五代建材家居卖场将更加注重内在品质的提升。

目前国内卖场发展现状极具差异化，有的发展得顺风顺水，扩张也极为迅速，有的却在激烈的竞争中出现了倒退现象。在未来五年内，从产品结构、经营实力、卖场体量等多个方面来看，卖场之间的竞争都会更加激烈，面临"洗牌"已是家居卖场不可改变的命运。

"乱"可以说是对家居卖场现状很精辟的概括，不是摆设乱，而是秩序乱。许多卖场都有一些虚假浮夸、自我膨胀的弊病和乱象。这些乱象尤其突出的是价格方面，甚至有不少卖场存在一些价格欺诈的行为。而家具是人们的生活必需品，如果商家玩这些噱头搞这些虚假销售，势必会引起消费者的反感，就会逐步被市场和消费者所抛弃。

据了解，近来国内一站式购物理念的家居卖场越来越多，它们普遍占地面积较大，产品类型多样让消费者在最短的时间内得到最多产品的选择。而在此种情况下，卖场定位和操作能力有待完善。"一站式"购物的模式并不少，但是很多卖场缺乏操作能力和资本能力，定位也不够清晰。作为"一站式"的购物场所，如何最大限度地满足消费者的需求，是商家必须考虑的。而在未来最大限度地整合资源，给予消费者"一站式"的购物环境，是家居卖场发展的最大趋势。除此之外，卖场线上线下相结合也尤为重要。随着当代消费主体和消费结构的变化，电商在人们的日常生活中占据越来越重要的位置。线上网络商城和线下服务体验店之间的优势互补也是家居卖场不可逃脱的宿命，放弃其中一环或者说是其中有一环薄弱，都难逃被市场淘汰的厄运。

物 流

中国家居业通过 20 年的积累，已经日渐成熟。但家居业的发展过程犹如一面镜子，折射出的问题同样无法回避。目前，物流是其发展的一大"硬伤"。家居企业因为产品特性，大件居多，从生产到销售过程均需经受非常巨大的物流考验，特别是随着电子商务的兴起，被称为"最后一公里"的物流服务直接影响到用户对整个电商购物的体验。如今，各商场各企业之间演绎着残酷的竞争，要想取得竞争优势，家居行业必须找到新的切入点，在物流管理、物流服务方面有所创新。

20 世纪 90 年代，中国家居业刚兴起之际，基本上采取的是"货源组织 + 运力调度 + 运输过程"的初级物流形式。这种物流形式，存在诸多弊端，路程不能最优化，耗费时间长，并且物流人员多是企业自身的员工，并未经过专门的物流培训，不大容易意识到物流过程中经常出现的问题，所以这个时期的物流不但没能为家居企业的发展增色添彩，反而是不小的阻碍。进入新世纪，得益于房地产业的腾飞，中国家居业迎来了快速发展的大好时机，全国对家居产品的需求量大幅度提升。同时随着"淘宝"的起航，中国家居业纷纷开始"触电"。这些都意味着家居业对物流的要求进一步提高。好在此时中国物流业的发展也受到了国家高度重视，开始引进现代化物流的最新理念并进行积极探索，尤其是第三方物流业的发展，促进了现代物流产业的发展，为中国家居业带来不少便利。但是由于大部分家居产品有易损、不可拆分、扁平等特点，移动或受力不均等外界因素均有可能导致其受损或破裂，给运输带来很多不便。第三方物流行业从业人员对木制品并不十分了解，不能按照木制品的特点进行精细化操作，在搬运的过程中，容易造成产品的损坏。迄今为止，我国尚未有一家专门从事家居运输的物流公司。这在一定程度上阻碍了家居业的发展。

　　在众多家居企业中，能够实现跨省、跨区域经营的企业屈指可数。某些一线品牌虽然实现了跨区域经营，但在一些没有建立分公司或分厂的地区的销售额却不尽如人意。原因何在？物流"乏力"。当今社会，品牌影响力已成为左右顾客选择商品的重要因素。然而，对于外省一线品牌，经销商尽管垂涎三尺，却又望而却步，这在很大程度上归咎于物流的滞后。家居业想要更好地发展，需要一个能够贯通全国的大物流体系辅助。没有高效便捷的物流做基础，即使是国内一线品牌产品，也很难进军全国市场。不依赖第三方物流公司，企业自建物流网络也许会是跨越物流"樊篱"以谋得更好发展的好方法。在各行各业都在利用新兴的信息产业提升自己之时，特别是"一物一址、万物在线"将人、物、电脑全部联系在一起的互联网产生之后，家居行业信息化已是刻不容缓，建立完备的物联网系统也成为家居企业解决物流问题的必经之路。

服　务

　　何谓服务，《辞海》对此的解释是：服务，是指为他人做事，并使他人从中受益的一种有偿或无偿的活动，是不以实物形式而以提供劳动的形式满足他人某种特殊需要。就家居企业来说，实物形式就是指产品，而在新技术与新材料的应用都日益广泛的今天，各企业若想只在产品这样的硬件上打仗就分出胜负的可能性已经极小。当今的家居业，除去拼产品的文化内涵，拼企业的品牌战略，良好的服务已经成为各大企业争取消费者和经销商的共同选择。

　　从家居业的元老——地板说起，地板行业服务体系的形成就经过了漫长的发展。地板在20世纪90年代刚兴起之际，买地板与铺装地板是完全分开的。出现问题时，地板企业与铺装公司便开始互相推诿，让消费者叫苦不迭。直到

90 年代中期圣象开始提出"地板只是半成品"的概念，并开始培养专业的铺装人员，地板的生产与铺装才开始走向一体化。"三分地板，七分铺装"是地板行业中对于铺装服务重视的体现。现年 82 岁高龄的高（志华）老，在接受《中国林业产业·诚信环保家居》的采访时，更是以"一分产品，九分铺装"的比重划分来说明服务的重要性。除了地板，木门、衣柜行业也非常重视安装服务的品质，TATA 木门、圣象、大自然、"书香门地"、世友、久盛、森林之星、美丽岛、富林、比嘉等品牌都有自己专业的安装团队。这些安装人员不参与产品的生产设计，企业每年花大量的时间和金钱对他们进行培训，只攻安装技术。专业，方能保证品质。

服务质量的提升，不仅是企业的责任，更是整个家居行业应该重视的问题。2001 年，居然之家率先在北京家居建材流通业中提出"先行赔付"的服务理念，创行业服务理念之先河，改变了北京家居建材卖场的服务意识和理念。2009年始，各种家居体验馆盛行，无论是装饰公司还是建材卖场，都纷纷开启"体验消费模式"。企业这种卖产品、卖品牌、卖服务的经营创新模式，不仅使企业销售系统和客户服务功能得到升级，也为百姓提前看到家装效果提供了便利。2011 年 3 月居然之家又推出"零延迟"服务，给家居行业带来了服务的新挑战，推动了企业服务意识的提升和管理水平的提高。2012 年"3·15"欧派在广州市场上率先推出"三免"服务：免费维修、免费全屋家装设计和免费拆除旧橱柜、衣柜服务。这是欧派经过长期策划和准备进行的一次品牌服务升级，更是行业服务升级的风向标。

回顾近些年来消费者的种种维权事件，中国家居行业的服务体系存在以下六大漏洞：（1）将维修直接拖过保修期；（2）企业流程乱，消费者遭殃；（3）投诉内容要消费者重复千百遍；（4）消费者被厂家当皮球踢来踢去；（5）售前是上帝售后无人理；（6）售后信息不透明。"企业必须重视消费者的利益，而消费者的利益不仅仅体现在商品价值上，更体现在他的具体感受上，而这种感受的好与坏就取决于服务。"高志华说道。这些消费漏洞的存在，无疑大大降低了家居产品给消费者带来的幸福感。所以，使消费者放心，成了各企业在新时代的新课题。

除去企业、经销商对消费者的服务，企业对经销商的服务对于行业的发展也至关重要。"水能载舟，亦能覆舟"，厂家与经销商就是水与舟的关系。家居行业发展20年来，企业和经销商的关系从陌生变得亲密，从早期的上下属关系成长为现在的手足关系，甚至可以说是唇齿相依，很多厂家直接实行了和经销商的股份制管理。如何协调市场和经销商的关系，形成合力，在行业冬天使商户守得住、留得下、有钱赚，是市场经营者要研究的重要课题。

发 展

2014年，家居行业经历了一波整个行业的回暖之后，真正进入了一个平稳发展的过渡和调整期，回归理性市场。展望未来，家居市场不再需要产品的单一化和销售模式的简单化。家居行业的各个方面都需要顺应时代的变化，方能保持活力，博得消费者的青睐。

（一）绿色环保仍是可持续发展的必由之路

随着对于生活品质要求的提高，人们越来越关心产品是否环保健康；近些年的空气质量下降，也使得人们开始意识到绿色生产的重要性。改善、消除室内环境空气污染的有效途径就是要大力发展各种环保家居产品，这要求越来越多的企业加入到研发、生产、设计、应用绿色建材的队伍中来。

（二）行业跨界成势、多元发展成热点

家居企业特别是地板企业为摆脱发展困境努力寻求转型，布局多元化发

展，实施跨界经营。2013年10月12日，全国地板行业首家跨界旗舰店——3000余平方米的生活家定制家居体验馆正式开始从"整木家居"的概念升级到"定制家居"，依托地板、木门、衣柜等生产基地，全面覆盖定制家居市场。而2014年7月的广州建博会更是跨界的大蓝海，跨界已成为家居行业发展的大趋势。

（三）大数据时代家居全渠道营销来临

互联网的兴起、电子商务迅猛发展为人们的生活方式带来了巨大的变革，家居企业的营销模式也将从产品、服务全面向数字化、移动互联化转移，多平台整合运营。随着60后、70后"退隐"，80后、90后逐步成为家居消费市场的主力军，年轻人崇尚个性化并且更具参与设计意识，这便要求销售与之形成互动，光有线上商城远远不够。因此，电商同时也在尝试向线下渗透，从而给用户提供更全面的服务，线上网络商城＋线下服务体验店的全渠道营销模式的雏形已经开始显现。

（四）卖场、工程集采、电商三足鼎立

随着精装房时代来临，销售终端工程比例将加大。同时电商的兴起，80后、90后消费习惯和装修习惯的改变，将给未来建材家居流通市场格局带来深刻变化，原有的企业经销商模式将向扁平化方向发展，更多经销商将向售后服务商、物流配送平台转变，未来家居流通模式将由卖场一家独大转变成卖场、工程集采、电商三分天下，新的业态形式不断涌现，营销模式不断创新，市场将日趋繁荣。

（五）家居市场必定将以"大家居"概念引领市场的潮流

随着消费者审美水平的提高和消费能力的改变，对家居企业的创新能力

的要求也越来越强。"大家居"概念逐渐成为家居行业的发展趋势，家居行业需要给消费者营造全套家居生活方式的解决方案，要建立差异化的家居品类组合，增强文化内涵，提升服务价值，输出高附加值的产品和服务，这将是未来家居产业的重要竞争点。在不远的将来，家居企业之间的界限将会越来越模糊，随着整个家居市场的不断优化，一个更加健康完善的家居产业将呈现在人们面前。

（六）市场格局重新定位，行业洗牌将成为常态

家居建材业的粗放式发展，已经成为诟病这个行业的致命因素，行业整合势在必行，在漫长的市场进化中，越来越多的企业由于经营和发展的原因，陆续退出了这个行业。而行业规模型企业此时有了更多的市场空间。重新整合和定义行业的格局，实现行业的健康发展，是未来一段时间的重点。

（七）刚需成为市场的主流消费

房地产的黄金时代已经过去，在新的房地产市场格局下，刚需是拉动家居建材行业的最主要的因素，在刚需时代，消费者的装修也变得更为挑剔。

（八）装修行业的发展将倒逼家居建材行业的商业模式

在"互联网+"的背景下，越来越多的装修业态被激发出来，以小米家装为代表的装修公司，正在用互联网的思维改变传统的行业发展格局。在这样的背景下，家居建材企业必须适应新的市场以及新的消费者消费习惯。用互联网的视野去审视和改变装修行业。

（九）家居建材行业的资本融资整合即将来临

面对家居建材行业这块巨大的蛋糕，开始有越来越多的资本大鳄开始审

视并且进入这个行业，同时，家居建材企业的资本运作的动作也在加快。借助资本的力量，快速将企业做大做强，成为家居建材行业的共识。

（十）整体家居发展趋稳，消费需求越发理性

在整体家居的概念炒作下，越来越多的企业开始进入整体家居行业，作为一个全新的业态组合，有很多的企业从陌生逐渐走向成熟。也有很多的消费者开始熟悉和接受这种商业模式。在这样的市场培养下，整体家居将走向一个快车道。

（十一）以服务为导向的价值链将重构家居建材行业

在产品高度同质化的家居建材行业，要想区别企业与企业的差异，服务是一个很好的切入点。随着互联网的线下服务的需求加大，将有越来越多的企业重视服务的导入和网上电商引流，用服务驱动产品的销售。这从传统的产品驱动服务的模式，彻底转换为服务驱动产品的销售模式。其中典型代表就是"中国环保家居网链（www.smile2012.com）"将在下一个十年为中国家居界的整合做出突出贡献。

图书在版编目（CIP）数据

中国家居领袖传奇30年风云录 第一卷（1985~2015）/ 冷秋，姚芬芳编著.
北京：中国国际广播出版社，2016.3
ISBN 978-7-5078-3865-7

Ⅰ.①中… Ⅱ.①冷…②姚… Ⅲ.①室内装饰－建筑企业－工业企业管理－
研究－中国－现代 Ⅳ.①F426.9

中国版本图书馆CIP数据核字（2016）第047086号

中国家居领袖传奇30年风云录 第一卷（1985~2015）

编 著 者	冷 秋 姚芬芳
责任编辑	何宗思
版式设计	国广设计室
责任校对	徐秀英
出版发行	中国国际广播出版社（83139469 83139489[传真]）
社 址	北京复兴门外大街2号（国家广电总局内）
	邮编：100866
网 址	www.chirp.com.cn
经 销	新华书店
印 刷	北京艺堂印刷有限公司
开 本	710×1000 1/16
字 数	220千字
印 张	26.5
版 次	2016年3月 北京第一版
印 次	2016年3月 第一次印刷
书 号	ISBN 978-7-5078-3865-7 / F·331
定 价	98.00 元